THIS BOOK BELONGS TO

The Library of

....

....

Copyright @2023

All rights reserved. No part of this publication may be reproduced, stored in a retrieval system, or transmitted in any form or by any means, electronic, mechanical, photocopying, recording or otherwise, without the prior written permission of the Publisher.

I can't tell you how grateful I am that you decided to read my book. My most heartfelt thanks that you took time out of your life to choose my work and I hope you find benefit within these pages.

There are so many books available today that offer similar content so that makes it even more humbling that you decided to buying mine.

Tell me what you thought! I am eager to hear your opinion and ideas on what you read as are others who are looking for a good book to buy. Leave a review on Amazon.com so others can benefit from your wisdom!

With much thanks.

Table of Contents

Animal Squares	26
Chapter 1: Animal Squares Blanket Patterns	27
Chapter 2: Tunisian Crochet Stitches	28
Chapter 3: Single Crochet	31
Chapter 4: Double Crochet	34
Chapter 5: Half Double Crochet	37
Chapter 6: Borders	40
Chapter 7: Abbreviations Key	41
Chapter 8: Yarn Colors Needed	42
Chapter 9: How To Join Squares	44
Chapter 10: Bunny Square Pattern	46
Chapter 11: Monkey Square Pattern	60
Chapter 12: Elephant Square Pattern	75
Chapter 13: Chick Square Pattern	91
Chapter 14: Lion Square Pattern	104
Chapter 15: Zebra Square Pattern	117
Chapter 16: Kitty Square Pattern	133
Chapter 17: Piggy Square Pattern	146
Chapter 18: Cow Square Pattern	159
Chapter 19: Mouse Square Pattern	173
Chapter 20: Tiger Square Pattern	186
Chapter 21: Bear Square Pattern	202
Chapter 22: Sheep Square Pattern	214
Chapter 23: Moose Square Pattern	227
Chapter 24: Doggy Square Pattern	240
Chapter 25: Giraffe Square Pattern	253
Chapter 26: Goat Square Pattern	266
Chapter 27: Horse Square Pattern	281
Chapter 28: Empty Separator Square Pattern	295

SUMMARY

The art of crochet is a versatile and intricate craft that involves creating fabric by interlocking loops of yarn or thread using a crochet hook. It is a popular form of needlework that has been practiced for centuries, with its origins dating back to the early 19th century. Crochet is not only a practical skill for creating clothing, accessories, and home decor items, but it is also a creative outlet that allows individuals to express their artistic abilities.

One of the most fascinating aspects of crochet is the wide range of techniques that can be employed to create different patterns and textures. From basic stitches like the chain stitch and single crochet to more complex techniques such as the shell stitch and popcorn stitch, there is no shortage of possibilities when it comes to crochet. Each technique has its own unique characteristics and can be combined in various ways to achieve different effects.

One of the key techniques in crochet is the use of different types of stitches. The basic stitches, such as the chain stitch, single crochet, double crochet, and treble crochet, form the foundation for most crochet projects. These stitches can be combined and manipulated to create a variety of patterns, including stripes, chevrons, and lacework. Additionally, there are specialty stitches like the popcorn stitch, bobble stitch, and cluster stitch that add texture and dimension to the fabric.

Another important aspect of crochet is understanding how to read and follow crochet patterns. Crochet patterns are written instructions that guide the crocheter through the process of creating a specific item. They typically include information on the materials needed, the gauge or tension required, and the sequence of stitches to be worked. Learning to read crochet patterns is essential for advancing in the craft and allows crocheters to tackle more complex projects.

In addition to the various techniques and patterns, crochet also offers a wide range of materials to work with. While yarn is the most commonly used material, crochet can also be done with thread, ribbon, and even wire. The choice of material can greatly impact the final outcome of a project, as different materials have different textures, weights, and drape. Crocheters often experiment with different materials to achieve the desired effect for their projects.

The art of crochet is not only a practical skill but also a form of self-expression and creativity. Crocheters have the freedom to choose their own colors, patterns, and materials, allowing them to create unique and personalized items. Whether it's a cozy blanket, a stylish hat, or a delicate doily.

The Joy of Creating Animal Squares Crochet is a comprehensive guidebook that delves into the exciting world of crochet, specifically focusing on the creation of adorable animal squares. This book is a must-have for crochet enthusiasts of all skill levels, from beginners to advanced crafters.

The author, a seasoned crochet artist with years of experience, shares her passion for crochet and her love for animals through this beautifully illustrated book. Each page is filled with detailed instructions, step-by-step photographs, and helpful tips to ensure that even beginners can successfully create these charming animal squares.

The book begins with an introduction to the basics of crochet, including an overview of the necessary tools and materials. The author takes the time to explain various crochet stitches, making it easy for readers to follow along and understand the techniques required to complete each animal square.

The main highlight of this book is the wide variety of animal squares that can be created. From cute and cuddly teddy bears to majestic lions and graceful dolphins, there is an animal square pattern for everyone. The author provides clear and concise instructions for each animal, including the specific stitches and color changes required to bring them to life.

In addition to the animal square patterns, the book also includes several projects that incorporate these squares into larger crochet creations. Readers will find patterns for blankets, pillows, and even stuffed animals, allowing them to showcase their completed animal squares in unique and practical ways.

What sets this book apart from others in the genre is the author's attention to detail and her ability to inspire creativity. She encourages readers to experiment with different color combinations and to add their own personal touches to each animal square. This not only makes the finished projects more unique, but it also allows crafters to truly express their individuality through their crochet creations.

Whether you are a seasoned crochet artist looking for new inspiration or a beginner eager to learn the art of crochet, The Joy of Creating Animal Squares Crochet is the perfect companion. With its comprehensive instructions, stunning visuals, and endless possibilities for creativity, this book is sure to bring joy and satisfaction to anyone who picks up a crochet hook and dives into the world of animal squares.

Crochet is a popular craft that involves creating fabric by interlocking loops of yarn or thread using a crochet hook. To get started with crochet, you will need a few essential tools and materials.

The most important tool for crochet is the crochet hook. These hooks come in various sizes, which determine the size of the stitches you will create. The size of the hook you choose will depend on the type of project you are working on and the thickness of the yarn or thread you are using. Crochet hooks can be made from different materials such as aluminum, plastic, or wood, each offering a different feel and grip.

In addition to a crochet hook, you will also need yarn or thread to create your crochet projects. Yarn comes in a wide range of colors, textures, and thicknesses, allowing you to create a variety of different looks and styles. When choosing yarn for your crochet projects, consider the fiber content, weight, and texture of the yarn. Some common types of yarn used in crochet include acrylic, cotton, wool, and blends.

To keep track of your progress and count your stitches, it is helpful to have stitch markers and a tape measure. Stitch markers are small, removable markers that can be placed on your work to mark specific stitches or sections. They are especially useful when working on complex patterns or projects with multiple stitch repeats. A tape measure is essential for measuring your work and ensuring that it meets the desired dimensions.

Other useful tools for crochet include scissors, a yarn needle, and a crochet gauge. Scissors are needed for cutting yarn and trimming loose ends. A yarn needle, also known as a tapestry needle, is used for weaving in loose ends and sewing pieces together. A crochet gauge is a small tool that helps you determine the correct tension and gauge for your crochet projects. It typically consists of a ruler with evenly spaced holes or notches to measure the number of stitches and rows per inch.

In addition to these tools, there are also optional accessories that can enhance your crochet experience. These include ergonomic crochet hooks with comfortable handles, project bags to keep your supplies organized, and stitch holders or stitch counters for more advanced projects.

Overall, having the right crochet tools and materials is essential for a successful and enjoyable crochet experience. By investing in quality tools and choosing the right materials for your projects, you can create beautiful and intricate crochet pieces that you will be proud of.

Tunisian Simple Stitch, also known as TSS, is a popular crochet stitch that creates a dense and textured fabric. If you're new to this stitch or looking for some tips to improve your skills, here are some helpful suggestions to keep in mind.

1. Choose the right hook size: The size of your crochet hook can greatly affect the outcome of your Tunisian Simple Stitch project. It's important to select a hook size that matches the weight of your yarn. If your hook is too small, your stitches may be too tight and difficult to work with. On the other hand, if your hook is too large, your stitches may be too loose and create a lacy effect. Experiment with different hook sizes until you find the one that gives you the desired tension and fabric density.

2. Practice your tension: Tension plays a crucial role in achieving consistent and even stitches in Tunisian Simple Stitch. Make sure to maintain a steady tension throughout your work to avoid loose or tight stitches. If you find that your stitches are too tight, try loosening your grip on the yarn. Conversely, if your stitches are too loose, try holding the yarn a bit tighter. Practice your tension by working on small swatches before starting a larger project.

3. Use stitch markers: Tunisian Simple Stitch can sometimes be confusing, especially when working on larger projects with multiple rows. To keep track of your stitches and rows, it's helpful to use stitch markers. Place a stitch marker at the beginning of each row to easily identify where each row starts and ends. This will make it easier to count your stitches and ensure that you're not missing or adding any unintentional stitches.

4. Learn the basic Tunisian Simple Stitch techniques: Before diving into complex patterns, it's important to master the basic techniques of Tunisian Simple Stitch. Start by learning how to make a foundation chain and how to work the forward and return passes. Practice these basic techniques until you feel comfortable with them. Once you have a solid foundation, you can then move on to more advanced stitches and patterns.

5. Experiment with different yarns and colors: Tunisian Simple Stitch is a versatile stitch that can be used with various types of yarns and colors. Don't be afraid to experiment and try different yarn weights, fibers, and color combinations. This will not only help you expand your crochet skills but also create unique and visually appealing projects.

Creating the Animal Design Crochet is a process that involves using crochet techniques to make adorable and lifelike animal-inspired designs. This art form combines the skill of crochet with the creativity of designing and crafting animals, resulting in unique and charming creations.

To begin the process of creating an animal design crochet, one must first choose the animal they wish to replicate. This could be anything from a cute and cuddly teddy bear to a majestic lion or a playful dolphin. The choice of animal will determine the overall shape, size, and features of the crochet design.

Once the animal has been chosen, the next step is to gather the necessary materials. This typically includes a crochet hook, yarn in various colors, stuffing material, and any additional embellishments such as buttons or beads. The type and weight of the yarn will depend on the desired texture and appearance of the finished crochet animal.

With the materials in hand, the crocheter can then begin the process of creating the animal design. This typically involves following a pattern or using a combination of crochet stitches to form the desired shape and features. The crocheter will need to have a good understanding of basic crochet stitches such as single crochet, double crochet, and slip stitch, as well as more advanced techniques like increasing and decreasing stitches to shape the animal.

As the crocheter progresses through the design, they will need to pay close attention to the details of the animal. This includes adding features such as eyes, ears, noses, and tails, as well as any unique markings or patterns that make the animal recognizable. These details can be achieved through the use of different crochet stitches, color changes, or by attaching additional pieces to the main body of the design.

Once the crochet animal design is complete, the final step is to stuff and finish the piece. This involves carefully filling the design with stuffing material to give it a soft and cuddly feel. The crocheter will need to ensure that the stuffing is evenly distributed and that the design maintains its shape. After stuffing, any remaining openings can be closed up using a crochet stitch or by sewing the edges together.

The finished animal design crochet can be used in a variety of ways. It can be displayed as a decorative item, given as a gift, or even used as a toy for children. The possibilities are endless, and each crochet animal design is a unique and special creation.

Joining techniques in crochet refer to the various methods used to connect different pieces of crochet work together. These techniques are essential for creating larger projects such as blankets, garments, and accessories. They allow crocheters to seamlessly combine individual motifs, squares, or panels into a cohesive and sturdy finished piece.

One commonly used joining technique in crochet is the slip stitch join. This method involves inserting the hook into a stitch on one piece and then into the corresponding stitch on the other piece, and then completing a slip stitch to connect them. Slip stitch joins create a neat and flat seam, making them ideal for joining motifs or squares that have straight edges.

Another popular joining technique is the whipstitch join. This method involves using a tapestry needle and yarn to sew the pieces together. The needle is threaded with yarn and then passed through the loops or stitches on both pieces, creating a series of diagonal stitches. Whipstitch joins are often used for joining pieces with more decorative edges, as they allow for flexibility and can be easily adjusted to align the edges perfectly.

The mattress stitch join is a technique commonly used for joining crochet panels or garments. It involves using a tapestry needle to weave the yarn in and out of the stitches along the edges of the pieces, creating an invisible seam. This technique creates a seamless and professional-looking join, making it a popular choice for garments and accessories.

In addition to these techniques, there are also more advanced joining methods such as the join-as-you-go technique. This technique allows crocheters to join motifs or squares together as they are being made, eliminating the need for sewing or additional joining steps. Join-as-you-go techniques can be done in various ways, such as slip stitching or single crocheting the pieces together, and they offer convenience and efficiency for larger projects.

When choosing a joining technique, it is important to consider the desired look and functionality of the finished piece. Some techniques may be more suitable for certain projects or yarn types, while others may offer more flexibility or durability. Experimenting with different joining techniques can help crocheters find their preferred method and achieve the desired results in their crochet projects.

Intarsia crochet is a technique that combines the art of crochet with the art of intarsia knitting. It involves creating intricate and detailed designs using different colored yarns to create a picture or pattern within a crocheted fabric.

Unlike traditional crochet, where each stitch is worked in a continuous manner, intarsia crochet requires the crocheter to change colors and carry the yarns along the back of the work to create the desired design. This technique allows for the creation of complex and visually stunning designs that resemble a painted picture or a cross-stitched pattern.

To create an intarsia crochet project, one must first choose a design or pattern. This can be a simple motif, such as a flower or a geometric shape, or a more intricate picture, such as a landscape or an animal. The design is then charted out, with each color represented by a different symbol or stitch.

Once the design is charted, the crocheter can begin working on the project. The first step is to create a foundation row or round using the main color of yarn. This will serve as the base for the design. Then, using the chart as a guide, the crocheter will work the stitches in the designated colors, changing colors as necessary to create the desired design.

One of the challenges of intarsia crochet is managing the multiple yarns and keeping the tension consistent throughout the project. It is important to carry the yarns along the back of the work in a neat and organized manner to prevent tangling and ensure that the design remains clear and defined.

Intarsia crochet can be done using any type of crochet stitch, from basic single crochet to more complex stitches like double crochet or treble crochet. The choice of stitch will depend on the desired effect and the level of detail in the design.

The finished intarsia crochet project can be used in a variety of ways. It can be framed and displayed as a piece of art, used as a decorative element on clothing or accessories, or even incorporated into larger crochet projects, such as blankets or afghans.

Overall, intarsia crochet is a challenging yet rewarding technique that allows crocheters to create stunning and intricate designs using different colored yarns. It requires patience, attention to detail, and a good understanding of crochet techniques. However, the end result is a unique and visually striking piece of crochet art.

Crochet appliqué is a technique used in crafting to add intricate and decorative details to various items. It involves creating small crochet motifs or designs that can be sewn or attached onto fabric, clothing, accessories, or even home decor items.

The process of creating crochet appliqué starts with selecting a suitable pattern or design. There are countless patterns available, ranging from simple shapes like flowers, hearts, or stars, to more complex designs like animals, letters, or intricate lace patterns. The chosen pattern will determine the size, shape, and level of detail of the appliqué.

Once the pattern is selected, the next step is to choose the appropriate yarn and crochet hook. The yarn should be compatible with the fabric or item onto which the appliqué will be attached. It is important to consider the weight, texture, and color of the yarn to ensure that it complements the overall design.

The crochet hook size should be chosen based on the yarn weight and desired tension. A smaller hook will create tighter stitches and more defined details, while a larger hook will result in looser stitches and a more relaxed appearance. It is recommended to experiment with different hook sizes and yarn combinations to achieve the desired effect.

To create the crochet appliqué, the pattern is followed step by step, using basic crochet stitches such as chains, single crochet, double crochet, and slip stitches. The stitches are worked in the round or in rows, depending on the design. It is important to maintain consistent tension throughout the project to ensure that the appliqué remains flat and even.

Once the crochet appliqué is complete, it can be sewn or attached onto the desired item. This can be done using a needle and thread, or by using a crochet hook to slip stitch or single crochet the appliqué directly onto the fabric. Care should be taken to position the appliqué accurately and securely, ensuring that it is centered and aligned with the overall design.

Crochet appliqué can be used to enhance a wide range of items. It can be added to clothing, such as sweaters, hats, or scarves, to create unique and personalized designs. It can also be used to embellish accessories like bags, purses, or headbands, adding a touch of charm and individuality. Additionally, crochet appliqué can be used to decorate home decor items, such as pillows, blankets, or curtains, bringing a handmade and artistic element to the space.

Crocheting is a wonderful and creative hobby that allows you to create beautiful and intricate designs using yarn and a crochet hook. However, like any craft, mistakes can happen along the way. Whether it's a dropped stitch, a missed stitch, or a tangled mess, it's important to know how to repair these mistakes to ensure that your crochet project turns out as perfect as possible.

One of the most common mistakes in crochet is dropping a stitch. This can happen when you accidentally let a stitch slip off your hook, resulting in a hole or gap in your work. To fix this, you'll need to carefully examine your work and identify where the dropped stitch occurred. Once you've located the dropped stitch, you can use your crochet hook to pick it up and place it back on your hook. Then, continue crocheting as normal, making sure to secure the stitch by working the next stitch tightly.

Another common mistake is missing a stitch. This can happen when you accidentally skip a stitch or work into the wrong stitch. To fix this, you'll need to carefully count your stitches and identify where the mistake occurred. Once you've located the missed stitch, you can use your crochet hook to insert it back into your work. If the missed stitch is several rows below your current row, you may need to unravel your work slightly to reach it. Once you've inserted the missed stitch, continue crocheting as normal.

Tangled yarn is another frustrating mistake that can occur while crocheting. This can happen when your yarn becomes twisted or knotted, making it difficult to work with. To fix this, you'll need to carefully untangle the yarn, taking care not to pull too tightly and cause further knots. If the tangle is particularly stubborn, you may need to cut the yarn and reattach it to your work. Once the yarn is untangled, you can continue crocheting as normal.

In addition to these common mistakes, there are also more complex mistakes that can occur in crochet, such as shaping errors or pattern mistakes. These mistakes may require more advanced techniques to fix, such as frogging (unraveling your work) or reworking certain sections. In these cases, it's important to carefully follow the instructions provided in your pattern or seek guidance from more experienced crocheters.

Creating animal square projects can bring a great sense of satisfaction and fulfillment. This creative endeavor allows individuals to express their artistic abilities while also engaging in a fun and enjoyable activity. The process of designing and constructing these projects involves a combination of imagination, problem-solving, and hands-on work, making it a truly rewarding experience.

One of the main reasons why creating animal square projects is so satisfying is the opportunity it provides for self-expression. Through the choice of animal, colors, and patterns, individuals can showcase their unique style and creativity. Whether it's a vibrant and colorful peacock or a cute and cuddly panda, each project reflects the creator's personal taste and artistic vision. This ability to bring one's ideas to life is incredibly empowering and can boost self-confidence and self-esteem.

Moreover, the process of creating animal square projects requires problem-solving skills. From planning the design to figuring out the best way to assemble the squares, individuals are constantly challenged to think critically and find solutions. This problem-solving aspect adds an element of excitement and accomplishment to the project, as each hurdle overcome brings a sense of achievement. It also helps develop cognitive skills and enhances the ability to think outside the box.

Engaging in the hands-on work of creating animal square projects can also be incredibly satisfying. The tactile experience of cutting, arranging, and gluing the squares together provides a sense of connection to the project. The physicality of the process allows individuals to immerse themselves in the creation, fostering a deep sense of engagement and satisfaction. Additionally, the repetitive nature of the task can be soothing and meditative, providing a sense of calm and relaxation.

Furthermore, the end result of creating animal square projects is a tangible and visually appealing piece of art. Seeing the completed project, with its intricate patterns and vibrant colors, can evoke a sense of pride and accomplishment.

Displaying these projects in one's home or gifting them to others can also bring joy and admiration from others, further enhancing the satisfaction derived from the creative process.

In conclusion, the satisfaction of creating animal square projects stems from the opportunity for self-expression, the development of problem-solving skills, the hands-on engagement, and the visual appeal of the final product. This creative endeavor allows individuals to tap into their artistic abilities, challenge themselves intellectually, and experience a deep sense of fulfillment. Whether it's for personal enjoyment or as a gift for others, creating animal square projects is a truly rewarding and satisfying experience.

Congratulations on embarking on your crochet journey! Now that you have mastered the basics of crochet, it's time to take your skills to the next level. In this guide, we will delve deeper into the world of crochet, exploring advanced techniques, intricate patterns, and creative projects that will challenge and inspire you. Whether you are looking to expand your crochet repertoire or simply seeking new ways to express your creativity, this comprehensive guide will serve as your trusted companion.

Chapter 1: Mastering Advanced Stitches

In this chapter, we will explore a wide range of advanced stitches that will elevate your crochet projects to new heights. From the intricate shell stitch to the delicate popcorn stitch, you will learn how to create stunning textures and patterns that will impress even the most seasoned crocheters. Detailed step-by-step instructions and accompanying visuals will ensure that you can easily follow along and master each stitch with confidence.

Chapter 2: Exploring Complex Patterns

Once you have mastered advanced stitches, it's time to tackle complex patterns. In this chapter, we will guide you through the process of reading and understanding intricate crochet patterns. You will learn how to decipher pattern abbreviations, charts, and symbols, enabling you to confidently take on challenging projects. We will also provide tips and tricks for troubleshooting common pattern-related issues, ensuring that you can successfully complete even the most complex designs.

Chapter 3: Experimenting with Color and Yarn

Color and yarn selection can greatly enhance the beauty and impact of your crochet projects. In this chapter, we will delve into the world of color theory, teaching you how to create harmonious color combinations and striking contrasts. Additionally, we will explore different types of yarn and their unique characteristics, helping you choose the perfect yarn for each project. With our guidance, you will be able to create visually stunning crochet pieces that truly stand out.

Chapter 4: Embellishments and Finishing Touches

Adding embellishments and finishing touches can transform a simple crochet project into a true work of art. In this chapter, we will introduce you to a variety of techniques for embellishing your crochet creations. From adding delicate edgings to incorporating beads and buttons, you will learn how to add that extra touch of elegance and personality to your projects. We will also provide tips for blocking and finishing your crochet pieces, ensuring that they look polished and professional.

Crochet abbreviations and glossary are essential tools for any crocheter, whether you are a beginner or an experienced crafter. These abbreviations are used in crochet patterns to save space and make the instructions more concise. Understanding these abbreviations is crucial for successfully completing a crochet project.

The crochet abbreviations and glossary consist of a wide range of terms that represent different stitches, techniques, and instructions. These abbreviations are typically a combination of letters and symbols that represent a specific action or stitch. For example, ch stands for chain, sc stands for single crochet, and dc stands for double crochet.

By using abbreviations, crochet patterns become more standardized and universal. This means that no matter where you are in the world, you can easily understand and follow a crochet pattern written in abbreviations. This is particularly helpful when using patterns from different countries or when sharing patterns with other crocheters.

In addition to abbreviations, the crochet glossary provides detailed explanations and instructions for each term. This glossary is a valuable resource for beginners who may not be familiar with all the crochet terms. It helps them understand the meaning and technique behind each abbreviation, allowing them to confidently tackle new patterns.

The crochet abbreviations and glossary also serve as a reference guide for experienced crocheters. Even if you have been crocheting for years, it is common to come across new stitches or techniques in patterns. Having a comprehensive glossary allows you to quickly look up any unfamiliar terms and refresh your memory on how to execute them correctly.

Furthermore, the crochet abbreviations and glossary help to streamline the pattern-reading process. Instead of writing out lengthy instructions for each stitch, designers can simply use the corresponding abbreviation. This makes patterns more concise and easier to read, especially for more complex projects that involve multiple stitches and techniques.

It is important to note that different crochet patterns may use slightly different abbreviations or have their own unique terms. Therefore, it is always a good idea to refer to the pattern's specific abbreviations and glossary section to ensure you are following the correct instructions.

In conclusion, crochet abbreviations and glossary are indispensable tools for crocheters of all skill levels. They provide a standardized language for crochet patterns, making them accessible and understandable to crocheters worldwide. Whether you are a beginner or an experienced crafter, having a comprehensive understanding of these abbreviations and terms will greatly enhance your crochet journey.

Animal Squares

Chapter 1: Animal Squares Blanket Patterns

These are my original drawings that I have made into patterns that can be done in crochet using several different crochet techniques. In this book I have given directions for the Tunisian Stitch, Single Crochet, Half Double Crochet, and Double Crochet.

The designs are put on grid charts with each square on the chart representing 1 stitch, and the color of that square is the color suggestion for the stitch. (There is also a row by row written large square using double crochet stitches. There ae 3 stitches per square for that one, so you can use the same design chart)The charts are designed in a way that you can start from the bottom and work your way up each row, one row at a time. If a you would rather not use a chart, I have written the pattern out row by row that you can follow also.

The charts included for each pattern will have one full design chart and one full stitch symbol chart, so I have divided the charts each one on its own page for easier viewing and following along as you crochet.

I would love to see photos of your finished projects by email. Or tag me on facebook and post them there. You will find me on the Seasoned By Grace Crochet Page.

Chapter 2: Tunisian Crochet Stitches

(Single Crochet Instructions in Chapter 4)

Tunisian Crochet is just one name for this beautiful spongy feeling crochet technique, the other names that I am familiar with are the Afghan Stitch, and Tricot, plus I heard a few others are out there too. So if you are not familiar with the Tunisan Stitch, you may know it by another name.

How to do the basic Tunisian Crochet Stitch:

Start from the bottom right of the design chart and work up. Each row is worked in a 2 part sequence that we will call A and B. Once you master it, it gets done so quickly.

Chain amount: On my design charts in this book, they are made from grid squares. Each square in the chart is counted as 1 stitch, the color of the square is the suggested color for that stitch. So starting on the bottom row you count the squares across and you will have your chain amount. After making the chain needed, leaving the last loop on the hook, you go on from here.

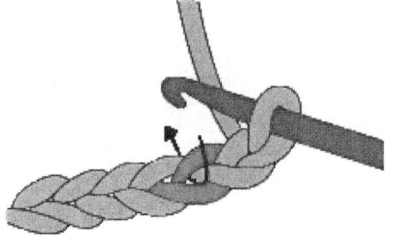

Row 1a: (forward) Insert hook into the second chain from the hook. YO (yarn over your crochet hook) then Insert hook into the second chain from the hook. YO and pull up a loop (leave the loop on the hook), insert hook into the next chain, YO and pull up a loop (leave on hook with the other) Keep repeating these steps until you have collected a loop from each chain. You should have a loop on your hook for each square on the design chart.

Row 1b: (back) YO and pull through the first loop. (YO and pull through the two loops), repeat until there is only one loop left on the hook.

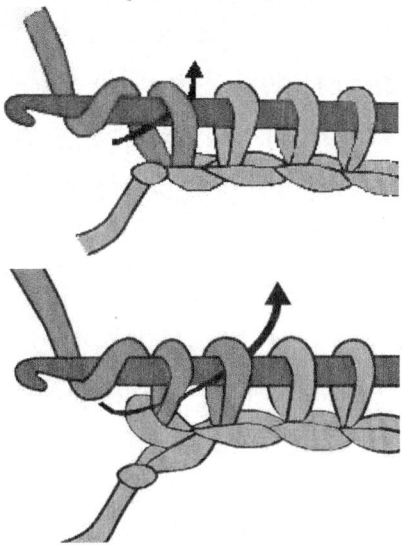

Row 2a: Insert hook into the second stitch bar from the hook, YO and pull up loop (leave loop on hook), insert hook into next stitch bar, YO and pull up a loop (leaving it on the hook with the others repeat until you have collected a loop from each stitch.

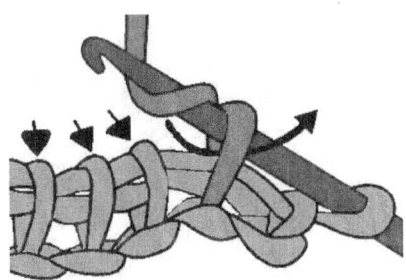

Row 2b: YO and pull through the first loop on the hook, (YO and pull through two loops on the hook), repeat between ( ) until you have one loop left on the hook.

Repeat the forward and back of each of the remaining rows of the chart.

To change the color yarn where the chart calls for it simply drop the old color behind your work and pull up a loop in the next stitch. There is no need to make a slip knot to secure the yarn, just leave the tail hanging down the back of your work, and weave it into the finished work later. Continue pulling up loops of the new color until the next color change or the end of the row. When project is finished weave the ends into the matching color stitching. Be sure to twist the old color yarn with the new color yarn at least once at every color change to prevent a hole where the colors change, and it also helps carry the yarn neatly along the back of the rows.

Binding off: Start the bind off process at the end of a backward pass. Insert hook into the second bar from hook. YO and pull up a loop and pull that same loop through the loop on your hook. Repeat for each stitch. Weave in yarn ends.

Chapter 3: Single Crochet

Or, if you would rather work the blanket in single crochet, then chain the number of stitches needed, plus 1, turn, crochet following the chart going from the left to right.

put the hook into the second chain. YO and pull yarn through the chain, leaving on hook, YO and pull yarn through both loops on the hook. That is the first single crochet.

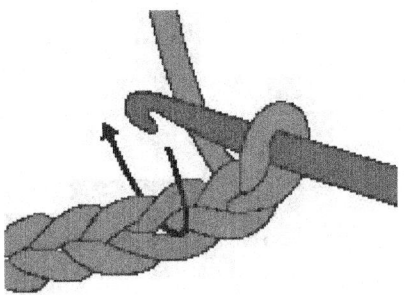

Repeat in each chain.

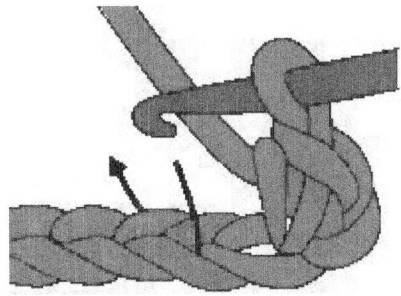

At the end of the chain, after the last single crochet, ch 1, and turn, and start on the next row. Only insert your hook under the first v on top of the row and do a single chain, and into each v along the top, and that would be your second row. Always chain 1 at the end of each row to use as the turning chain, which keeps along the ends smooth.

When following the design chart, the first row is the RIGHT side, the next row is the WRONG side, the next row is the RIGHT side and it continues this way all the way down the blanket chart. So as you are crocheting and following the design chart, I always think of it as zigzagging, because the first row start on the right side, next row on the left side, next row start on the right side, then the next row start on the left side, and continue that pattern for the whole chart. And remember to check off the rows as they are done, it helps keep track of where you are, and you will be able to easily find where you left off if you have to lay your work down for any reason.

When you get to a color change - crochet as you would by inserting hook into stitch and pulling up a loop, then pick up the new yarn color and pull it through both loops on the hook, then continue using the new color as the pattern calls for it, single crochet following the chart, repeat for each color change. (I usually just cut the yarn as I switch colors, and knot on a new color, and go back and use a needle to weave the yarn ends into the same color stitches when finished so nothing shows, and both sides of the blanket look good. Though it is possible to carry the other color with you by laying it over the next stitch and crocheting over it, but this is not recommended for highly contrasting colors, and for 10 or more stitches in a row).

Helpful hint: If I am making a large project with lots of color changes I usually make spindles; at least two for each color before starting my project. I make my spindles using cardboard, by cutting a 5 inch rectangle and cutting a V on each side and a small slit on the ends, I wrap the yarn in the v and then use the slit to hold the yarn end when I am not using it to keep it from getting tangled. These little spindles can hold a lot of yarn. This system works well for me, I can have 10 or more spindles on one big design project and they are not tangled with each other, makes changing colors and working the rows quickly and easily.

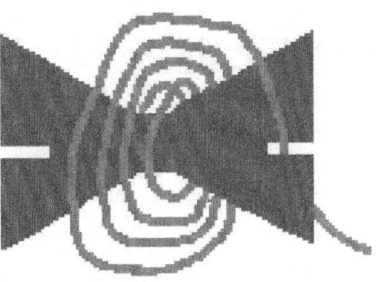

Chapter 4: Double Crochet

Crochet the chains called for in the pattern, plus 3 more chains. The three extra chains will be counted as the first double crochet. Then loop the yarn over the hook, and insert hook into the fourth chain from the hook, pick up the yarn with the hook and pull the loop through the chain. There should now be 3 loops on the hook.

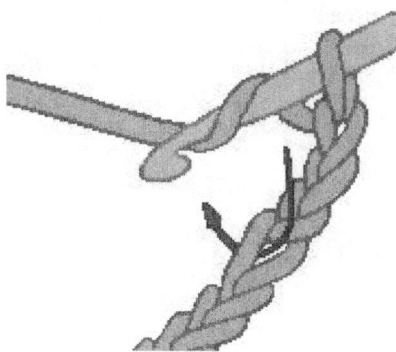

Wrap the yarn over the hook and draw through 2 of the loops on the hook, there should now be 2 loops on the hook.

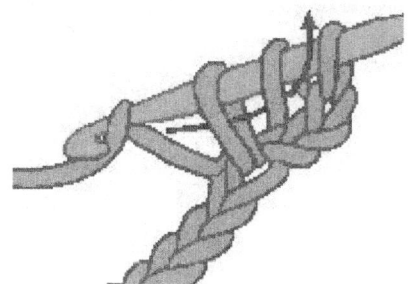

Wrap the yarn over the hook again and draw it through the two loops left on the hook. Now there should be on loop on the hook. There will now be two double crochets. One is made of the 3 beginning chains, and the second one is the double crochet just made. To continue, wrap the yarn over the hook, and insert it into the next chain. And continue making the double crochet, do this for each chain. When the chains are all finished there should be the same amount of double crochets that there are in chains... which also counts the extra chain three as a double crochet. At the end of every double crochet row end in 3 chains, and turn. The three chains are counted as the first double crochet in the next row.

After chaining the 3 chains, and turning the work so that the next stitches can be worked over the row just finished. When you look at the top of the row just finished, notice that the tops of the stitches look like a little v. Wrap the yarn over the hook, then insert the hook under the next v, wrap the yarn over the hook and pull it under the v top, which will leave 3 loops on the hook, wrap the yarn over the hook and pull it through 2 of the loops on the hook, which there should now be 2 loops on the hook, wrap the yarn over the hook and pull it through the two loops on the hook, and there should now be one loop on the hook. Work this same routine into every stitch in the previous row. If doing another row, remember to chain three, turn your work and work the double crochet through the next v on the top.

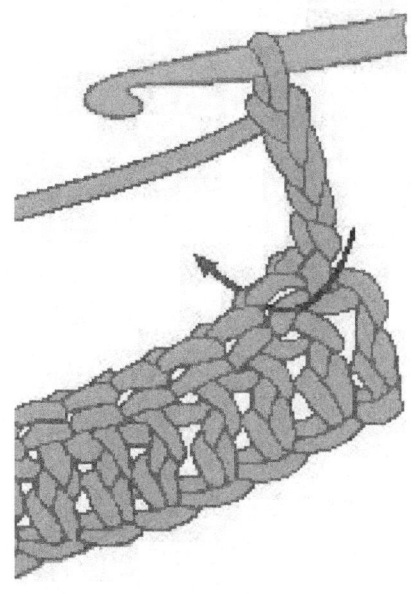

When you get to a color change - crochet as you would by inserting hook into stitch and pulling up a loop, then pick up the new yarn color and pull it through both loops on the hook, then continue using the new color as the pattern calls for it. (I usually just cut the yarn as I switch colors, and knot on a new color, and go back and use a needle to weave the yarn ends into the same color stitches when finished so nothing shows, and both sides of the blanket look good. Though it is possible to carry the other color with you by laying it over the next stitch and crocheting over it, but this is not recommended for highly contrasting colors, and/or for 10 or more stitches in a row).

Chapter 5: Half Double Crochet

Crochet the chains called for in the pattern, plus 2 more chains. The two extra chains will be counted as the first half double crochet. Then loop the yarn over the hook, and insert hook into the third chain from the hook, pick up the yarn with the hook and pull the loop through the chain. There should now be 3 loops on the hook.

Next wrap the yarn around your hook and pull through all three loops on the hook. There should now only be one loop on the hook, and there should be 2 half double crochets done. The first chain 2 is considered one stitch, and then the half double crochet just made.

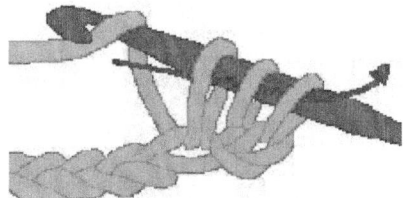

So then continue on to the next half double crochet by wrapping the yarn around the hook, then inserting the hook into the next chain and wrapping yarn around the hook again and pulling it through all three loops on the hook. And continue this same routine in every chain. At the end of the chains there should be the same count of half double crochets as chains, with the exception of the last two extra chains which is counted as a stitch. Chain two and turn your work, so that you can work back over the stitches you just made. The chain two at the end of each row is the turning chain and counted as the first half double crochet on the next row.

Once the work is turned to work back over the stitches that were just done, remembering that the chain 2 is considered the first half double crochet on this new row. When looking at the top of the stitches of the finished row, it is easy to spot each stitch because of the v shape that the yarn makes, wrap the yarn over the hook and insert it under the next v shape, and work the half double crochet into that stitch and the next stitches according to the pattern.

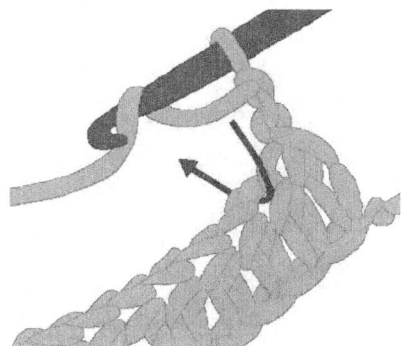

When you get to a color change - crochet as you would by inserting hook into stitch and pulling up a loop, then pick up the new yarn color and pull it through both loops on the hook, then continue using the new color as the pattern calls for it. (I usually just cut the yarn as I switch colors, and knot on a new color, and go back and use a needle to weave the yarn ends into the same color stitches when finished so nothing shows, and both sides of the blanket look good. Though it is possible to carry the other color with you by laying it over the next stitch and crocheting over it, but this is not recommended for highly contrasting colors, and/or for 10 or more stitches in a row).

Chapter 6: Borders

Adding a border to the finished blanket is optional. Border do help even up any ragged looking edges, and they give the project a nice finished look. There are a zillion different ways you can do them also. I have included only one simple finishing border to use on these patterns. I call it the border bump.

The directions are not too complicated. It is done in with one row. Starting from the corner you finished up with, adding whatever color yarn of your choice to the corner with a quick knot to hold in place or continue with the yarn you were already working with.

Single crochet 2 times in the corner, then single crochet in the next stitch *(or row stitch depending on which direction you are going)* chain 3, single crochet in the next stitch or row, single crochet next 2 stitches or rows, *chain 3, single crochet in the next 2 stitches or rows*... and continue the sequence between the ** all the way around the blanket. At the end slip stitch into first stitch on that row, and tie off and weave in any yarn ends.
(The ovals and t shapes on the inside of the diagram are sample stitches on a finished project and not part of the border bumps.)

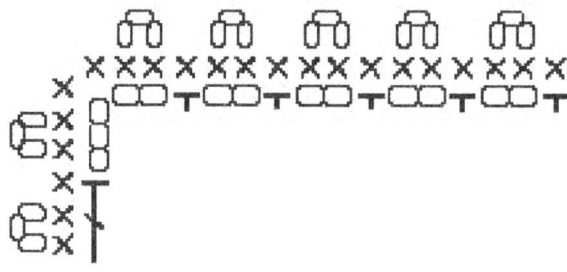

Chapter 7: Abbreviations Key
Used For All Squares

SC = Single Crochet
Ch = Chain
St = Stitch
BK = Black
WH = White
PK = Pink
DP = Dark Pink
OR = Orange
LB = Light Brown
DB = Dark Brown
BR = Brown
YW = Yellow
LY = Light Yellow
DY = Dark Yellow
GY = Gray
LG = Light Gray
GD = Gold
BL - Blue
GR = Green

Chapter 8: Yarn Colors Needed

These are color suggestions for each square, you are welcome to use any color worsted weight yarn you would like.

Bear
Brown - Gold - Dark Brown - White Black

Rabbit
Brown - Dark Brown - Black - White

Monkey
Brown - Dark Brown - White - Black - Pink   Gold

Elephant
Light Gray - Gray - Black - Pink - White

Giraffe
Gold - Orange - White - Brown - Black

Lamb
Light Gray - Pink - White - Black

Kitty
Light Yellow - Dark Brown - Green - Pink - White - Black

Cow
Black - White - Brown

Lion
Brown - Gold - White - Black

Doggy
Light Brown - Dark Brown - White - Black - Pink

Tiger
Orange - Black - Brown - White

Goat
Brown - White - Black - Light Pink

Moose
White - Brown - Dark Brown - Gold - Light Yellow - Black

Zebra
Black - White - Pink

Piggy
Pink - White - Dark Pink - Black
Mouse
Gray - White - Black - Pink
Chick
Yellow - Gold - White - Orange - Blue
Horsey
Light Brown - Brown - Pink - White
Plain Square
Any Color You Choose

Chapter 9: How To Join Squares

To join the finished crochet squares together, Lay the squares side by side, in the way you want your blanket to look. Then match up the rows on one square to the same rows in the second square. Using a 2 yarn needles or large needles with a hole big enough for your main yarn color, threaded with your background color yarn which on this pattern is the white yarn. Thread your needles with as much yarn length as you feel comfortable working with.

Working on the backside of the two squares, starting at the bottom corners, knot you needled thread ends to the corners of both squares, this is where the seam will start, Sew through each row-end on the two squares as if you were lacing a pair of tennis shoes.

As you are sewing up the joining seam, stop after a few stitches and make sure the stitches are tightened, not too tight or it will cause a gather in the seam, and not to loose because there will be visual holes in seams. Just nice snug stitches that allow the squares to lay side by side without bunching up anywhere along the seams. When you reach the end of the seam, tie off and weave in ends.

Add the next square to the two joined, keep adding squares till you reach the amount of squares you want for the width of the blanket. Then make another strip of squares that will be the second row of squares on the blanket, Attach the two square strips by joining them in the same way you did the sides, only across the bottom and top of the strips, and joining each stitch on the square strip with the stitches on the other square strip. Be sure to check and make sure the designs are all in the same direction...Keep making the square strips and joining them, until you have the blanket in the length you want.

You can also join your squares together using a whip stitch, which is using the same color yarn and needle to sew the squares together after matching up the rows, and stitches. Or your favorite joining stitch.

One Piece (no joining squares) Blanket:

Each square is 40 stitches wide, making the square 10 inches, to make the blanket design in one full piece, just by following the pattern for each square, Make a starting foundation chain with 40 stitches for each 10 inches you want the width of the blanket to be, So if you want a 70 inch blanket, You chain 280 chains, plus 1 for a turning chain. That is 40 sts times 7. After you get the width you want the blanket to be, Then Sc in each chain for the first row... This is the first row on all seven pattern squares you are putting on the first row. By lining up the square designed patterns you want on this row, you can use the charts to do each row, as they are all the same amount of columns and rows. When you have all 7 squares, (or whatever amount you have decided) done on your one piece blanket, you can start on the next set of 7 by starting on the bottom of the charts of each design you want to use, and and continue crocheting on the blanket the bottom rows of each design, continuing on each chart row just like you did on the first row of squares on your blanket. And continue adding rows of squares, row by row, until you reach the length you want your blanket to be,

Chapter 10: Bunny Square Pattern

Large Double Crochet Finished With Border

Supplies Needed:

Your Favorite Worsted Weight Yarn

Approxiamate supplies needed

WH - White – 250 yards

BR - Brown - 130

DB - Dark Brown -70

BK - Black - 15

Tunisian Crochet Hook Size G with extension

Regular Crochet Hook Size G

Approximate Sizes:

10" wide by 10" length

Use Size 'G' Tunisian Crochet Hook (with extension)

for a Tunisian Crochet

'G' Hook for Single Crochet

To make the squares a bit bigger use Size 'I' Hook

and replace the single Crochet with Half Double Crochet or Double Crochet. The written row by row patterns are included for each size.

The blanket can be made longer or wider by adding more rows on the top, bottom and sides equally. And/Or add a border.

Bunny Square - Written Row by Row In Half Double Crochet

Chain 40 +2 with White Yarn (or background color of your choice) (WH) (the beginning of every row will start with White (or your color choice) and end with a chain 2, which is the turning chain and first HDC (half double crochet) in the next row)

Row 1: > Half Double Crochet (HDC) in third chain (ch) from hook, HDC in the rest of the chs, ch 2, turn.

Row 2: < HDC in each of the previous rows stitches (st), ch 2, turn.

Row 3: > Repeat row 2.

Row 4: < HDC in 14 sts, change yarn color from white (WH) to Dark Brown (DB), HDC next 12 sts, change yarn color from DB to WH, HDC next 14 sts, ch 2, turn.

Row 5: > HDC in 12 sts, change to DB, HDC next 3 sts, change to Brown, HDC next 10 sts, change to DB, HDC next 3 sts, change to WH, HDC last 12 st, ch 2, turn.

Row 6: < HDC in 11 sts, color change DB, HDC next 2 stitches, color change BR, HDC next 14, color change to DB, HDC next 2 sts, color change to WH, HDC in last 11 sts, ch 2, turn.

Row 7: > HDC in 10 sts, (I am going to just use the initials for the new color and the number of stitches need now, to streamline the directions) (DB) 2 sts, (BR) 16 sts, (DB) 2 sts, WH 10 sts, ch 1, turn.

Row 8: < HDC in 9 sts, (DB) 2 sts, (BR) 18 sts, (DB) 2 sts, (WH) 9 sts, Ch 2, turn. Row 9: > HDC in 8 sts, (DB) 2 sts, (BR) 6 sts, (DB) 9 sts, (BR) 5 sts, (DB) 2 sts, (WH) 8 sts, ch 2, turn.

Row 10: < HDC in 8 sts, (DB) 1 st, (BR) 5 sts, (DB) 2 sts, (BR) 3 sts, (DB) 1 st, (BR) 3 sts, (DB) 2 sts, (BR) 6 sts, (DB) 1 st, (WH) 8 sts, ch 2, turn.

Row 11: > HDC in 7 sts, (DB) 1 st , (BR) 7 sts, (DB) 1 st, (BR) 4 sts, (DB) 1 st, (BR) 4 sts, (DB) 1 st, (BR) 6 sts, (DB) 1 st, (WH) 7 sts, ch 2, turn.

Row 12: < HDC in 7 sts, (DB) 1 st, (BR) 10 sts, (DB) 3 sts, (BR) 11 sts, (DB) 1 st, (WH) 7 sts, ch 2, turn.

Row 13: > HDC in 7 sts, (DB) 1 st, (BR) 10 sts, (DB) 5 sts, (BR) 9 sts, (DB) 1 st, (WH) 7 sts, ch 2, turn.

Row 14: > HDC in 8 sts, (DB) 1 st, (BR) 9 sts, (DB) 5 sts, (BR) 8 sts, (DB) 1 st, (WH) 8 sts, ch 2, turn.

Row 15: < HDC in 9 sts, (DB) 1 st, (BR) 6 sts, (BK) 2 sts, (BR) 1 st, (DB) 3 sts, (BR) 1 st , (BK) 2 sts, (BR) 7 sts, (DB) 1 st, (WH) 8 sts, ch 2, turn.

Row 16: > HDC in 8 sts, (DB) 1 st, (BR) 6 sts, (BK) 4 sts, (BR) 3 sts, (BK) 4 sts, (BR) 5 sts, DB 1st, (WH) 8 sts, ch 2, turn.

Row 17: < HDC in 8 sts, (DB) 2 sts, (BR) 4sts, (BK) 1 st, (WH) 1 st, (BK) 2 sts, (BR) 3 sts, (BK) 1 st, (WH) 1 st, (BK) 2 sts, (BR) 5 sts, (DB) 2 sts, (WH) 8 sts, ch 2, turn.

Row 18: > HDC in 9 sts, (DB) 2 sts, (BR) 5 sts, (BK) 2 sts, (BR) 5 sts, (BK) 2 sts, (BR) 4 sts, (DB) 2 sts (WH) 9 sts, ch 2, turn.

Row 19: < HDC in 10 sts, (DB) 1 st, (BR) 18 sts, (DB) 1 st, (WH) 10 sts, ch 2, turn.

Row 20: > HDC in 11 sts, (DB) 1 st, (BR) 2 sts, (DB) 1 st, (BR) 3 sts, (DB) 1 st, (BR) 3 sts, (DB) 1 st, (BR) 3 sts, (DB) 1 st, (BR) 1 st, (DB) 2 sts, (WH) 10, ch 2, turn.

Row 21: < HDC in 11 sts, (DB) 1 st, (BR) 2 sts, (DB) 3 sts, (BR) 5 sts, (DB) 3 sts, (BR) 3 sts, (DB) 1 st, (WH) 11 sts, ch 2, turn.

Row 22: > HDC in 10 sts, (DB) 2 st, (BR) 16 sts, (DB) 1 st, (WH) 11 sts, ch 2, turn.

Row 23: < HDC in 10 sts, (DB) 1 st, (BR) 13 sts, (DB) 2 sts, (BR) 3 sts, (DB) 2 sts, (WH) 9 sts, ch 2, turn.

Row 24: > HDC in 8 sts, (DB) 2 sts, (BR) 4 sts, (DB) 2 sts, (BR) 9 sts, (DB) 2 sts, (BR) 3 sts, (DB) 1 st, (WH) 9 sts, ch 2, turn.

Row 25: < HDC in 8 sts, (DB) 1 st, (BR) 4 sts, (DB) 2 sts, (BR) 3 sts, (DB) 3 sts, (BR) 3 sts, (DB) 4 sts, (BR) 3 sts, (DB) 2 sts, (WH) 7 sts, ch 2, turn.

Row 26: > HDC in 6 sts, (DB) 2 sts, (BR) 3 sts, (DB) 5 sts, (BR) 2 sts, (DB) 1 st, (WH) 3 sts, (DB) 1 st, (BR) 2 sts, (DB) 3 sts, (BR) 4 sts, (DB) 1 st, (WH) 7 sts, ch 2, turn.

Row 27: < HDC in 7 sts, (DB) 1 st, (BR) 3 sts, (DB) 4 sts, (BR) 2 sts, (DB) 1 st, (WH) 4 sts, (DB) 1 st, (BR) 2 sts, (DB) 5 sts, (BR) 3, (DB) 1, (WH) 6, ch 2, turn.

Row 28: > HDC in 5 sts, (DB) 1 st, (BR) 3 sts, (DB) 5 sts, (BR) 3 sts, (BR) 1 st, (WH) 4 sts, (DB) 2 sts, (BR) 1 sts, (DB) 5 sts, (BR) 2 sts, (DB) 2 sts, (WH) 6 sts, ch 2, turn.

Row 29: < HDC in 6 sts, (DB) 1 st, (BR) 2 sts, (DB) 6 sts, (BR) 1 st, (BR) 1 st, (WH) 6 sts, (DB) 1 st, (BR) 2 sts, (DB) 6 sts, (BR) 2 sts, (DB) 1 st, (WH) 5 sts, ch 2, turn.

Row 30: > HDC in 5 sts, (DB) 1 st, (BR) 1 st, (DB) 6 sts, (BR) 2 sts, (DB) 1 st, (WH) 7 sts, (DB) 1 st, (BR) 2 sts, (DB) 5 sts, (BR) 2 sts, (DB) 1 st, (WH) 6 sts, ch 2, turn.

Row 31: < HDC in 4 sts, (DB) 2 sts, (BR) 1 st, (DB) 5 sts, (BR) 2 sts, (DB) 1 st, (WH) 8 sts, (DB) 1 st, (BR) 2 sts, (DB) 6 sts, (BR) 1 st, (DB) 2, (WH) 5, sts, ch 2, turn.

Row 32: > HDC in 4 sts, (DB) 1 st, (BR) 2 sts, (DB) 4 sts, (BR) 3 sts, (DB) 1 st, (WH) 9 sts, (DB) 1, (BR) 2 sts, (DB) 5 sts, (BR) 2 sts, (DB) 1 st, (WH) 5 sts, ch 2, turn.

Row 33: < HDC in 5 sts, (DB) 1 st, (BR) 2 sts, (DB) 4 sts, (BR) 3 sts, (DB) 1 st, (WH) 10 sts, (DB) 1 st, (BR) 3 sts, (DB) 3 sts, (DB) 2 sts, (DB) 1 st, (WH) 4 sts, ch 2, turn.

Row 34: > HDC in 4 sts, (DB) 1 st, (BR) 7 sts, (DB) 1 st, (WH) 12 sts, (DB) 1 st, (BR) 2 sts, (DB) 4 sts, (BR) 2 sts, (DB) 1 st, (WH) 5 sts, ch 2, turn.

Row 35: < HDC in 5 sts, (DB) 1 st, (BR) 2 sts, (DB) 2 sts, (BR) 3 sts, (DB) 1 st, (WH) 14 sts, (DB) 1 st, (BR) 6 sts, (DB) 1 st, (WH) 4 sts, ch 2, turn.

Row 36: > HDC in 4 sts, (DB) 1 st, (BR) 5 sts, (DB) 1 st, (WH) 16, (DB) 1 st, (BR) 6 sts, (DB) 1 st, (WH) 5 sts, ch 2, turn.

Row 37: < HDC in 5 sts, (DB) 1 st, (DB) 4 sts, (BR) 2 sts, (WH) 18 sts, (DB) 2 sts, (BR) 3 sts, (DB) 1 st, (WH) 4 sts, ch 2, turn.

Row 38: > HDC in 4 sts, (DB) 4 sts, (WH) 21 sts, (DB) 2 sts, (BR) 3 sts, (DB) 1 st, (WH) 5 sts, ch 2, turn.

Row 39: < HDC in 5 sts, (DB) 4 sts, (WH) 31 sts, ch 2, turn.

Row 40 & 41: HDC in all 40 sts, ch 2, turn. On the end of the last row, tie off, and weave in any yarn ends

Bunny Square - Written Row by Row In Single Crochet or Tunisian Stitch

These instructions are for Single Crochet following the chart provided. Although, the same stitch and color count for Tunisian Crochet.

Starting at the bottom row on the right of the chart.

In this written instructions all **>** odd numbers are worked from right to left, and **<** even numbers from left to right on the single crochet blanket.

(All Tunisian crochet rows are worked from the right to left starting at the bottom row of the chart).

Chain 40 +1 with White Yarn (or background color of your choice) (WH) (the beginning of every row will start with White (or your color choice) and end with a chain 1, which is the turning chain)

Starting at the bottom of the chart left side. Remember < means start on the right side of the chart on that specific row. And > means start on the left side of the chart on that specific row.

Row 1: > 1 Single Crochet (sc) (or tunisian,) in each chain across, chain (ch) 1, turn. (40 sts)

Row 2: < Sc in each of the previous rows stitches (st), ch 1, turn.

Row 3: > Repeat row 2,

Row 4: < Sc in 14 sts, change yarn color from white (WH) to Dark Brown (DB), sc next 12 sts, change yarn color from DB to WH, sc next 14 sts, ch 1, turn.

Row 5: > Sc in 12 sts, change to DB, sc next 3 sts, change to Brown, sc next 10 sts, change to DB, sc next 3 sts, change to WH, sc last 12 st, ch 1, turn.

Row 6: < Sc in 11 sts, color change DB, sc next 2 stitches, color change BR, sc next 14, color change to DB, sc next 2 sts, color change to WH, sc in last 11 sts, ch 1, turn.

Row 7: > Sc in 10 sts, *(I am going to just use the initials for the new color and the number of stitches need now, to streamline the directions)* (DB) 2 sts, (BR) 16 sts, (DB) 2 sts, WH 10 sts, ch1, turn.

Row 8: < Sc in 9 sts, (DB) 2 sts, (BR) 18 sts, (DB) 2 sts, (WH) 9 sts, ch 1, turn.

Row 9: > Sc in 8 sts, (DB) 2 sts, (BR) 6 sts, (DB) 9 sts, (BR) 5 sts, (DB) 2 sts, (WH) 8 sts, ch 1, turn.

Row 10: < Sc in 8 sts, (DB) 1 st, (BR) 5 sts, (DB) 2 sts, (BR) 3 sts, (DB) 1 st, (BR) 3 sts, (DB) 2 sts, (BR) 6 sts, (DB) 1 st, (WH) 8 sts, ch 1, turn.

Row 11: > Sc in 7 sts, (DB) 1 st , (BR) 7 sts, (DB) 1 st, (BR) 4 sts, (DB) 1 st, (BR) 4 sts, (DB) 1 st, (BR) 6 sts, (DB) 1 st, (WH) 7 sts, ch 1, turn.

Row 12: < Sc in 7 sts, (DB) 1 st, (BR) 10 sts, (DB) 3 sts, (BR) 11 sts, (DB) 1 st, (WH) 7 sts, ch 1, turn.

Row 13: > Sc in 7 sts, (DB) 1 st, (BR) 10 sts, (DB) 5 sts, (BR) 9 sts, (DB) 1 st, (WH) 7 sts, ch 1, turn.

Row 14: > Sc in 8 sts, (DB) 1 st, (BR) 9 sts, (DB) 5 sts, (BR) 8 sts, (DB) 1 st, (WH) 8 sts, ch 1, turn.

Row 15: < Sc in 9 sts, (DB) 1 st, (BR) 6 sts, (BK) 2 sts, (BR) 1 st, (DB) 3 sts, (BR) 1 st , (BK) 2 sts, (BR) 7 sts, (DB) 1 st, (WH) 8 sts, ch 1, turn.

Row 16: > Sc in 8 sts, (DB) 1 st, (BR) 6 sts, (BK) 4 sts, (BR) 3 sts, (BK) 4 sts, (BR) 5 sts, DB 1st, (WH) 8 sts, ch 1, turn.

Row 17: < Sc in 8 sts, (DB) 2 sts, (BR) 4sts, (BK) 1 st, (WH) 1 st, (BK) 2 sts, (BR) 3 sts, (BK) 1 st, (WH) 1 st, (BK) 2 sts, (BR) 5 sts, (DB) 2 sts, (WH) 8 sts, ch 1, turn.

Row 18: > Sc in 9 sts, (DB) 2 sts, (BR) 5 sts, (BK) 2 sts, (BR) 5 sts, (BK) 2 sts, (BR) 4 sts, (DB) 2 sts (WH) 9 sts, ch 1, turn.

Row 19: < Sc in 10 sts, (DB) 1 st, (BR) 18 sts, (DB) 1 st, (WH) 10 sts, ch 1, turn.

Row 20: > Sc in 11 sts, (DB) 1 st, (BR) 2 sts, (DB) 1 st, (BR) 3 sts, (DB) 1 st, (BR) 3 sts, (DB) 1 st, (BR) 3 sts, (DB) 1 st, (BR) 1 st, (DB) 2 sts, (WH) 10 , ch 1, turn.

Row 21: < Sc in 11 sts, (DB) 1 st, (BR) 2 sts, (DB) 3 sts, (BR) 5 sts, (DB) 3 sts, (BR) 3 sts, (DB) 1 st, (WH) 11 sts, ch 1, turn.

Row 22: > Sc in 10 sts, (DB) 2 st, (BR) 16 sts, (DB) 1 st, (WH) 11 sts, ch 1, turn.

Row 23: < Sc in 10 sts, (DB) 1 st, (BR) 13 sts, (DB) 2 sts, (BR) 3 sts, (DB) 2 sts, (WH) 9 sts, ch 1, turn.

Row 24: > Sc in 8 sts, (DB) 2 sts, (BR) 4 sts, (DB) 2 sts, (BR) 9 sts, (DB) 2 sts, (BR) 3 sts, (DB) 1 st, (WH) 9 sts, ch 1, turn.

Row 25: < Sc in 8 sts, (DB) 1 st, (BR) 4 sts, (DB) 2 sts, (BR) 3 sts, (DB) 3 sts, (BR) 3 sts, (DB) 4 sts, (BR) 3 sts, (DB) 2 sts, (WH) 7 sts, ch 1, turn.

Row 26: > Sc in 6 sts, (DB) 2 sts, (BR) 3 sts, (DB) 5 sts, (BR) 2 sts, (DB) 1 st, (WH) 3 sts, (DB) 1 st, (BR) 2 sts, (DB) 3 sts, (BR) 4 sts, (DB) 1 st, (WH) 7 sts, ch 1, turn.

Row 27: < Sc in 7 sts, (DB) 1 st, (BR) 3 sts, (DB) 4 sts, (BR) 2 sts, (DB) 1 st, (WH) 4 sts, (DB) 1 st, (BR) 2 sts, (DB) 5 sts, (BR) 3, (DB) 1, (WH) 6, ch 1, turn.

Row 28: > Sc in 5 sts, (DB) 1 st, (BR) 3 sts, (DB) 5 sts, (BR) 3 sts, (BR) 1 st, (WH) 4 sts, (DB) 2 sts, (BR) 1 sts, (DB) 5 sts, (BR) 2 sts, (DB) 2 sts, (WH) 6 sts, ch 1, turn.

Row 29: < Sc in 6 sts, (DB) 1 st, (BR) 2 sts, (DB) 6 sts, (BR) 1 st, (BR) 1 st, (WH) 6 sts, (DB) 1 st, (BR) 2 sts, (DB) 6 sts, (BR) 2 sts, (DB) 1 st, (WH) 5 sts, ch 1, turn.

Row 30: > Sc in 5 sts, (DB) 1 st, (BR) 1 st, (DB) 6 sts, (BR) 2 sts, (DB) 1 st, (WH) 7 sts, (DB) 1 st, (BR) 2 sts, (DB) 5 sts, (BR) 2 sts, (DB) 1 st, (WH) 6 sts, ch 1, turn.

Row 31: < Sc in 4 sts, (DB) 2 sts, (BR) 1 st, (DB) 5 sts, (BR) 2 sts, (DB) 1 st, (WH) 8 sts, (DB) 1 st, (BR) 2 sts, (DB) 6 sts, (BR) 1 st, (DB) 2, (WH) 5, sts, ch 1, turn.

Row 32: > Sc in 4 sts, (DB) 1 st, (BR) 2 sts, (DB) 4 sts, (BR) 3 sts, (DB) 1 st, (WH) 9 sts, (DB) 1, (BR) 2 sts, (DB) 5 sts, (BR) 2 sts, (DB) 1 st, (WH) 5 sts, ch 1, turn.

Row 33: < Sc in 5 sts, (DB) 1 st, (BR) 2 sts, (DB) 4 sts, (BR) 3 sts, (DB) 1 st, (WH) 10 sts, (DB) 1 st, (BR) 3 sts, (DB) 3 sts, (DB) 2 sts, (DB) 1 st, (WH) 4 sts, ch 1, turn.

Row 34: > Sc in 4 sts, (DB) 1 st, (BR) 7 sts, (DB) 1 st, (WH) 12 sts, (DB) 1 st, (BR) 2 sts, (DB) 4 sts, (BR) 2 sts, (DB) 1 st, (WH) 5 sts, ch 1, turn.

Row 35: < Sc in 5 sts, (DB) 1 st, (BR) 2 sts, (DB) 2 sts, (BR) 3 sts, (DB) 1 st, (WH) 14 sts, (DB) 1 st, (BR) 6 sts, (DB) 1 st, (WH) 4 sts, ch 1, turn.

Row 36: > Sc in 4 sts, (DB) 1 st, (BR) 5 sts, (DB) 1 st, (WH) 16, (DB) 1 st, (BR) 6 sts, (DB) 1 st, (WH) 5 sts, ch 1, turn.

Row 37: < Sc in 5 sts, (DB) 1 st, (DB) 4 sts, (BR) 2 sts, (WH) 18 sts, (DB) 2 sts, (BR) 3 sts, (DB) 1 st, (WH) 4 sts, ch 1, turn.

Row 38: > Sc in 4 sts, (DB) 4 sts, (WH) 21 sts, (DB) 2 sts, (BR) 3 sts, (DB) 1 st, (WH) 5 sts, ch 1, turn.

Row 39: < Sc in 5 sts, (DB) 4 sts, (WH) 31 sts, ch 1, turn.

Row 40 & 41: Sc in all 40 sts, ch 1, turn.

On the end of the last row, tie off, and weave in any yarn ends

Bunny LARGE Square - Written Row by Row In Double Crochet - (3 stitches per grid square)

Chain 120 +3 with White Yarn (or background color of your choice) (WH) (the beginning of every row will start with White (or your color choice) and end with a chain 3, which is the turning chain and first Double Crochet in the next row)

Row 1: > Double Crochet (Dc) in fourth chain (ch) from hook, Dc in the rest of the chs, ch 3, turn. (120 Dcs which includes the beginning ch 3)

Row 2: < Dc in each of the previous rows stitches (st), ch 3, turn.

Row 3: > Repeat row 2.

Row 4: < Dc in 41 sts, change yarn color from white (WH) to Dark Brown (DB), Dc next 36 sts, change yarn color from DB to WH, Dc next 42 sts, ch 3, turn.

Row 5: > Dc in 35 sts, change to DB, Dc next 9 sts, change to Brown, Dc next 30 sts, change to DB, Dc next 9 sts, change to WH, Dc last 36 sts, ch 3, turn.

Row 6: < Dc in 32 sts, color change DB, Dc next 6 stitches, color change BR, Dc next 42, color change to DB, Dc next 6 sts, color change to WH, Dc in last 33 sts, ch 3, turn.

Row 7: > Dc in 29 sts, (I am going to just use the initials for the new color and the number of stitches need now, to streamline the directions) (DB) 6 sts, (BR) 42 sts, (DB) 6 sts, WH 30 sts, ch 1, turn.

Row 8: < Dc in 17 sts, (DB) 6 sts, (BR) 54 sts, (DB) 6 sts, (WH) 27 sts, ch 3, turn.

Row 9: > Dc in 23 sts, (DB) 6 sts, (BR) 18 sts, (DB) 27 sts, (BR) 15 sts, (DB) 3 sts, (WH) 24 sts, ch 3, turn.

Row 10: < Dc in 23 sts, (DB) 3 sts, (BR) 25 sts, (DB) 3 sts, (BR) 9 sts, (DB) 3 sts, (BR) 9 sts, (DB) 6 sts, (BR) 18 sts, (DB) 3 sts, (WH) 24 sts, ch 3, turn.

Row 11: > Dc in 20 sts, (DB) 3 st , (BR) 21 sts, (DB) 3 sts, (BR) 12 sts, (DB) 3 sts, (BR) 12 sts, (DB) 3 sts, (BR) 18 sts, (DB) 3 sts, (WH) 21 sts, ch 3, turn.

Row 12: < Dc in 20 sts, (DB) 3 sts, (BR) 30 sts, (DB) 9 sts, (BR) 33 sts, (DB) 3 sts, (WH) 21 sts, ch 3, turn.

Row 13: > Dc in 20 sts, (DB) 3 sts, (BR) 30 sts, (DB) 15 sts, (BR) 27 sts, (DB) 3 sts, (WH) 21 sts, ch 3, turn.

Row 14: > Dc in 23 sts, (DB) 3 sts, (BR) 27 sts, (DB) 15 sts, (BR) 24 sts, (DB) 3 sts, (WH) 24 sts, ch 3, turn.

Row 15: < Dc in 26 sts, (DB) 3 sts, (BR) 18 sts, (BK) 6 sts, (BR) 3 sts, (DB) 9 sts, (BR) 3 sts, (BK) 6 sts, (BR) 21 sts, (DB) 3 sts, (WH) 24 sts, ch 3, turn.

Row 16: > Dc in 23 sts, (DB) 3 sts, (BR) 18 sts, (BK) 12 sts, (BR) 9 sts, (BK) 12 sts, (BR) 15 sts, (DB) 3, (WH) 24 sts, ch 3, turn.

Row 17: < Dc in 23 sts, (DB) 6 sts, (BR) 12 sts, (BK) 3 sts, (WH) 3 sts, (BK) 6 sts, (BR) 9 sts, (BK) 3 sts, (WH) 3 sts, (BK) 6 sts, (BR) 15 sts, (DB) 6 sts, (WH) 23 sts, ch 3, turn.

Row 18: > Dc in 26 sts, (DB) 6 sts, (BR) 15 sts, (BK) 6 sts, (BR) 15 sts, (BK) 6 sts, (BR) 12 sts, (DB) 6 sts (WH) 27 sts, ch 3, turn.

Row 19: < Dc in 29 sts, (DB) 3 sts, (BR) 54 sts, (DB) 3 sts, (WH) 30 sts, ch 3, turn.

Row 20: > Dc in 32 sts, (DB) 3 sts, (BR) 6 sts, (DB) 3 sts, (BR) 0 sts, (DB) 3 sts, (BR) 9 sts, (DB) 3 sts, (BR) 9 sts, (DB) 3 sts, (BR) 3 sts, (DB) 6 sts, (WH) 30, ch 3, turn.

Row 21: < Dc in 32 sts, (DB) 3 sts, (BR) 6 sts, (DB) 9 sts, (BR) 15 sts, (DB) 9 sts, (BR) 9 sts, (DB) 3 sts, (WH) 33 sts, ch 3, turn.

Row 22: > Dc in 29 sts, (DB) 6 sts, (BR) 42 sts, (DB) 3 sts, (WH) 33 sts, ch 3, turn.

Row 23: < Dc in 29 sts, (DB) 3 sts, (BR) 39 sts, (DB) 6 sts, (BR) 9 sts, (DB) 6 sts, (WH) 27 sts, ch 3, turn.

Row 24: > Dc in 23 sts, (DB) 6 sts, (BR) 12 sts, (DB) 6 sts, (BR) 27 sts, (DB) 6 sts, (BR) 9 sts, (DB) 3 sts, (WH) 27 sts, ch 3, turn.

Row 25: < Dc in 23 sts, (DB) 3 sts, (BR) 12 sts, (DB) 6 sts, (BR) 9 sts, (DB) 9 sts, (BR) 9 sts, (DB) 12 sts, (BR) 9 sts, (DB) 6 sts, (WH) 21 sts, ch 3, turn.

Row 26: > Dc in 17 sts, (DB) 6 sts, (BR) 9 sts, (DB) 15 sts, (BR) 6 sts, (DB) 3 sts, (WH) 9 sts, (DB) 3 sts, (BR) 6 sts, (DB) 9 sts, (BR) 12 sts, (DB) 3 sts, (WH) 21 sts, ch 3, turn.

Row 27: < Dc in 20 sts, (DB) 3 sts, (BR) 9 sts, (DB) 12 sts, (BR) 6 sts, (DB) 3 sts, (WH) 12 sts, (DB) 3 sts, (BR) 6 sts, (DB) 15 sts, (BR) 9, (DB) 3 sts, (WH) 18, ch 3, turn.

Row 28: > Dc in 15 sts, (DB) 3 sts, (BR) 9 sts, (DB) 15 sts, (BR) 9 sts, (BR) 3 sts, (WH) 12 sts, (DB) 6 sts, (BR) 3 sts, (DB) 15 sts, (BR) 6 sts, (DB) 6 sts, (WH) 18 sts, ch 3, turn.

Row 29: < Dc in 17 sts, (DB) 3 sts, (BR) 6 sts, (DB) 18 sts, (BR) 3 sts, (BR) 3 sts, (WH) 18 sts, (DB) 3 sts, (BR) 6 sts, (DB) 18 sts, (BR) 6 sts, (DB) 3 sts, (WH) 15 sts, ch 3, turn.

Row 30: > Dc in 14 sts, (DB) 3 sts, (BR) 3 sts, (DB) 18 sts, (BR) 6 sts, (DB) 3 sts, (WH) 21 sts, (DB) 3 sts, (BR) 6 sts, (DB) 15 sts, (BR) 6 sts, (DB) 3 sts, (WH) 18 sts, ch 3, turn.

Row 31: < Dc in 11 sts, (DB) 6 sts, (BR) 3 sts, (DB) 15 sts, (BR) 6 sts, (DB) 3 sts, (WH) 24 sts, (DB) 3 sts, (BR) 6 sts, (DB) 18 sts, (BR) 3 sts, (DB) 6, (WH) 15 sts, ch 3, turn.

Row 32: > Dc in 11 sts, (DB) 3 sts, (BR) 6 sts, (DB) 12 sts, (BR) 9 sts, (DB) 3 sts, (WH) 27 sts, (DB) 3, (BR) 6 sts, (DB) 15 sts, (BR) 6 sts, (DB) 3 sts, (WH) 15 sts, ch 3, turn.

Row 33: < Dc in 14 sts, (DB) 3 sts, (BR) 6 sts, (DB) 12 sts, (BR) 9 sts, (DB) 3 sts, (WH) 30 sts, (DB) 3 sts, (BR) 9 sts, (DB) 9 sts, (DB) 6 sts, (DB) 3 sts, (WH) 12 sts, ch 3, turn.

Row 34: > Dc in 11 sts, (DB) 3 sts, (BR) 21 sts, (DB) 3 sts, (WH) 36 sts, (DB) 3 sts, (BR) 6 sts, (DB) 12 sts, (BR) 6 sts, (DB) 3 sts, (WH) 15 sts, ch 3, turn.

Row 35: < Dc in 15 sts, (DB) 3 sts, (BR) 6 sts, (DB) 6 sts, (BR) 9 sts, (DB) 3 sts, (WH) 42 sts, (DB) 3 sts, (BR) 18 sts, (DB) 3 sts, (WH) 13 sts, ch 3, turn.

Row 36: > Dc in 11 sts, (DB) 3 sts, (BR) 15 sts, (DB) 3 sts, (WH) 48, (DB) 3 sts, (BR) 18 sts, (DB) 3 sts, (WH) 15 sts, ch 3, turn.

Row 37: < Dc in 14 sts, (DB) 3 sts, (DB) 12 sts, (BR) 6 sts, (WH) 54 sts, (DB) 6 sts, (BR) 9 sts, (DB) 3 sts, (WH) 12 sts, ch 3, turn.

Row 38: > Dc in 11 sts, (DB) 12 sts, (WH) 63 sts, (DB) 6 sts, (BR) 9 sts, (DB) 3 sts, (WH) 15 sts, ch 3, turn.

Row 39: < Dc in 14 sts, (DB) 12 sts, (WH) 93 sts, ch 3, turn.

Row 40 & 41: Dc in all 119 sts, ch 3, turn. On the end of the last row, tie off, and weave in any yarn ends

Bunny - Full Design Chart

This Chart can be used for single crochet, tunisian st, or half double crochet with each square counting as one stitch, and can also be used for making a larger blanket square using 3 double crochet stitches for each square on the grid.

The color of the squares on the grid are the suggested colors for the yarn.

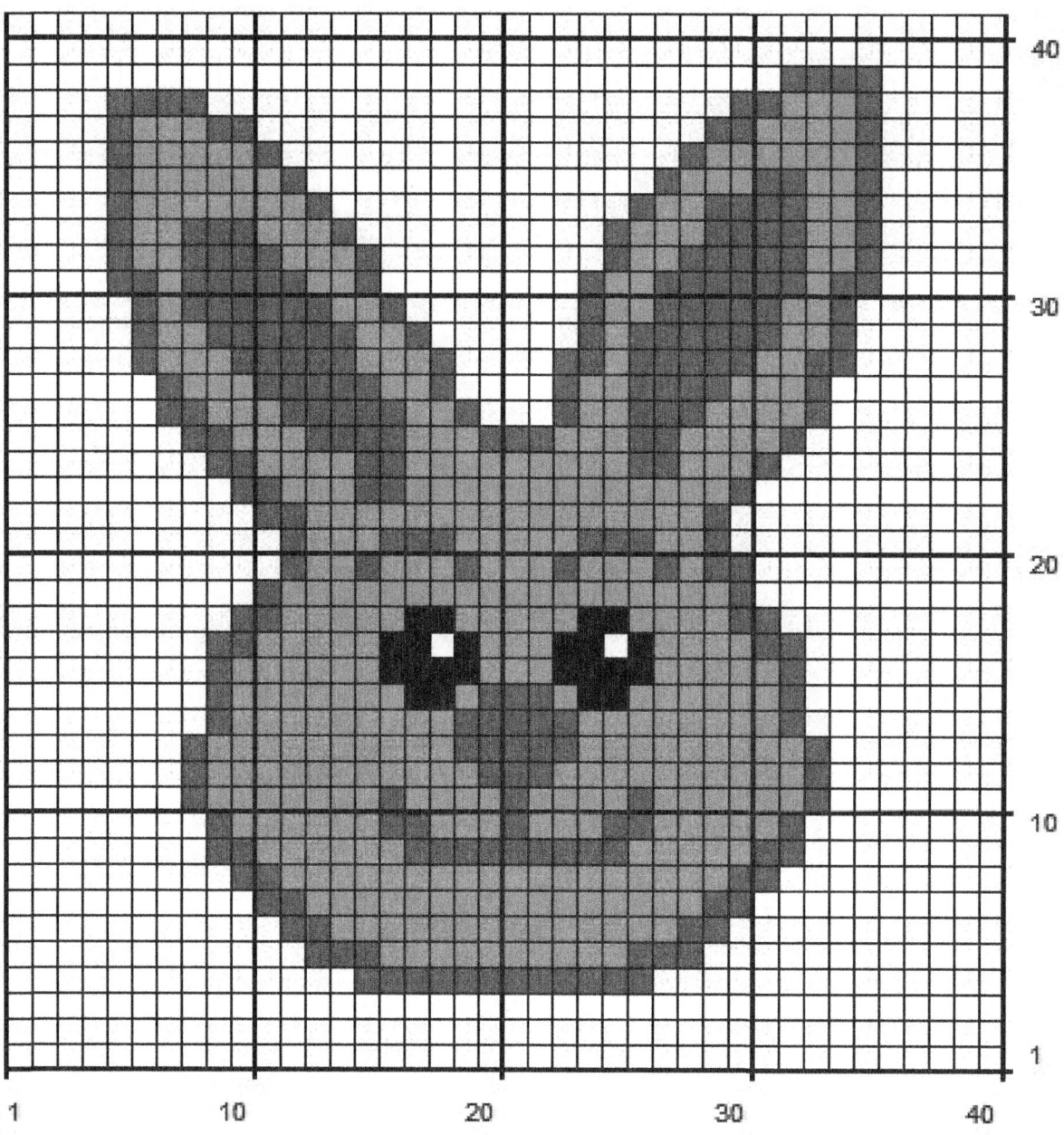

Bunny - Full Stitch Symbol Chart

Tunisian Stitch or Single Crochet Sitch
0 - chain X - Single Crochet Stitch
Color background of each stitch is suggested yarn color.

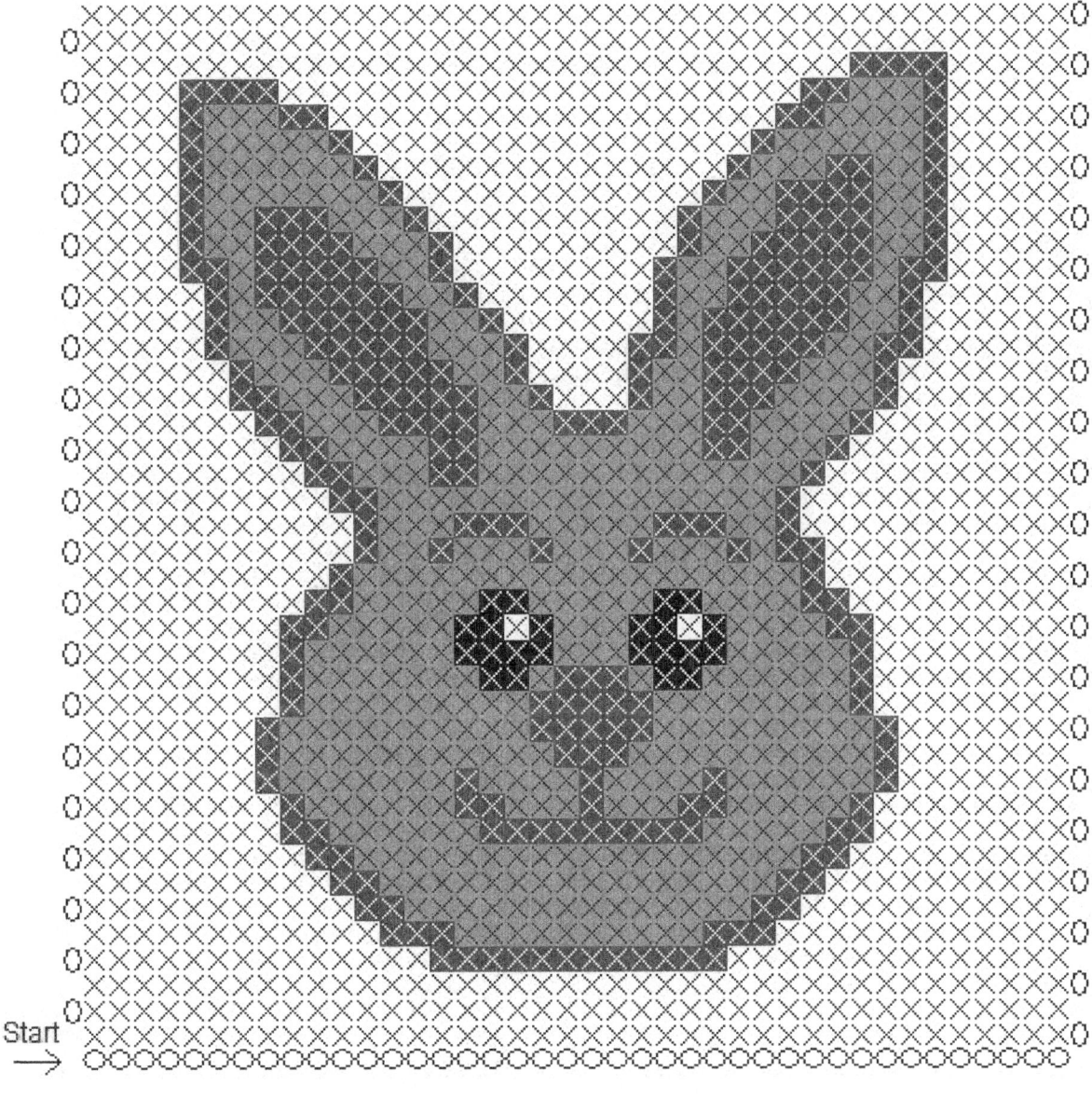

Chapter 11: Monkey Square Pattern

Large Double Crochet Finished With Border

Supplies Needed:

Your Favorite Worsted Weight Yarn

Approximate supplies needed

WH - White – 250

BR - Brown - 130

DB - Dark Brown -70

PK - Pink - 15

GD - Gold - 95

Tunisian Crochet Hook Size G with extension

Regular Crochet Hook Size G

Approximate Sizes:

10" wide by 10" length

Use Size 'G' Tunisian Crochet Hook (with extension)

for a Tunisian Crochet

'G' Hook for Single Crochet

To make the squares a bit bigger use Size 'I' Hook

and replace the single Crochet with Half Double Crochet or Double Crochet. The written row by row pattern is included for all three sizes.

The blanket can be made longer or wider by adding more rows on the top, bottom and sides equally. And/Or add a border.

Monkey Square - Written Row by Row In Half Double Crochet

Chain 40 +2 with White Yarn (or background color of your choice) (WH) (the beginning of every row will start with White (or your color choice) and end with a chain 2, which is the turning chain and first HDC (half double crochet) in the next row)

Row 1: > Half Double Crochet (HDC) in third chain (ch) from hook, HDC in the rest of the chs, ch 2, turn.

Row 2: < HDC in each stitch (st) across, ch 2, turn.

Row 3: > HDC in each st across, ch 2, turn.

Row 4: < HDC in 18 sts, (change yarn color to Dark Brown - DB) 3 sts, (change yarn color to White - WH) 19 sts, ch 2, turn.

Row 5: > HDC in 18 sts, (DB) 2 sts, (change yarn color to pink-PK) 1 st, (DB) 2 sts, (WH) 17 sts, ch 2, turn.

Row 6: < HDC in 16 sts, (DB) 2 sts, (PK) 3 sts, (DB) 2 sts, (WH) 16 sts, ch 2, turn.

Row 7: > HDC in 17 sts, (DB) 1 st, (PK) 5 sts, (DB) 2 sts, (WH) 15 sts, ch 2, turn.

Row 8: < HDC in 13 sts, (DB) 11 sts (WH)16 sts, ch 2, turn.

Row 9: > HDC in 14 sts, (DB) 2 sts, (change yarn color to gold-GD) 11 sts, (DB) 1 st, (WH) 12 sts, ch 2, turn.

Row 10: < HDC in 11 sts, (DB) 1 st, (GD) 14 sts, (DB) 1 st, (WH) 13 sts, ch 2, turn.

Row 11: > HDC in 12 sts, (DB) 1 st, (GD) 17 sts, (DB) 1 st, (WH) 10 sts, ch 2, turn.

Row 12: < HDC in 10 sts, (DB) 1 st, (GD) 17 sts, (DB) 1 st, (WH) 10 sts, ch 2, turn.

Row 13: > HDC in 11 sts, (DB) 1 st, (change yarn color to Brown- BR) 1 st, (DB) 1 st, (GD) 15 sts, (DB) 1 st, (WH) 10 sts, ch 2, turn.

Row 14: < HDC in 9 sts, (DB) 1 st, (BR) 1 st, (DB) 1 st, (GD) 6 sts, (change yarn color to Black-BK) 1 st, (GD) 6 sts, (DB) 1 st, (BR) 3 sts, (DB) 1 st, (WH)10 sts, ch 2, turn.

Row 15: > HDC in 9 sts, (DB) 1 sts, (BR) 5 sts, (DB) 1 st, (GD) 4 sts, (BK)3 sts, (GD) 4 sts, (DB) 1 st, (BR) 3 sts, (DB) 1 st, (WH)8 sts, ch 2, turn.

Row 16: < HDC in 7 sts, (DB) 1 st, (BR) 4 sts, (DB) 3 sts, (GD) 1 st, (BK) 5 sts, (GD) 1 st, (DB) 3 sts, (BR) 6 st, (DB) 1 st, (WH) 8 sts, ch 2, turn.

Row 17: > HDC in 7 sts, (DB) 1 st, (BR) 6 sts, (DB) 2 sts, (GD) 2 sts, (BR) 1 st, (BK) 5 sts, (BR) 1 st, (GD) 2 sts, (BR) 5 sts, (BR) 1 st, (WH) 6 sts, ch 2, turn.

Row 18: < HDC in 5 sts, (DB) 1 st, (BR) 5 sts, (DB) 1 st, (GD) 14 sts, (DB) 1 st, (BR) 6 sts, (DB) 1 st, (WH) 6 sts, ch 2, turn.

Row 19: > HDC in 6 sts, (DB) 1 st, (BR) 6 sts, (DB) 1 st, (GD) 14 sts, (DB) 1 sts, (BR) 6 sts, (DB) 1 sts, (WH) 4 sts, ch 2, turn.

Row 20: < HDC in 3 sts, (DB) 1 st, (BR) 2 sts, (DB) 1 sts, (GD) 1 st, (BR) 2 sts, (DB) 1 st, (GD) 3 sts, (BK) 2 sts, (GD) 6 sts, (BK) 2 sts, (GD) 3 sts, (DB) 1 st, (BR) 6 sts, (BR) 1 st, (WH) 5 sts, ch 2, turn.

Row 21: > HDC in 4 sts, (DB) 1 st, (BR) 7 sts, (DB) 1 st, (GD) 2 sts, (BK) 1 st, (WH) 1 st, (BK) 2 sts, (GD) 4 sts, (BK) 1 st, (WH) 1 sts, (BK) 2 sts, (GD) 2 sts, (DB) 1 sts, (BR) 2 sts, (GD) 1 st, (DB) 2 sts, (BR) 1 st, (DB) 1 sts, (WH) 3 sts, ch 2, turn.

Row 22: < HDC in 3 sts, (DB) 1 st, (BR) 1 st, (DB) 1 sts, (GD) 2 sts, (BR) 2 sts, (DB) 1 sts, (GD) 2 sts, (BK) 4 sts, (GD) 4 sts, (BK) 4 sts, (GD) 2 sts, (DB) 1 st, (BR) 4 sts, (GD) 1 st, (DB) 1 st, (BR) 1 st, (DB) 1 sts, (WH) 4 sts, ch 2, turn.

Row 23: > HDC in 3 sts, (DB) 1 st, (BR) 1 st, (DB) 1 st, (GD) 2 sts, (BR) 4 sts, (DB) 1 st, (GD) 3 sts, (BK) 2 sts, (GD) 6 sts, (BK) 2 sts, (GD) 3 sts, (DB) 1 sts, (BR) 1 st, (GD) 3 sts, (DB) 1 st, (BR) 1 st, (DB) 1 st, (WH) 3 sts, ch 2, turn.

Row 24: < HDC in next 3 sts, (DB) 1 sts, (BR) 1 st, (DB) 1 st, (GD) 3 sts, (BR) 1 st, (DB) 1 st, (GD) 16 sts, (DB) 1 st, (BR) 3 sts, (GD) 3 sts, (DB) 1 st, (BR) 1 st, (DB) 1 st, (WH) 3 sts, ch 2, turn.

Row 25: > HDC in next 3 sts, (DB) 1 st, (BR) 1 st, (DB) 1 st, (GD) 3 sts, (BR) 4 sts, (DB) 1 st, (GD) 6 sts, (DB) 3 sts, (GD) 5 sts, (DB) 1 sts, (BR) 2 sts, (GD) 3 sts, (DB) 1 st, (BR) 1 st, (DB) 1 st, (WH) 3 sts, ch 2, turn.

Row 26: > HDC in 3 sts, (DB) 1 st, (BR) 1 st, (DB) 1 st, (GD) 3 sts, (BR) 5 sts, (DB) 6 sts, (BR) 3 sts, (DB) 5 sts, (BR) 3 sts, (DB) 1 st, (GD) 1 st, (DB) 2 sts, (BR) 1 st, (DB) 1 st, (WH) 3 sts, ch 2, turn.

Row 27: < HDC in 4 sts, (DB) 1st, (BR) 1 st, (DB) 2 sts, (BR) 23 sts, (GD) 3 sts, (DB) 1 st, (BR) 1 st, (DB) 1 st, (WH) 3 sts, ch 2, turn.

Row 28: > HDC in 3 sts, (DB) 1 st, (BR) 2 sts, (DB) 1 sts, (GD) 1 sts, (DB) 1 st, (BR) 15 sts, (DB) 4 sts, (BR) 6 sts, (DB) 1 st, (WH)5 sts, ch 2, turn.

Row 29: < HDC in 6 sts, (DB) 5 sts, (BR) 10 sts, (DB) 4 sts, (BR) 3 sts, (DB) 2 sts, (BR) 2 sts, (DB) 2 sts, (BR) 2 sts, (DB) 1 st, (WH)3 sts, ch 2, turn.

Row 30: > HDC in 4 sts, (DB) 1 sts, (BR) 3 sts, (DB) 2 sts, (W) 2 sts, (DB) 1 sts, (BR) 15 sts, (DB) 1 sts, (WH) 11 sts, ch 2, turn.

Row 31: < HDC in 12 sts, (DB) 1 sts, (BR) 14 sts, (DB) 1, (WH) 4 sts,(DB) 3 st, (WH) 5 sts, ch 2, turn.

Row 32: > HDC in 13 sts, (DB) 1 st, (BR) 12 sts, (DB) 1 sts, (WH) 13 sts, ch 2, turn.

Row 33: < HDC in 14 sts, (DB) 1, (BR) 10 sts, (DB) 1 st, (WH) 14 sts, ch 2, turn.

Row 34: > HDC in 15 sts, (DB) 2 sts, (BR) 7 sts, (DB) 1 st, (WH) 15 sts, ch 2, turn.

Row 35: < HDC in 16 sts, (DB) 7 sts, (WH) 17 sts, ch 2, turn.

Row 36: > HDC in 19 sts, (DB) 1 st, (WH) 1 st, (DB) 1 st, (WH) 18 sts, ch 2, turn.

Row 37: < HDC in 17 sts, (DB) 1 st, (WH) 1 st, (DB) 1 st, (WH) 1 st, (DB) 1 st, (WH) 18 sts, ch 2, turn.

Row 38: > HDC in 17 sts, (DB) 1 st, (WH) 1 st, (DB) 1 st, (WH) 1 st, (DB) 1 st, (WH) 1 st, (DB) 1 st, (WH) 16 sts, ch 2, turn.

Row 39 - 41: < HDC in each st, ch 2, turn…on last row tie off and weave in any loose yarn ends.

Monkey Square - Written Row by Row In Single Crochet or Tunisian Stitch

Chain 40 +1 with White Yarn (or background color of your choice) (WH) (the beginning of every row will start with White (or your color choice) and end with a chain 1, which is the turning chain)

Row 1: > Single Crochet (Sc) in second chain (ch) from hook, sc in the rest of the chs, ch 1, turn.

Row 2: < Sc in each stitch (st) across, ch 1, turn.

Row 3: > Sc in each st across, ch 1, turn.

Row 4: < Sc in 18 sts, (change yarn color to Dark Brown - DB) 3 sts, (change yarn color to White - WH) 19 sts, ch 1, turn.

Row 5: > Sc in 18 sts, (DB) 2 sts, (change yarn color to pink-PK) 1 st, (DB) 2 sts, (WH) 17 sts, ch 1, turn.

Row 6: < Sc in 16 sts, (DB) 2 sts, (PK) 3 sts, (DB) 2 sts, (WH) 16 sts, ch 1, turn.

Row 7: > Sc in 17 sts, (DB) 1 st, (PK) 5 sts, (DB) 2 sts, (WH) 15 sts, ch 1, turn.

Row 8: < Sc in 13 sts, (DB) 11 sts (WH)16 sts, ch 1, turn.

Row 9: > Sc in 14 sts, (DB) 2 sts, (change yarn color to gold-GD) 11 sts, (DB) 1 st, (WH) 12 sts, ch 1, turn.

Row 10: < Sc in 11 sts, (DB) 1 st, (GD) 14 sts, (DB) 1 st, (WH) 13 sts, ch 1, turn.

Row 11: > Sc in 12 sts, (DB) 1 st, (GD) 17 sts, (DB) 1 st, (WH) 10 sts, ch 1, turn.

Row 12: < Sc in 10 sts, (DB) 1 st, (GD) 17 sts, (DB) 1 st, (WH) 10 sts, ch 1, turn.

Row 13: > Sc in 11 sts, (DB) 1 st, (change yarn color to Brown-BR) 1 st, (DB) 1 st, (GD) 15 sts, (DB) 1 st, (WH) 10 sts, ch 1, turn.

Row 14: < Sc in 9 sts, (DB) 1 st, (BR) 1 st, (DB) 1 st, (GD) 6 sts, (change yarn color to Black-BK) 1 st, (GD) 6 sts, (DB) 1 st, (BR) 3 sts, (DB) 1 st, (WH)10 sts, ch 1, turn.

Row 15: > Sc in 9 sts, (DB) 1 sts, (BR) 5 sts, (DB) 1 st, (GD) 4 sts, (BK)3 sts, (GD) 4 sts, (DB) 1 st, (BR) 3 sts, (DB) 1 st, (WH)8 sts, ch 1, turn.

Row 16: < Sc in 7 sts, (DB) 1 st, (BR) 4 sts, (DB) 3 sts, (GD) 1 st, (BK) 5 sts, (GD) 1 st, (DB) 3 sts, (BR) 6 st, (DB) 1 st, (WH) 8 sts, ch 1, turn.

Row 17: > Sc in 7 sts, (DB) 1 st, (BR) 6 sts, (DB) 2 sts, (GD) 2 sts, (BR) 1 st, (BK) 5 sts, (BR) 1 st, (GD) 2 sts, (BR) 5 sts, (BR) 1 st, (WH) 6 sts, ch 1, turn.

Row 18: < Sc in 5 sts, (DB) 1 st, (BR) 5 sts, (DB) 1 st, (GD) 14 sts, (DB) 1 st, (BR) 6 sts, (DB) 1 st, (WH) 6 sts, ch 1, turn.

Row 19: > Sc in 6 sts, (DB) 1 st, (BR) 6 sts, (DB) 1 st, (GD) 14 sts, (DB) 1 sts, (BR) 6 sts, (DB) 1 sts, (WH) 4 sts, ch 1, turn.

Row 20: < Sc in 3 sts, (DB) 1 st, (BR) 2 sts, (DB) 1 sts, (GD) 1 st, (BR) 2 sts, (DB) 1 st, (GD) 3 sts, (BK) 2 sts, (GD) 6 sts, (BK) 2 sts, (GD) 3 sts, (DB) 1 st, (BR) 6 sts, (BR) 1 st, (WH) 5 sts, ch 1, turn.

Row 21: > Sc in 4 sts, (DB) 1 st, (BR) 7 sts, (DB) 1 st, (GD) 2 sts, (BK) 1 st, (WH) 1 st, (BK) 2 sts, (GD) 4 sts, (BK) 1 st, (WH) 1 sts, (BK) 2 sts, (GD) 2 sts, (DB) 1 sts, (BR) 2 sts, (GD) 1 st, (DB) 2 sts, (BR) 1 st, (DB) 1 sts, (WH) 3 sts, ch 1, turn.

Row 22: < Sc in 3 sts, (DB) 1 st, (BR) 1 st, (DB) 1 sts, (GD) 2 sts, (BR) 2 sts, (DB) 1 sts, (GD) 2 sts, (BK) 4 sts, (GD) 4 sts, (BK) 4 sts, (GD) 2 sts, (DB) 1 st, (BR) 4 sts, (GD) 1 st, (DB) 1 st, (BR) 1 st, (DB) 1 sts, (WH) 4 sts, ch 1, turn.

Row 23: > Sc in 3 sts, (DB) 1 st, (BR) 1 st, (DB) 1 st, (GD) 2 sts, (BR) 4 sts, (DB) 1 st, (GD) 3 sts, (BK) 2 sts, (GD) 6 sts, (BK) 2 sts, (GD) 3 sts, (DB) 1 sts, (BR) 1 st, (GD) 3 sts, (DB) 1 st, (BR) 1 st, (DB) 1 st, (WH) 3 sts, ch 1, turn.

Row 24: < Sc in next 3 sts, (DB) 1 sts, (BR) 1 st, (DB) 1 st, (GD) 3 sts, (BR) 1 st, (DB) 1 st, (GD) 16 sts, (DB) 1 st, (BR) 3 sts, (GD) 3 sts, (DB) 1 st, (BR) 1 st, (DB) 1 st, (WH) 3 sts, ch 1, turn.

Row 25: > Sc in next 3 sts, (DB) 1 st, (BR) 1 st, (DB) 1 st, (GD) 3 sts, (BR) 4 sts, (DB) 1 st, (GD) 6 sts, (DB) 3 sts, (GD) 5 sts, (DB) 1 sts, (BR) 2 sts, (GD) 3 sts, (DB) 1 st, (BR) 1 st, (DB) 1 st, (WH) 3 sts, ch 1, turn.

Row 26: > Sc in 3 sts, (DB) 1 st, (BR) 1 st, (DB) 1 st, (GD) 3 sts, (BR) 5 sts, (DB) 6 sts, (BR) 3 sts, (DB) 5 sts, (BR) 3 sts, (DB) 1 st, (GD) 1 st, (DB) 2 sts, (BR) 1 st, (DB) 1 st, (WH) 3 sts, ch 1, turn.

Row 27: < Sc in 4 sts, (DB) 1st, (BR) 1 st, (DB) 2 sts, (BR) 23 sts, (GD) 3 sts, (DB) 1 st, (BR) 1 st, (DB) 1 st, (WH) 3 sts, ch 1, turn.

Row 28: > Sc in 3 sts, (DB) 1 st, (BR) 2 sts, (DB) 1 sts, (GD) 1 sts, (DB) 1 st, (BR) 15 sts, (DB) 4 sts, (BR) 6 sts, (DB) 1 st, (WH)5 sts, ch 1, turn.

Row 29: < Sc in 6 sts, (DB) 5 sts, (BR) 10 sts, (DB) 4 sts, (BR) 3 sts, (DB) 2 sts, (BR) 2 sts, (DB) 2 sts, (BR) 2 sts, (DB) 1 st, (WH)3 sts, ch 1, turn.

Row 30: > Sc in 4 sts, (DB) 1 sts, (BR) 3 sts, (DB) 2 sts, (W) 2 sts, (DB) 1 sts, (BR) 15 sts, (DB) 1 sts, (WH) 11 sts, ch 1, turn.

Row 31: < Sc in 12 sts, (DB) 1 sts, (BR) 14 sts, (DB) 1, (WH) 4 sts, (DB) 3 st, (WH) 5 sts, ch 1, turn.

Row 32: > Sc in 13 sts, (DB) 1 st, (BR) 12 sts, (DB) 1 sts, (WH) 13 sts, ch 1, turn.

Row 33: < Sc in 14 sts, (DB) 1, (BR) 10 sts, (DB) 1 st, (WH) 14 sts, ch 1, turn.

Row 34: > Sc in 15 sts, (DB) 2 sts, (BR) 7 sts, (DB) 1 st, (WH) 15 sts, ch 1, turn.

Row 35: < Sc in 16 sts, (DB) 7 sts, (WH) 17 sts, ch 1, turn.

Row 36: > Sc in 19 sts, (DB) 1 st, (WH) 1 st, (DB) 1 st, (WH) 18 sts, ch 1, turn.

Row 37: < Sc in 17 sts, (DB) 1 st, (WH) 1 st, (DB) 1 st, (WH) 1 st, (DB) 1 st, (WH) 18 sts, ch 1, turn.

Row 38: > Sc in 17 sts, (DB) 1 st, (WH) 1 st, (DB) 1 st, (WH) 1 st, (DB) 1 st, (WH) 1 st, (DB) 1 st, (WH) 16 sts, ch 1, turn.

Row 39 - 41: < Sc in each st, ch 1, turn…on last row tie off and weave in any loose yarn ends.

Monkey LARGE Square - Written Row by Row In Double Crochet - (3 stitches per grid square)

Chain 120 +3 with White Yarn (or background color of your choice) (WH) (the beginning of every row will start with White (or your color choice) and end with a chain 3, which is the turning chain and the first stitch in the next row)

Row 1: > Double Crochet (Dc) in fourth chain (ch) from hook, Dc in the rest of the chs, ch 3, turn. (120 Dcs which includes the beginning chain 3)

Row 2: < Dc in each stitch (st) across, ch 3, turn.

Row 3: > Dc in each st across, ch 3, turn.

Row 4: < Dc in 53 sts, (change yarn color to Dark Brown - DB) 9 sts, (change yarn color to White - WH) 57 sts, ch 3, turn.

Row 5: > Dc in 53 sts, (DB) 6 sts, (change yarn color to pink-PK) 3 sts, (DB) 6 sts, (WH) 51 sts, ch 3, turn.

Row 6: < Dc in 47 sts, (DB) 6 sts, (PK) 9 sts, (DB) 6 sts, (WH) 48 sts, ch 3, turn.

Row 7: > Dc in 50 sts, (DB) 3 sts, (PK) 15 sts, (DB) 6 sts, (WH) 45 sts, ch 3, turn.

Row 8: < Dc in 38 sts, (DB) 33 sts (WH) 48 sts, ch 3, turn.

Row 9: > Dc in 41 sts, (DB) 6 sts, (change yarn color to gold-GD) 33 sts, (DB) 3 sts, (WH) 36 sts, ch 3, turn.

Row 10: < Dc in 32 sts, (DB) 3 sts, (GD) 42 sts, (DB) 3 sts, (WH) 39 sts, ch 3, turn.

Row 11: > Dc in 35 sts, (DB) 3 sts, (GD) 51 sts, (DB) 3 sts, (WH) 30 sts, ch 3, turn.

Row 12: < Dc in 29 sts, (DB) 3 sts, (GD) 51 sts, (DB) 3 sts, (WH) 30 sts, ch 3, turn.

Row 13: > Dc in 32 sts, (DB) 3 sts, (change yarn color to Brown-BR) 3 sts, (DB) 3 sts, (GD) 45 sts, (DB) 3 sts, (WH) 30 sts, ch 3, turn.

Row 14: < Dc in 26 sts, (DB) 3 sts, (BR) 3 sts, (DB) 3 sts, (GD) 18 sts, (change yarn color to Black-BK) 3 sts, (GD) 16 sts, (DB) 3 sts, (BR) 9 sts, (DB) 3 sts, (WH) 30 sts, ch 3, turn.

Row 15: > Dc in 26 sts, (DB) 3 sts, (BR) 15 sts, (DB) 3sts, (GD) 12 sts, (BK) 9 sts, (GD) 12 sts, (DB) 3 sts, (BR) 9 sts, (DB) 3 sts, (WH) 24 sts, ch 3, turn.

Row 16: < Dc in 20 sts, (DB) 3 sts, (BR) 12 sts, (DB) 9 sts, (GD) 3 sts, (BK) 15 sts, (GD) 3 sts, (DB) 9 sts, (BR) 18 sts, (DB) 3 sts, (WH) 24 sts, ch 3, turn.

Row 17: > Dc in 20 sts, (DB) 3 sts, (BR) 18 sts, (DB) 6 sts, (GD) 6 sts, (BR) 3 sts, (BK) 15 sts, (BR) 3 sts, (GD) 6 sts, (BR) 15 sts, (BR) 3 sts, (WH) 18 sts, ch 3, turn.

Row 18: < Dc in 14 sts, (DB) 3 sts, (BR) 15 sts, (DB) 3 sts, (GD) 42 sts, (DB) 3 sts, (BR) 18 sts, (DB) 3 sts, (WH) 18 sts, ch 3, turn.

Row 19: > Dc in 17 sts, (DB) 3 sts, (BR) 18 sts, (DB) 3 sts, (GD) 42 sts, (DB) 3 sts, (BR) 18 sts, (DB) 3 sts, (WH) 12 sts, ch 3, turn.

Row 20: < Dc in 8 sts, (DB) 3 sts, (BR) 6 sts, (DB) 3 sts, (GD) 3 sts, (BR) 6 sts, (DB) 3 sts, (GD) 9 sts, (BK) 6 sts, (GD) 18 sts, (BK) 6 sts, (GD) 9 sts, (DB) 3 sts, (BR) 18 sts, (BR) 3 sts, (WH) 15 sts, ch 3, turn.

Row 21: > Dc in 11 sts, (DB) 3 sts, (BR) 21 sts, (DB) 3 sts, (GD) 6 sts, (BK) 3 sts, (WH) 3 sts, (BK) 6 sts, (GD) 12 sts, (BK) 3 sts, (WH) 3 sts, (BK) 6 sts, (GD) 6 sts, (DB) 3 sts, (BR) 6 sts, (GD) 3 sts, (DB) 6 sts, (BR) 3 sts, (DB) 3 sts, (WH) 9 sts, ch 3, turn.

Row 22: < Dc in 8 sts, (DB) 3 sts, (BR) 3 sts, (DB) 3 sts, (GD) 6 sts, (BR) 6 sts, (DB) 3 sts, (GD) 6 sts, (BK) 12 sts, (GD) 12 sts, (BK) 12 sts, (GD) 6 sts, (DB) 3 sts, (BR) 12 sts, (GD) 3 sts, (DB) 3 sts, (BR) 3 sts, (DB) 3 sts, (WH) 12 sts, ch 3, turn.

Row 23: > Dc in 8 sts, (DB) 3 sts, (BR) 3 sts, (DB) 3 sts, (GD) 6 sts, (BR) 12 sts, (DB) 3 sts, (GD) 9 sts, (BK) 6 sts, (GD) 18 sts, (BK) 6 sts, (GD) 9 sts, (DB) 3 sts, (BR) 3 sts, (GD) 9 sts, (DB) 3 sts, (BR) 3 sts, (DB) 3 sts, (WH) 9 sts, ch 3, turn.

Row 24: < Dc in next 8 sts, (DB) 3 sts, (BR) 3 sts, (DB) 3 sts, (GD) 9 sts, (BR) 3 sts, (DB) 3 sts, (GD) 42 sts, (DB) 3 sts, (BR) 9 sts, (GD) 9 sts, (DB) 3 sts, (BR) 3 sts, (DB) 3 sts, (WH) 9 sts, ch 3, turn.

Row 25: > Dc in next 8 sts, (DB) 3 sts, (BR) 3 sts, (DB) 3 sts, (GD) 9 sts, (BR) 12 sts, (DB) 3 sts, (GD) 18 sts, (DB) 9 sts, (GD) 15 sts, (DB) 3 sts, (BR) 6 sts, (GD) 9 sts, (DB) 3 sts, (BR) 3 sts, (DB) 3 sts, (WH) 9 sts, ch 3, turn.

Row 26: > Dc in 8 sts, (DB) 3 sts, (BR) 3 sts, (DB) 3 sts, (GD) 9 sts, (BR) 15 sts, (DB) 18 sts, (BR) 9 sts, (DB) 15 sts, (BR) 9 sts, (DB) 3 sts, (GD) 3 sts, (DB) 6 sts, (BR) 3 sts, (DB) 3 sts, (WH) 9 sts, ch 3, turn.

Row 27: < Dc in 11 sts, (DB) 3 sts, (BR) 3 sts, (DB) 6 sts, (BR) 69 sts, (GD) 9 sts, (DB) 3 sts, (BR) 3 sts, (DB) 3 sts, (WH) 9 sts, ch 3, turn.

Row 28: > Dc in 8 sts, (DB) 3 sts, (BR) 6 sts, (DB) 3 sts, (GD) 3 sts, (DB) 3 sts, (BR) 45 sts, (DB) 12 sts, (BR) 18 sts, (DB) 3 sts, (WH) 15 sts, ch 3, turn.

Row 29: < Dc in 17 sts, (DB) 15 sts, (BR) 30 sts, (DB) 12 sts, (BR) 9 sts, (DB) 6 sts, (BR) 6 sts, (DB) 6 sts, (BR) 6 sts, (DB) 3 sts, (WH) 9 sts, ch 3, turn.

Row 30: > Dc in 11 sts, (DB) 3 sts, (BR) 9 sts, (DB) 6 sts, (W) 6 sts, (DB) 3 sts, (BR) 45 sts, (DB) 3 sts, (WH) 33 sts, ch 3, turn.

Row 31: < Dc in 35 sts, (DB) 3 sts, (BR) 42 sts, (DB) 3, (WH) 12 sts, (DB) 39 sts, (WH) 15 sts, ch 3, turn.

Row 32: > Dc in 38 sts, (DB) 3 sts, (BR) 36 sts, (DB) 3 sts, (WH) 36 sts, ch 3, turn.

Row 33: < Dc in 41 sts, (DB) 3, (BR) 30 sts, (DB) 3 sts, (WH) 42 sts, ch 3, turn.

Row 34: > Dc in 44 sts, (DB) 6 sts, (BR) 21 sts, (DB) 3 sts, (WH) 45 sts, ch 3, turn.

Row 35: < Dc in 47 sts, (DB) 21 sts, (WH) 51 sts, ch 3, turn.

Row 36: > Dc in 56 sts, (DB) 3 sts, (WH) 3 sts, (DB) 3 sts, (WH) 54 sts, ch 3, turn.

Row 37: < Dc in 50 sts, (DB) 3 sts, (WH) 3 sts, (DB) 3 sts, (WH) 3 sts, (DB) 3 sts, (WH) 54 sts, ch 3, turn.

Row 38: > Dc in 50 sts, (DB) 3 sts, (WH) 3 sts, (DB) 3 sts, (WH) 3 sts, (DB) 3 sts, (WH) 3 sts, (DB) 3 sts, (WH) 42 sts, ch 3, turn.

Row 39 - 41: < Dc in each st, ch 3, turn…on last row tie off and weave in any loose yarn ends.

Monkey - Full Design Chart

This Chart can be used for single crochet, tunisian st, or half double crochet with each square counting as one stitch, and can also be used for making a larger blanketsquare using 3 double crochet stitches for each square on the grid.

The color of the squares on the grid are the suggested colors for the yarn.

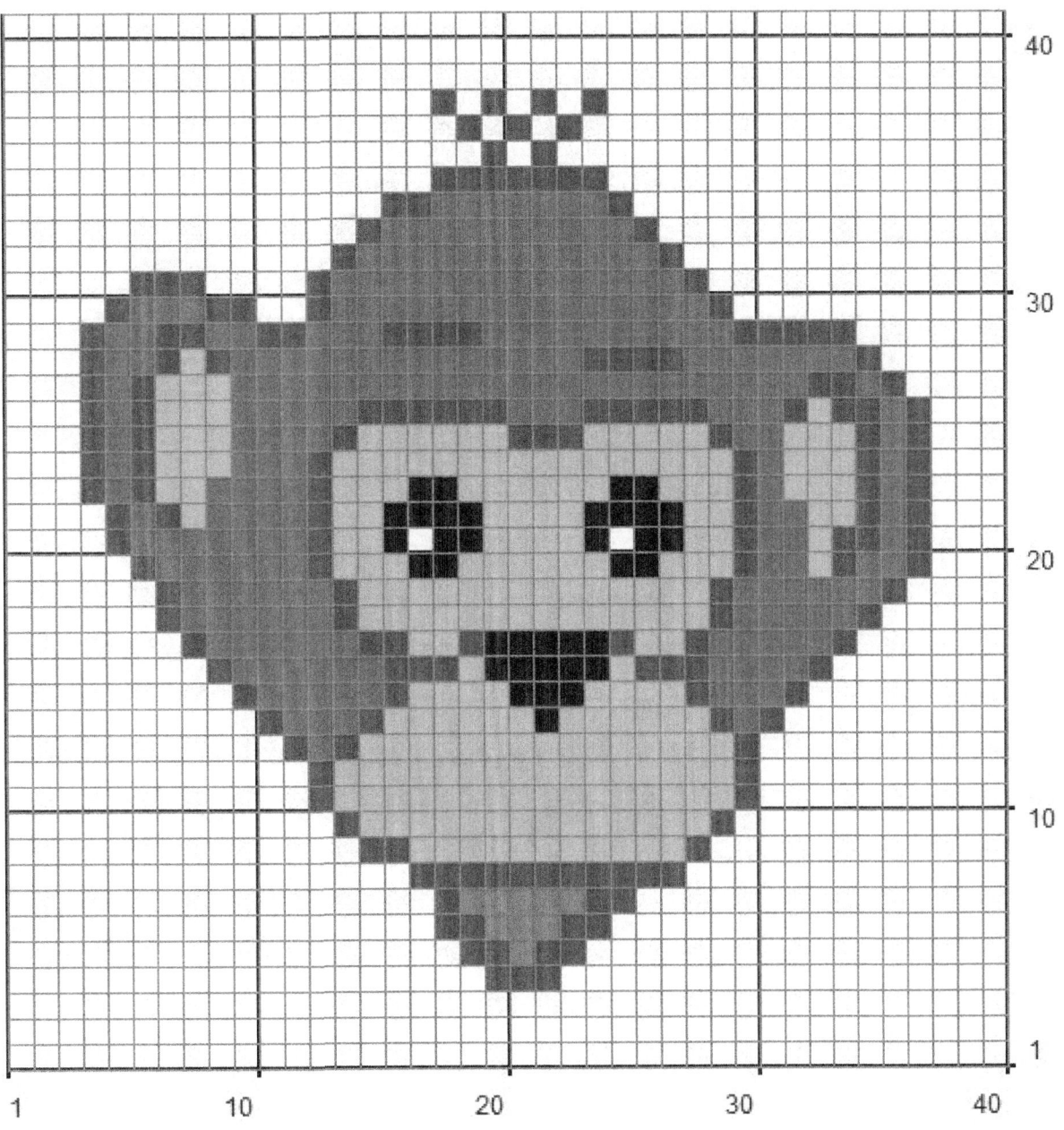

Monkey - Full Stitch Symbol Chart

Tunisian Stitch or Single Crochet Sitch
0 - chain   X - Single Crochet Stitch
Color background of each stitch is suggested yarn color.

Chapter 12: Elephant Square Pattern

Large Double Crochet Finished With Border

Supplies Needed:
Your Favorite Worsted Weight Yarn
Approximate yards
WH - White – 250
LG - Light Gray - 200
GY - Gray - 40
PK - Pink - 15
Tunisian Crochet Hook Size G with extension
Regular Crochet Hook Size G

Approximate Sizes:

10" wide by 10" length
Use Size 'G' Tunisian Crochet Hook (with extension)
for a Tunisian Crochet
'G' Hook for Single Crochet
To make the squares a bit bigger use Size 'I' Hook
and replace the single Crochet with Half Double Crochet or Double Crochet.
The written row by row pattern is included for all three sizes.

The blanket can be made longer or wider by adding more rows on the top, bottom and sides equally. And/Or add a border.

Elephant Square - Written Row by Row In Half Double Crochet

Chain 40 +2 with White Yarn (or background color of your choice) (WH) (the beginning of every row will start with White (or your color choice) and end with a chain 2, which is the turning chain)

Row 1: > Half Double Crochet (HDC) in third chain (ch) from hook, HDC in the rest of the chs, ch 2, turn.

Row 2: < HDC in each stitch (st) across, ch 2, turn.

Row 3: > HDC in each st across, ch 2, turn.

Row 4: < HDC in 16 sts, (Change yarn color to Gray - GY) 3 sts, (Change yarn color to White - WH) 16 sts, ch 2, turn.

Row 5: > HDC in 19 sts, (GY) 2 sts, (Change yarn color to Light Gray - LG) 3 sts, (GY) 2 sts, (WH) 14 sts, ch 2, turn.

Row 6: < HDC in 13 sts, (GY) 1 st, (LG) 3 sts, (GY) 2 sts, (LG) 2 sts, (GY) 1 st, (WH) 18 sts, ch 2, turn.

Row 7: > HDC in 18 sts, (GY) 1 st, (LG) 7 sts, (GY) 1 sts, (WH) 13 sts, ch 2, turn.

Row 8: < HDC in 12 sts, (GY) 1 st, (LG) 1 st, (GY) 3 sts, (LG) 4 sts, (DG) 1 st, (WH) 18 sts, ch 2, turn.

Row 9: > HDC in 17 sts, (GY 1 st, (LG) 9 sts, (GY) 1 st, (WH) 12 sts, ch 2, turn.

Row 10: < HDC in 11 sts, (GY) 1 st, (LG) 5 sts, (GY) 1 st, (LG) 1 st, (GY) 2 sts, (LG) 1 st, (GY) 1 st, (WH) 17 sts, ch 2, turn.

Row 11: > HDC in 17 sts, (GY) 1 st, (LG) 4 sts, (GY) 1 sts, (LG) 2 sts, (GY) 2 sts, (LG) 1 st, (GY) 1 sts, (WH) 11 sts, ch 2, turn.

Row 12: < HDC in 11 sts, (GY) 1 st, (LG) 4 sts, (GY) 1 sts, (WH) 1 st, (GY) 1 st, (LG) 1 sts, (GY) 1 st, (LG) 2 sts, (GY) 1 st, (WH) 16 sts, ch 2, turn.

Row 13: > HDC in 16 sts, (GY) 1 st, (LG) 4 sts, (GY) 1 st, (WH) 2 sts, (GY) 1 st, (LG) 1 st, (GY) 1 st, (LG) 2 sts, (GY) 2 sts, (WH) 9 sts, ch 2, turn.

Row 14: < HDC in 9 sts, (GY) 1 st, (LG) 5 sts, (GY) 1 st, (WH) 1 st, (GY) 1 st, (LG) 1 st, (GY) 1 st, (LG) 1 st, (GY) 1 st, (LG) 1 st, (GY) 2 sts, (WH) 15 sts, ch 2, turn.

Row 15: > HDC in 14 sts, (GY) 1 st, (change yarn color to Pink - PK) 1 st, (GY) 1 st, (LG) 2 sts, (GY) 1 st, (LG) 2 sts, (GY) 1 st, (WH) 2 sts, (GY) 1 st, (LG) 4 sts, (GY) 1 sts, (WH) 9 sts, ch 2, turn.

Row 16: < HDC in 9 sts, (GY) 1 st, (LG) 3 sts, (GY) 1 sts, (WH) 3 sts, (GY) 1 st, (LG) 5 sts, (GY) 1 st, (PK) 1 st, (GY) 1 st, (WH)14 sts, ch 2, turn.

Row 17: > HDC in 13 sts, (GY) 1 st, (PK) 1 st, (GY) 1 st, (LG) 1 st, (GY) 1 st, (LG) 2 st, (GY) 1 st, (LG) 1 st, (GY) 1 st, (WH) 4 sts, (GY) 3 sts, (WH) 10 sts, ch 2, turn.

Row 18: < HDC in 16 sts, (GY) 1 sts, (LG) 3 sts, (GY) 2 sts, (LG) 2 sts, (GY) 1 st, (PK) 1 st, (GY) 1 st, (WH) 13 sts, ch 2, turn.

Row 19: > HDC in 8 sts, (GY) 4 sts, (WH) 1 st, (GY)2 sts, (LG) 9 sts, (GY) 1 st, (WH) 3 sts, (GY) 4 sts, (WH) 8 sts, ch 2, turn.

Row 20: < HDC in 7 sts, (GY) 1 st, (LG) 4 sts, (GY) 1 st, (WH) 1 st, (GY) 1 st, (LG) 3 sts, (GY) 1 st, (LG) 3 sts, (GY) 1 sts, (LG) 3 sts, (GY) 2 sts, (LG) 4 sts, (GY) 1 st, (WH) 7 sts, ch 2, turn.

Row 21: > HDC in 6 sts, (GY) 1 st, (LG) 6 sts, (GY) 1 st, (LG) 4 sts, (GY) 3 sts, (LG) 5 sts, (GY) 1 st, (LG) 6 sts, (GY) 1 st, (WH) 6 sts, ch 2, turn.

Row 22: < HDC in 5 sts, (GY) 1 st, (LG) 7 sts, (GY) 1 st, (LG) 12 sts, (GY) 1 st, (LG) 7 sts, (GY) 1 st, (WH) 5 sts, ch 2, turn

Row 23: > HDC in 5 sts, (GY) 1 st, (LG) 20 sts, (GY) 1 st, (LG) 8 sts, (GY) 1 st, (WH) 4 sts, ch 2, turn.

Row 24: < HDC in 3 sts, (GY) 1 st, (LG) 31 sts, (GY) 1 st, (WH) 4 sts, ch 2, turn.

Row 25: > HDC in 3 sts, (GY) 1 st, (LG) 12 sts, (change yarn color to Black-BK) 2 sts, (LG) 3 sts, (BK) 2 sts, (LG) 13 sts, (GY) 1 st, (WH) 3 sts, ch 2, turn.

Row 26: < HDC in 3 sts, (GY) 1 st, (LG) 12 sts, (BK) 4 sts, (LG) 1 st, (BK) 4 sts, (LG) 11 sts, (GY) 1 st, (WH) 3 sts, ch 2, turn.

Row 27: > HDC in 3 sts, (GY) 1 st, (LG) 11 sts, (BK) 2 sts, (WH) 1 st, (BK) 1 st, (LG) 1 st, (BK) 2 sts, (WH) 1 st, (BK) 1 st, (LG) 12 sts, (GY) 1 st, ch 2, turn.

Row 28: < HDC in 3 sts, (GY) 1 st, (LG) 8 sts, (PK) 1 st, (GY) 1 st, (LG) 3 sts, (BK) 2 st, (LG) 3 sts, (BK) 2 sts, (LG) 12 sts, (GY) 1 st, (WH) 3 sts, ch 2, turn.

Row 29: > HDC in 3 sts, (GY) 1 st, (LG) 11 sts, (GY) 1 st, (LG) 7 sts, (GY) 1 st, (LG) 2 sts, (GY) 1 st, (PK) 1 st, (LG) 8 sts, (GY) 1 st, (WH) 3 sts, ch 2, turn.

Row 30: < HDC in 3 sts, (GY) 1 st, (LG) 7 sts, (PK) 2 sts, (GY) 1 st, (LG) 3 sts, (GY)2 sts, (LG) 3 sts, (GY) 2 sts, (LG) 12 sts, (GY) 1 st, (WH) 3 sts, ch 2, turn.

Row 31: > HDC in 3 sts, (GY) 1 st, (LG) 6 sts, (PK) 1 st, (GY) 1 sts, (LG) 15 sts, (GY) 1 st, (PK) 2 sts, (LG) 1 st, (PK) 2 sts, (GY) 1 st, (LG) 2 sts, (GY) 1 st, (WH) 3 sts, ch 2, turn.

Row 32: < HDC in 3 sts, (GY) 1 st, (LG) 3 sts, (GY) 1 st, (PK) 4 sts, (GY) 1 st, (LG) 15 sts, (GY) 1 st, (PK) 1 st, (LG) 6 sts, (GY) 1 st, (WH) 3 sts, ch 2, turn.

Row 33: > HDC in 3 sts, (GY) 1 st, (LG) 6 sts, (PK) 1 st, (GY) 1 st, (LG) 12 sts, (GY) 1 st, (LG) 3 sts, (GY) 4 sts, (LG) 3 sts, (GY) 2 sts, (WH) 3 sts, ch 2, turn.

Row 34: < HDC in 3 sts, (GY) 1 st, (LG) 2 sts, (GY) 1 st, (PK) 1 st, (LG) 1 st, (PK) 2 sts, (GY) 1 st, (LG) 2 sts, (GY) 1 st, (LG)9 sts, (GY) 2 sts, (LG) 8 sts, (GY) 2 sts, (WH) 4 sts, ch 2, turn.

Row 35: > HDC in 3 sts, (GY) 1 st, (LG) 2 sts, (GY) 1 st, (PK) 3 sts, (GY) 1 st, (LG) 2 sts, (GY) 1 st, (WH) 1 st, (GY) 1 st, (LG) 7 sts, (GY) 1 st, (WH) 1 st, (GY) 3 sts, (LG) 5 sts, (GY) 2 sts, (WH) 5 sts, ch 2, turn.

Row 36: < HDC in 6 sts, (GY) 2 sts, (LG) 3 sts, (GY) 2 sts, (WH) 4 sts, (GY)1 st, (LG) 5 sts, (GY) 1 st, (WH) 3 sts, (GY) 1 sts, (LG) 2 sts, (GY) 3 sts, (LG) 2 sts, (GY) 1 sts, (WH) 4 sts, ch 2, turn.

Row 37: > (WH) 5 sts, (GY) 1 sts, (LG) 5 sts, (GY) 1 st, (WH) 5 sts, (GY) 1 st, (LG) 3 sts, (GY) 1 st, (WH) 6 sts, (GY) 5 sts, (WH) 7 sts,

ch 2, turn.

Row 38: < HDC in 19 sts, (GY) 3 sts, (WH) 7 sts, (GY) 5 sts, (WH) 6 sts, ch 2, turn.

Row 39-41: HDC in each stitch across, ch 2, turn. On the end of the last row, tie off, and weave in any yarn ends.

Elephant Square - Written Row by Row In Single Crochet or Tunisian Stitch

Chain 40 +1 with White Yarn (or background color of your choice) (WH) (the beginning of every row will start with White (or your color choice) and end with a chain 1, which is the turning chain)

Row 1: > Single Crochet (Sc) in second chain (ch) from hook, sc in the rest of the chs, ch 1, turn.

Row 2: < Sc in each stitch (st) across, ch 1, turn.

Row 3: > Sc in each st across, ch 1, turn.

Row 4: < Sc in 16 sts, (Change yarn color to Gray - GY) 3 sts, (Change yarn color to White - WH) 16 sts, ch 1, turn.

Row 5: > Sc in 19 sts, (GY) 2 sts, (Change yarn color to Light Gray - LG) 3 sts, (GY) 2 sts, (WH) 14 sts, ch 1, turn.

Row 6: < Sc in 13 sts, (GY) 1 st, (LG) 3 sts, (GY) 2 sts, (LG) 2 sts, (GY) 1 st, (WH) 18 sts, ch 1, turn.

Row 7: > Sc in 18 sts, (GY) 1 st, (LG) 7 sts, (GY) 1 sts, (WH) 13 sts, ch 1, turn.

Row 8: < Sc in 12 sts, (GY) 1 st, (LG) 1 st, (GY) 3 sts, (LG) 4 sts, (DG) 1 st, (WH) 18 sts, ch 1, turn.

Row 9: > Sc in 17 sts, (GY 1 st, (LG) 9 sts, (GY) 1 st, (WH) 12 sts, ch 1, turn.

Row 10: < Sc in 11 sts, (GY) 1 st, (LG) 5 sts, (GY) 1 st, (LG) 1 st, (GY) 2 sts, (LG) 1 st, (GY) 1 st, (WH) 17 sts, ch 1, turn.

Row 11: > Sc in 17 sts, (GY) 1 st, (LG) 4 sts, (GY) 1 sts, (LG) 2 sts, (GY) 2 sts, (LG) 1 st, (GY) 1 sts, (WH) 11 sts, ch 1, turn.

Row 12: < Sc in 11 sts, (GY) 1 st, (LG) 4 sts, (GY) 1 sts, (WH) 1 st, (GY) 1 st, (LG) 1 sts, (GY) 1 st, (LG) 2 sts, (GY) 1 st, (WH) 16 sts, ch 1, turn.

Row 13: > Sc in 16 sts, (GY) 1 st, (LG) 4 sts, (GY) 1 st, (WH) 2 sts, (GY) 1 st, (LG) 1 st, (GY) 1 st, (LG) 2 sts, (GY) 2 sts, (WH) 9 sts, ch 1, turn.

Row 14: < Sc in 9 sts, (GY) 1 st, (LG) 5 sts, (GY) 1 st, (WH) 1 st, (GY) 1 st, (LG) 1 st, (GY) 1 st, (LG) 1 st, (GY) 1 st, (LG) 1 st, (GY) 2 sts, (WH) 15 sts, ch 1, turn.

Row 15: > Sc in 14 sts, (GY) 1 st, (change yarn color to Pink - PK) 1 st, (GY) 1 st, (LG) 2 sts, (GY) 1 st, (LG) 2 sts, (GY) 1 st, (WH) 2 sts, (GY) 1 st, (LG) 4 sts, (GY) 1 sts, (WH) 9 sts, ch 1, turn.

Row 16: < Sc in 9 sts, (GY) 1 st, (LG) 3 sts, (GY) 1 sts, (WH) 3 sts, (GY) 1 st, (LG) 5 sts, (GY) 1 st, (PK) 1 st, (GY) 1 st, (WH)14 sts, ch 1, turn.

Row 17: > Sc in 13 sts, (GY) 1 st, (PK) 1 st, (GY) 1 st, (LG) 1 st, (GY) 1 st, (LG) 2 st, (GY) 1 st, (LG) 1 st, (GY) 1 st, (WH) 4 sts, (GY) 3 sts, (WH) 10 sts, ch 1, turn.

Row 18: < Sc in 16 sts, (GY) 1 sts, (LG) 3 sts, (GY) 2 sts, (LG) 2 sts, (GY) 1 st, (PK) 1 st, (GY) 1 st, (WH) 13 sts, ch 1, turn.

Row 19: > Sc in 8 sts, (GY) 4 sts, (WH) 1 st, (GY)2 sts, (LG) 9 sts, (GY) 1 st, (WH) 3 sts, (GY) 4 sts, (WH) 8 sts, ch 1, turn.

Row 20: < Sc in 7 sts, (GY) 1 st, (LG) 4 sts, (GY) 1 st, (WH) 1 st, (GY) 1 st, (LG) 3 sts, (GY) 1 st, (LG) 3 sts, (GY) 1 sts, (LG) 3 sts, (GY) 2 sts, (LG) 4 sts, (GY) 1 st, (WH) 7 sts, ch 1, turn.

Row 21: > Sc in 6 sts, (GY) 1 st, (LG) 6 sts, (GY) 1 st, (LG) 4 sts, (GY) 3 sts, (LG) 5 sts, (GY) 1 st, (LG) 6 sts, (GY) 1 st, (WH) 6 sts, ch 1, turn.

Row 22: < Sc in 5 sts, (GY) 1 st, (LG) 7 sts, (GY) 1 st, (LG) 12 sts, (GY) 1 st, (LG) 7 sts, (GY) 1 st, (WH) 5 sts, ch 1, turn

Row 23: > Sc in 5 sts, (GY) 1 st, (LG) 20 sts, (GY) 1 st, (LG) 8 sts, (GY) 1 st, (WH) 4 sts, ch 1, turn.

Row 24: < Sc in 3 sts, (GY) 1 st, (LG) 31 sts, (GY) 1 st, (WH) 4 sts, ch 1, turn.

Row 25: > Sc in 3 sts, (GY) 1 st, (LG) 12 sts, (change yarn color to Black-BK) 2 sts, (LG) 3 sts, (BK) 2 sts, (LG) 13 sts, (GY) 1 st, (WH) 3 sts, ch 1, turn.

Row 26: < Sc in 3 sts, (GY) 1 st, (LG) 12 sts, (BK) 4 sts, (LG) 1 st, (BK) 4 sts, (LG) 11 sts, (GY) 1 st, (WH) 3 sts, ch 1, turn.

Row 27: > Sc in 3 sts, (GY) 1 st, (LG) 11 sts, (BK) 2 sts, (WH) 1 st, (BK) 1 st, (LG) 1 st, (BK) 2 sts, (WH) 1 st, (BK) 1 st, (LG) 12 sts, (GY) 1 st, ch 1, turn.

Row 28: < Sc in 3 sts, (GY) 1 st, (LG) 8 sts, (PK) 1 st, (GY) 1 st, (LG) 3 sts, (BK) 2 st, (LG) 3 sts, (BK) 2 sts, (LG) 12 sts, (GY) 1 st, (WH) 3 sts, ch 1, turn.

Row 29: > Sc in 3 sts, (GY) 1 st, (LG) 11 sts, (GY) 1 st, (LG) 7 sts, (GY) 1 st, (LG) 2 sts, (GY) 1 st, (PK) 1 st, (LG) 8 sts, (GY) 1 st, (WH) 3 sts, ch 1, turn.

Row 30: < Sc in 3 sts, (GY) 1 st, (LG) 7 sts, (PK) 2 sts, (GY) 1 st, (LG) 3 sts, (GY)2 sts, (LG) 3 sts, (GY) 2 sts, (LG) 12 sts, (GY) 1 st, (WH) 3 sts, ch 1, turn.

Row 31: > Sc in 3 sts, (GY) 1 st, (LG) 6 sts, (PK) 1 st, (GY) 1 sts, (LG) 15 sts, (GY) 1 st, (PK) 2 sts, (LG) 1 st, (PK) 2 sts, (GY) 1 st, (LG) 2 sts, (GY) 1 st, (WH) 3 sts, ch 1, turn.

Row 32: < Sc in 3 sts, (GY) 1 st, (LG) 3 sts, (GY) 1 st, (PK) 4 sts, (GY) 1 st, (LG) 15 sts, (GY) 1 st, (PK) 1 st, (LG) 6 sts, (GY) 1 st, (WH) 3 sts, ch 1, turn.

Row 33: > Sc in 3 sts, (GY) 1 st, (LG) 6 sts, (PK) 1 st, (GY) 1 st, (LG) 12 sts, (GY) 1 st, (LG) 3 sts, (GY) 4 sts, (LG) 3 sts, (GY) 2 sts, (WH) 3 sts, ch 1, turn.

Row 34: < Sc in 3 sts, (GY) 1 st, (LG) 2 sts, (GY) 1 st, (PK) 1 st, (LG) 1 st, (PK) 2 sts, (GY) 1 st, (LG) 2 sts, (GY) 1 st, (LG)9 sts, (GY) 2 sts, (LG) 8 sts, (GY) 2 sts, (WH) 4 sts, ch 1, turn.

Row 35: > Sc in 3 sts, (GY) 1 st, (LG) 2 sts, (GY) 1 st, (PK) 3 sts, (GY) 1 st, (LG) 2 sts, (GY) 1 st, (WH) 1 st, (GY) 1 st, (LG) 7 sts, (GY) 1 st, (WH) 1 st, (GY) 3 sts, (LG) 5 sts, (GY) 2 sts, (WH) 5 sts, ch 1, turn.

Row 36: < Sc in 6 sts, (GY) 2 sts, (LG) 3 sts, (GY) 2 sts, (WH) 4 sts, (GY)1 st, (LG) 5 sts, (GY) 1 st, (WH) 3 sts, (GY) 1 sts, (LG) 2 sts, (GY) 3 sts, (LG) 2 sts, (GY) 1 sts, (WH) 4 sts, ch 1, turn.

Row 37: > (WH) 5 sts, (GY) 1 sts, (LG) 5 sts, (GY) 1 st, (WH) 5 sts, (GY) 1 st, (LG) 3 sts, (GY) 1 st, (WH) 6 sts, (GY) 5 sts, (WH) 7 sts,

ch 1, turn.

Row 38: < Sc in 19 sts, (GY) 3 sts, (WH) 7 sts, (GY) 5 sts, (WH) 6 sts, ch 1, turn.

Row 39-41: Sc in each stitch across, ch 1, turn. On the end of the last row, tie off, and weave in any yarn ends.

Elephant LARGE Square - Written Row by Row In Double Crochet - (3 stitches per grid square)

Chain 120 +3 with White Yarn (or background color of your choice) (WH) (the beginning of every row will start with White (or your color choice) and end with a chain 3, which is the turning chain and first stitch on next row)

Row 1: > Double Crochet (Dc) in fourth chain (ch) from hook, Dc in the rest of the chs, ch 3, turn. (120 Dcs which also counts the beginning chain 3)

Row 2: < Dc in each stitch (st) across, ch 3, turn.

Row 3: > Dc in each st across, ch 3, turn.

Row 4: < Dc in 47 sts, (Change yarn color to Gray - GY) 9 sts, (Change yarn color to White - WH) 48 sts, ch 3, turn.

Row 5: > Dc in 56 sts, (GY) 6 sts, (Change yarn color to Light Gray - LG) 9 sts, (GY) 6 sts, (WH) 42 sts, ch 3, turn.

Row 6: < Dc in 38 sts, (GY) 3 sts, (LG) 9 sts, (GY) 6 sts, (LG) 6 sts, (GY) 3 sts, (WH) 54 sts, ch 3, turn.

Row 7: > Dc in 53 sts, (GY) 3 sts, (LG) 21 sts, (GY) 3 sts, (WH) 39 sts, ch 3, turn.

Row 8: < Dc in 35 sts, (GY) 3 sts, (LG) 3 sts, (GY) 9 sts, (LG) 12 sts, (DG) 3 sts, (WH) 54 sts, ch 3, turn.

Row 9: > Dc in 50 sts, (GY 3 sts, (LG) 27 sts, (GY) 3 sts, (WH) 36 sts, ch 3, turn.

Row 10: < Dc in 32 sts, (GY) 3 sts, (LG) 15 sts, (GY) 3 sts, (LG) 3 sts, (GY) 6 sts, (LG) 3 sts, (GY) 3 sts, (WH) 51 sts, ch 3, turn.

Row 11: > Dc in 50 sts, (GY) 3 sts, (LG) 12 sts, (GY) 3 sts, (LG) 6 sts, (GY) 6 sts, (LG) 3 sts, (GY) 3 sts, (WH) 33 sts, ch 3, turn.

Row 12: < Dc in 32 sts, (GY) 3 sts, (LG) 12 sts, (GY) 3 sts, (WH) 3 sts, (GY) 3 sts, (LG) 3 sts, (GY) 3 sts, (LG) 6 sts, (GY) 3 sts, (WH) 48 sts, ch 3, turn.

Row 13: > Dc in 47 sts, (GY) 3 sts, (LG) 12 sts, (GY) 3 sts, (WH) 6 sts, (GY) 3 sts, (LG) 3 sts, (GY) 3 sts, (LG) 6 sts, (GY) 6 sts, (WH)

27 sts, ch 3, turn.

Row 14: < Dc in 26 sts, (GY) 3 sts, (LG) 15 sts, (GY) 3 sts, (WH) 3 sts, (GY) 3 sts, (LG) 3 sts, (GY) 3 sts, (LG) 3 sts, (GY) 3 sts, (LG) 3 sts, (GY) 6 sts, (WH) 45 sts, ch 3, turn.

Row 15: > Dc in 41 sts, (GY) 3 sts, (change yarn color to Pink - PK) 3 sts, (GY) 3 sts, (LG) 6 sts, (GY) 3 sts, (LG) 6 sts, (GY) 3 sts, (WH) 6 sts, (GY) 3 sts, (LG) 12 sts, (GY) 3 sts, (WH) 27 sts, ch 3, turn.

Row 16: < Dc in 26 sts, (GY) 3 sts, (LG) 9 sts, (GY) 3 sts, (WH) 9 sts, (GY) 3 sts, (LG) 15 sts, (GY) 3 sts, (PK) 3 sts, (GY) 3 sts, (WH) 42 sts, ch 3, turn.

Row 17: > Dc in 38 sts, (GY) 3 sts, (PK) 3 sts, (GY) 3 sts, (LG) 3 sts, (GY) 3 sts, (LG) 6 sts, (GY) 3 sts, (LG) 3 sts, (GY) 3 sts, (WH) 122 sts, (GY) 9 sts, (WH) 30 sts, ch 3, turn.

Row 18: < Dc in 47 sts, (GY) 3 sts, (LG) 9 sts, (GY) 6 sts, (LG) 6 sts, (GY) 3 sts, (PK) 3 sts, (GY) 3 sts, (WH) 39 sts, ch 3, turn.

Row 19: > Dc in 23 sts, (GY) 12 sts, (WH) 3 sts, (GY) 6 sts, (LG) 27 sts, (GY) 3 sts, (WH) 9 sts, (GY) 12 sts, (WH) 24 sts, ch 3, turn.

Row 20: < Dc in 20 sts, (GY) 3 sts, (LG) 12 sts, (GY) 3 sts, (WH) 3 sts, (GY) 3 sts, (LG) 9 sts, (GY) 3 sts, (LG) 9 sts, (GY) 3 sts, (LG) 9 sts, (GY) 6 sts, (LG) 12 sts, (GY) 3 sts, (WH) 21 sts, ch 3, turn.

Row 21: > Dc in 17 sts, (GY) 3 sts, (LG) 18 sts, (GY) 3 sts, (LG) 12 sts, (GY) 9 sts, (LG) 15 sts, (GY) 3 sts, (LG) 18 sts, (GY) 3 sts, (WH) 18 sts, ch 3, turn.

Row 22: < Dc in 14 sts, (GY) 3 sts, (LG) 21 sts, (GY) 3 sts, (LG) 36 sts, (GY) 3 sts, (LG) 21 sts, (GY) 3 sts, (WH) 15 sts, ch 3, turn

Row 23: > Dc in 14 sts, (GY) 3 sts, (LG) 60 sts, (GY) 3 sts, (LG) 24 sts, (GY) 3 sts, (WH) 12 sts, ch 3, turn.

Row 24: < Dc in 8 sts, (GY) 3 sts, (LG) 93 sts, (GY) 3 sts, (WH) 12 sts, ch 3, turn.

Row 25: > Dc in 8 sts, (GY) 3 sts, (LG) 36 sts, (change yarn color to Black-BK) 6 sts, (LG) 9 sts, (BK) 6 sts, (LG) 39 sts, (GY) 3 sts, (WH) 9 sts, ch 3, turn.

Row 26: < Dc in 9 sts, (GY) 3 sts, (LG) 36 sts, (BK) 12 sts, (LG) 3 sts, (BK) 12 sts, (LG) 33 sts, (GY) 3 sts, (WH) 9 sts, ch 3, turn.

Row 27: > Dc in 8 sts, (GY) 3 sts, (LG) 33 sts, (BK) 6 sts, (WH) 3 sts, (BK) 3 sts, (LG) 3 sts, (BK) 6 sts, (WH) 3 sts, (BK) 3 sts, (LG) 36 sts, (GY) 3 sts, ch 3, turn.

Row 28: < Dc in 8 sts, (GY) 3 sts, (LG) 24 sts, (PK) 3 sts, (GY) 3 sts, (LG) 9 sts, (BK) 6 sts, (LG) 9 sts, (BK) 6 sts, (LG) 36 sts, (GY) 3 sts, (WH) 9 sts, ch 3, turn.

Row 29: > Dc in 8 sts, (GY) 3 sts, (LG) 33 sts, (GY) 3 sts, (LG) 21 sts, (GY) 3 sts, (LG) 6 sts, (GY) 3 sts, (PK) 3 sts, (LG) 24 sts, (GY) 3 sts, (WH) 9 sts, ch 3, turn.

Row 30: < Dc in 3 sts, (GY) 1 sts, (LG) 7 sts, (PK) 2 sts, (GY) 1 sts, (LG) 3 sts, (GY)2 sts, (LG) 3 sts, (GY) 2 sts, (LG) 12 sts, (GY) 1 sts, (WH) 3 sts, ch 3, turn.

Row 31: > Dc in 8 sts, (GY) 3 sts, (LG) 18 sts, (PK) 3 sts, (GY) 3 sts, (LG) 45 sts, (GY) 3 sts, (PK) 6 sts, (LG) 3 sts, (PK) 6 sts, (GY) 3 sts, (LG) 6 sts, (GY) 3 sts, (WH) 6 sts, ch 3, turn.

Row 32: < Dc in 8 sts, (GY) 3 sts, (LG) 9 sts, (GY) 3 sts, (PK) 12 sts, (GY) 3 sts, (LG) 45 sts, (GY) 3 sts, (PK) 3 sts, (LG) 18 sts, (GY) 3 sts, (WH) 9 sts, ch 3, turn.

Row 33: > Dc in 8 sts, (GY) 3 sts, (LG) 18 sts, (PK) 3 sts, (GY) 3 sts, (LG) 36 sts, (GY) 3 sts, (LG) 9 sts, (GY) 12 sts, (LG) 9 sts, (GY) 6 sts, (WH) 9 sts, ch 3, turn.

Row 34: < Dc in 8 sts, (GY) 3 sts, (LG) 6 sts, (GY) 3 sts, (PK) 3 sts, (LG) 3 sts, (PK) 6 sts, (GY) 3 sts, (LG) 6 sts, (GY) 3 sts, (LG) 27 sts, (GY) 6 sts, (LG) 24 sts, (GY) 6 sts, (WH) 12 sts, ch 3, turn.

Row 35: > Dc in 8 sts, (GY) 3 sts, (LG) 6 sts, (GY) 3 sts, (PK) 9 sts, (GY) 3 sts, (LG) 6 sts, (GY) 3 sts, (WH) 3 sts, (GY) 3 sts, (LG) 21 sts, (GY) 3 sts, (WH) 3 sts, (GY) 9 sts, (LG) 15 sts, (GY) 6 sts, (WH) 15 sts, ch 3, turn.

Row 36: < Dc in 17 sts, (GY) 6 sts, (LG) 9 sts, (GY) 6 sts, (WH) 12 sts, (GY) 3 sts, (LG) 15 sts, (GY) 3 sts, (WH) 9 sts, (GY) 3 sts, (LG) 6 sts, (GY) 9 sts, (LG) 6 sts, (GY) 3 sts, (WH) 12 sts, ch 3, turn.

Row 37: > (WH) 14 sts, (GY) 3 sts, (LG) 15 sts, (GY) 3 sts, (WH) 15 sts, (GY) 3 sts, (LG) 9 sts, (GY) 3 sts, (WH) 18 sts, (GY) 15 sts, (WH) 21 sts, ch 3, turn.

Row 38: < Dc in 56 sts, (GY) 9 sts, (WH) 21 sts, (GY) 15 sts, (WH) 18 sts, ch 3, turn.

Row 39-41: Dc in each stitch across, ch 3, turn. On the end of the last row, tie off, and weave in any yarn ends.

Elephant - Full Design Chart

This Chart can be used for single crochet, tunisian st, or half double crochet with each square counting as one stitch, and can also be used for making a larger blanketsquare using 3 double crochet stitches for each square on the grid.

The color of the squares on the grid are the suggested colors for the yarn.

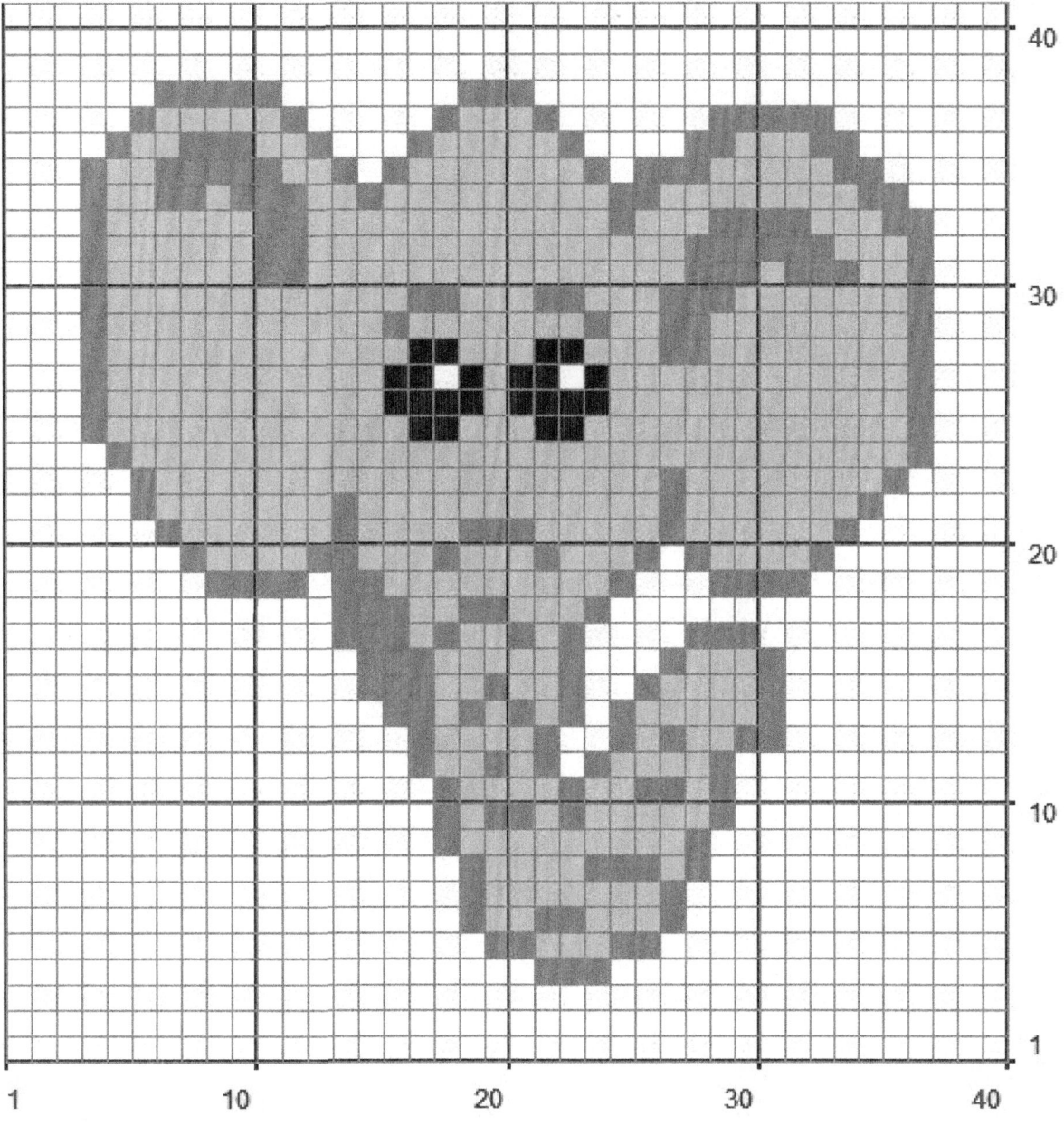

Elephant - Full Stitch Symbol Chart

Tunisian Stitch or Single Crochet Sitch
0 - chain X - Single Crochet Stitch
Color background of each stitch is suggested yarn color.

Chapter 13: Chick Square Pattern

Large Double Crochet Finished With Border

Supplies Needed:
Your Favorite Worsted Weight Yarn

Approximate yards

WH - White – 250

YW - Yellow - 230

GD - Gold -80

OR - Orange - 20

BL - Blue - 50

Tunisian Crochet Hook Size G with extension

Regular Crochet Hook Size G

Approximate Sizes:

10" wide by 10" length

Use Size 'G' Tunisian Crochet Hook (with extension)

for a Tunisian Crochet

'G' Hook for Single Crochet

To make the squares a bit bigger use Size 'I' Hook

and replace the single Crochet with Half Double Crochet or Double Crochet. The written row by row pattern is included for all three sizes.

The blanket can be made longer or wider by adding more rows on the top, bottom and sides equally. And/Or add a border.

Chick Square - Written Row by Row In Half Double Crochet

Chain 40 +2 with White Yarn (or background color of your choice) (WH) (the beginning of every row will start with White (or your color choice) and end with a chain 2, which is the turning chain and first HDC in next row)

Row 1: > Half Double Crochet (HDC) in third chain (ch) from hook, HDC in the rest of the chs, ch 2, turn.

Row 2: < HDC in each stitch (st) across, ch 2, turn.

Row 3: > HDC in each (st) across, ch 2, turn.

Row 4: < HDC in 12 sts, (change yarn color to Yellow -YW) 4 sts, (change yarn color to Gold - GD) 4 sts, (change yarn color to White - WH) 20 sts, ch 2, turn.

Row 5: > HDC in 16 sts, (GD) 5 sts, (YW) 10 sts, (WH) 9 sts, ch 2, turn.

Row 6: < HDC in 7 sts, (YW) 16 sts, (GD) 8 sts, (WH) 9 sts, ch 2, turn.

Row 7: > HDC in 8 sts, (GD) 4 sts, (YW) 21 sts, (WH) 7 sts, ch 2, turn.

Row 8: < HDC in 6 sts, (YW) 5 sts, (change yarn color to Orange - OR) 2 sts, (YW) 18 sts, (GD) 3 sts, (WH) 6 sts, ch 2, turn.

Row 9: > HDC in 5 sts, (GD) 2 sts, (YW) 19 sts, (OR) 3 sts, (YW) 6 sts, (WH) 5 sts, ch 2, turn.

Row 10: < HDC in 5 sts, (YW) 7 sts, (OR) 3 sts, (YW) 16 sts, (GD) 3 sts, (WH) 6 sts, ch 2, turn.

Row 11: > HDC in 4 sts, (GD) 5 sts, (YW) 15 sts, (OR) 3 sts, (YW) 9 sts, (WH) 4 sts, ch 2, turn.

Row 12: < HDC in 4 sts, (YW)11 sts, (OR) 2 sts, (YW) 18 sts, (GD) 2 sts, (WH) 3 sts, ch 2, turn.

Row 13: > HDC in 3 sts, (GD) 2 sts, (YW) 17 sts, (OR) 2 sts, (YW) 11 sts, (GD) 1 st, ch 2, turn.

Row 14: < HDC in 4 sts, (GD) 1 st, (YW) 9 sts, (OR) 4 sts, (YW) 3 sts, (change yarn color to Blue- BL) 3 sts, (GD) 2 sts, (YW) 9 sts,

(GD) 1 st, (WH) 4 sts, ch 2, turn.

Row 15: > HDC in 5 sts, (GD) 2 sts, (YW) 6 sts, (GD) 1 st, (WH) 1 st, (BL) 5 sts, (YW) 3 sts, (OR) 6 sts, (YW) 6 sts, (GD) 1 st, (WH) 4 sts, ch 2, turn>

Row 16: < HDC in 3 sts, (GD) 1 st, (YW) 4 sts, (OR) 7 sts, (YW) 5 sts, (BL) 5 sts, (WH) 1 st, (GD) 1 st, (YW) 6 sts, (GD) 1 st, (WH) 6 sts, ch 2, turn.

Row 17: > HDC in 5 sts, (GD) 2 sts, (YW) 6 sts, (GD) 1 st, (WH) 1 st, (BL) 2 sts, (WH) 1 st, (BL) 2 sts, (YW) 8 sts, (OR) 5 sts, (YW) 3 sts, (GD) 1 st, (WH) 3 sts, ch 2, turn.

Row 18: < HDC in 3 sts, (GD) 1 st, (YW) 3 sts, (OR) 4 sts, (YW) 2 sts, (BL) 3 sts, (GD) 2 sts, (YW) 2 sts, (GD) 1 st, (BL) 3 sts, (WH) 2 sts, (GD) 1 st, (YW) 7 sts, (GD) 1 st, (WH) 5 sts, ch 2, turn.

Row 19: > HDC in 5 sts, (GD) 1 st, (YW) 5 sts, (GD) 1 st, (YW) 1 st, (GD) 1 st, (WH) 4 sts, (GD) 1 st, (YW) 2 sts, (GD) 1 st, (WH) 1 st, (BL) 5 sts, (YW) 8 sts, (GD) 1 st, (WH) 3 sts, ch 2, turn.

Row 20: < HDC in 3 sts, (GD) 2 sts, (YW) 7 sts, (BL) 5 sts, (WH) 1 st, (GD) 1 st, (YW) 3 sts, (GD) 4 sts, (YW) 2 sts, (GD) 1 st, (YW) 5 sts, (GD) 2 sts, (WH) 4 sts, ch 2, turn.

Row 21: > HDC in 4 sts, (GD) 2 sts, (YW) 6 sts, (GD) 1 st, (YW) 8 sts, (GD) 1 st, (WH) 1 st, (BL) 2 sts, (WH) 1 st, (BL) 2 sts, (YW) 7 sts, (GD) 3 sts, ch 2, turn.

Row 22: < HDC in 3 sts, (GD) 1 st, (YW) 8 sts, (GD) 1 st, (BL) 3 sts, (WH) 2 sts, (GD) 1 st, (YW) 15 sts, (GD) 2 sts, (WH) 4 sts, ch 2, turn.

Row 23: > HDC in 4 sts, (GD) 2 sts, (YW) 15 sts, (GD) 1 st, (WH) 5 sts, (GD) 1 st, (YW) 6 sts, (GD) 2 sts, (WH) 4 sts, ch 2, turn.

Row 24: < HDC in 3 sts, (GD) 2 sts, (YW) 8 sts, (GD) 1 st, (WH) 3 sts, (GD) 1 st, (YW) 17 sts, (GD) 1 st, (WH) 5 sts, ch 2, turn.

Row 25: > HDC in 5 sts, (GD) 1 st, (YW) 17 sts, (GD) 3 sts, (YW) 10 sts, (GD) 1 st, (W) 3 sts, ch 2, turn.

Row 26: < HDC in 3 sts, (GD) 4 sts, (YW) 27 sts, (GD) 1 st, (WH) 5 sts, ch 2, turn.

Row 27: > HDC in 6 sts, (GD 1 st, (YW) 15 sts, (GD) 2 sts, (YW) 10 sts, (GD) 1 st, (WH)5 sts, ch 2, turn.

Row 28: < HDC in 5 sts, (GD) 6 sts, (YW) 4 sts, (GD) 1 st, (YW) 19 sts, (GD) 1 st, (WH) 4 sts, ch 2, turn,

Row 29: > HDC in 4 sts, (GD) 3 sts, (YW) 21 sts, (GD) 2 sts, (WH) 10 sts, ch 2, turn.

Row 30: < HDC in 11 sts, (GD) 2 sts, (YW) 18 sts, (GD) 2 sts, (YW) 2 sts, (GD) 1 st, (WH) 4 sts, ch 2, turn.

Row 31: > HDC in 5 sts, (GD) 1 st, (YW) 19 sts, (GD) 2 sts, (WH) 13 sts, ch 2, turn.

Row 32: < HDC in 13 sts, 9GD) 3 sts, (YW) 15 sts, (GD) 3 sts, (WH)6 sts, (WH) 6 sts, ch 2, turn.

Row 33: > HDC in 6 sts, (GD) 2 sts, (YW) 13 sts, (GD) 4 sts, (WH) 15 sts, ch 2, turn.

Row 34: < HDC in 17 sts, (GD) 5 sts, (YW) 3 sts, (GD) 1 st, (YW) 5 sts, (GD) 1 st, (WH) 1 st, (GD) 2 sts, (WH) 5 sts, ch 2, turn.

Row 35: > HDC in 4 sts, (GD) 2 sts, (WH) 2 sts, (GD) 1 st, (YW) 1 st, (GD) 2 sts, (YW) 3 sts, (GD) 2 sts, (YW) 1 st, (WH) 22 sts, ch 2, turn.

Row 36: < HDC in 31 sts, (GD) 2 sts, (YW) 4 sts, (GD) 1 st, (WH) 1 st, (GD) 1 st, (YW) 1 st, (GD) 1 st, (WH) 3 sts, (GD) 1 st, (WH) 4 sts, ch 2, turn.

Row 37: > HDC in 9 sts, (GD) 2 sts, (WH) 2 sts, (GD) 5 sts, (WH) 22 sts, ch 2, turn.

Row 38: < HDC in 29 sts, (GD) 1 st, (WH) 10 sts, ch 2, turn>

Row 39-41: HDC in each stitch across, ch 2, turn. On the end of the last row, tie off, and weave in any yarn ends

Chick Square - Written Row by Row In Single Crochet or Tunisian Stitch

Chain 40 +1 with White Yarn (or background color of your choice) (WH) (the beginning of every row will start with White (or your color choice) and end with a chain 1, which is the turning chain)

Row 1: > Single Crochet (Sc) in second chain (ch) from hook, sc in the rest of the chs, ch 1, turn.

Row 2: < Sc in each stitch (st) across, ch 1, turn.

Row 3: > Sc in each (st) across, ch 1, turn.

Row 4: < Sc in 12 sts, (change yarn color to Yellow -YW) 4 sts, (change yarn color to Gold - GD) 4 sts, (change yarn color to White - WH) 20 sts, ch 1, turn.

Row 5: > Sc in 16 sts, (GD) 5 sts, (YW) 10 sts, (WH) 9 sts, ch 1, turn.

Row 6: < Sc in 7 sts, (YW) 16 sts, (GD) 8 sts, (WH) 9 sts, ch 1, turn.

Row 7: > Sc in 8 sts, (GD) 4 sts, (YW) 21 sts, (WH) 7 sts, ch 1, turn.

Row 8: < Sc in 6 sts, (YW) 25 sts, (GD) 3 sts, (WH) 6 sts, ch 1, turn.

Row 9: > Sc in 5 sts, (GD) 2 sts, (YW) 28 sts, (WH) 5 sts, ch 1, turn.

Row 10: < Sc in 5 sts, (YW) 8 sts, (OR) 2 sts, (YW) 16 sts, (GD) 3 sts, (WH) 6 sts, ch 1, turn.

Row 11: > Sc in 4 sts, (GD) 5 sts, (YW) 15 sts, (OR) 3 sts, (YW) 9 sts, (WH) 4 sts, ch 1, turn.

Row 12: < Sc in 4 sts, (YW)11 sts, (OR) 2 sts, (YW) 18 sts, (GD) 2 sts, (WH) 3 sts, ch 1, turn.

Row 13: > Sc in 3 sts, (GD) 2 sts, (YW) 17 sts, (OR) 2 sts, (YW) 11 sts, (GD) 1 st, ch 1, turn.

Row 14: < Sc in 4 sts, (GD) 1 st, (YW) 9 sts, (OR) 4 sts, (YW) 3 sts, (change yarn color to Blue- BL) 3 sts, (GD) 2 sts, (YW) 9 sts, (GD) 1 st, (WH) 4 sts, ch 1, turn.

Row 15: > Sc in 5 sts, (GD) 2 sts, (YW) 6 sts, (GD) 1 st, (WH) 1 st, (BL) 5 sts, (YW) 3 sts, (OR) 5 sts, (YW) 7 sts, (GD) 1 st, (WH) 4 sts, ch 1, turn>

Row 16: < Sc in 3 sts, (GD) 1 st, (YW) 7 sts, (OR) 4 sts, (YW) 5 sts, (BL) 5 sts, (WH) 1 st, (GD) 1 st, (YW) 6 sts, (GD) 1 st, (WH) 6 sts, ch 1, turn.

Row 17: > Sc in 5 sts, (GD) 2 sts, (YW) 6 sts, (GD) 1 st, (WH) 1 st, (BL) 2 sts, (WH) 1 st, (BL) 2 sts, (YW) 16 sts, (GD) 1 st, (WH) 3 sts, ch 1, turn.

Row 18: < Sc in 3 sts, (GD) 1 st, (YW) 9 sts, (BL) 3 sts, (GD) 2 sts, (YW) 3 sts, (BL) 3 sts, (WH) 2 sts, (GD) 1 st, (YW) 7 sts, (GD) 1 st, (WH) 5 sts, ch 1, turn.

Row 19: > Sc in 5 sts, (GD) 1 st, (YW) 7 sts, (GD) 1 st, (WH) 4 sts, (GD) 1 st, (YW) 2 sts, (GD) 1 st, (WH) 1 st, (BL) 5 sts, , (YW) 8 sts, (GD) 1 st, (WH) 3 sts, ch 1, turn.

Row 20: < Sc in 3 sts, (GD) 2 sts, (YW) 7 sts, (BL) 5 sts, (WH) 1 st, (GD) 1 st, (YW) 3 sts, (GD) 4 sts, (YW) 2 sts, (GD) 1 st, (YW) 5 sts, (GD) 2 sts, (WH) 4 sts, ch 1, turn.

Row 21: > Sc in 4 sts, (GD) 2 sts, (YW) 6 sts, (GD) 1 st, (YW) 8 sts, (GD) 1 st, (WH) 1 st, (BL) 2 sts, (WH) 1 st, (BL) 2 sts, (YW) 7 sts, (GD) 3 sts, ch 1, turn.

Row 22: < Sc in 3 sts, (GD) 1 st, (YW) 8 sts, (GD) 1 st, (BL) 3 sts, (WH) 2 sts, (GD) 1 st, (YW) 15 sts, (GD) 2 sts, (WH) 4 sts, ch 1, turn.

Row 23: > Sc in 4 sts, (GD) 2 sts, (YW) 15 sts, (GD) 1 st, (WH) 5 sts, (GD) 1 st, (YW) 6 sts, (GD) 2 sts, (WH) 4 sts, ch 1, turn.

Row 24: < Sc in 3 sts, (GD) 2 sts, (YW) 8 sts, (GD) 1 st, (WH) 3 sts, (GD) 1 st, (YW) 17 sts, (GD) 1 st, (WH) 5 sts, ch 1, turn.

Row 25: > Sc in 5 sts, (GD) 1 st, (YW) 17 sts, (GD) 3 sts, (YW) 10 sts, (GD) 1 st, (W) 3 sts, ch 1, turn.

Row 26: < Sc in 3 sts, (GD) 4 sts, (YW) 27 sts, (GD) 1 st, (WH) 5 sts, ch 1, turn.

Row 27: > Sc in 6 sts, (GD 1 st, (YW) 15 sts, (GD) 2 sts, (YW) 10 sts, (GD) 1 st, (WH)5 sts, ch 1, turn.

Row 28: < Sc in 5 sts, (GD) 6 sts, (YW) 4 sts, (GD) 1 st, (YW) 19 sts, (GD) 1 st, (WH) 4 sts, ch 1, turn,

Row 29: > Sc in 4 sts, (GD) 3 sts, (YW) 21 sts, (GD) 2 sts, (WH) 10 sts, ch 1, turn.

Row 30: < Sc in 11 sts, (GD) 2 sts, (YW) 18 sts, (GD) 2 sts, (YW) 2 sts, (GD) 1 st, (WH) 4 sts, ch 1, turn.

Row 31: > Sc in 5 sts, (GD) 1 st, (YW) 19 sts, (GD) 2 sts, (WH) 13 sts, ch 1, turn.

Row 32: < Sc in 13 sts, 9GD) 3 sts, (YW) 15 sts, (GD) 3 sts, (WH)6 sts, (WH) 6 sts, ch 1, turn.

Row 33: > Sc in 6 sts, (GD) 2 sts, (YW) 13 sts, (GD) 4 sts, (WH) 15 sts, ch 1, turn.

Row 34: < Sc in 17 sts, (GD) 5 sts, (YW) 3 sts, (GD) 1 st, (YW) 5 sts, (GD) 1 st, (WH) 1 st, (GD) 2 sts, (WH) 5 sts, ch 1, turn.

Row 35: > Sc in 4 sts, (GD) 2 sts, (WH) 2 sts, (GD) 1 st, (YW) 1 st, (GD) 2 sts, (YW) 3 sts, (GD) 2 sts, (YW) 1 st, (WH) 22 sts, ch 1, turn.

Row 36: < Sc in 31 sts, (GD) 2 sts, (YW) 4 sts, (GD) 1 st, (WH) 1 st, (GD) 1 st, (YW) 1 st, (GD) 1 st, (WH) 3 sts, (GD) 1 st, (WH) 4 sts, ch 1, turn.

Row 37: > Sc in 9 sts, (GD) 2 sts, (WH) 2 sts, (GD) 5 sts, (WH) 22 sts, ch 1, turn.

Row 38: < Sc in 29 sts, (GD) 1 st, (WH) 10 sts, ch 1, turn>

Row 39-41: Sc in each stitch across, ch 1, turn. On the end of the last row, tie off, and weave in any yarn ends

Chick LARGE Square - Written Row by Row In Double Crochet - (3 stitches per grid square)

Chain 120 +3 with White Yarn (or background color of your choice) (WH) (the beginning of every row will start with White (or your color choice) and end with a chain 3, which is the turning chain and the first stitch in the next row.)

Row 1: > Double Crochet (Dc) in fourth chain (ch) from hook, Dc in the rest of the chs, ch 3, turn. (120 Dcs which includes the beginning chain 3.)

Row 2: < Dc in each stitch (st) across, ch 3, turn.

Row 3: > Dc in each (st) across, ch 3, turn.

Row 4: < Dc in 35 sts, (change yarn color to Yellow -YW) 12 sts, (change yarn color to Gold - GD) 12 sts, (change yarn color to White - WH) 60 sts, ch 3, turn.

Row 5: > Dc in 47 sts, (GD) 15 sts, (YW) 30 sts, (WH) 27 sts, ch 3, turn.

Row 6: < Dc in 20 sts, (YW) 42 sts, (GD) 27 sts, (WH) 27 sts, ch 3, turn.

Row 7: > Dc in 23 sts, (GD) 12 sts, (YW) 63 sts, (WH) 21 sts, ch 3, turn.

Row 8: < Dc in 17 sts, (YW) 75 sts, (GD) 9 sts, (WH) 18 sts, ch 3, turn.

Row 9: > Dc in 14 sts, (GD) 6 sts, (YW) 84 sts, (WH) 15 sts, ch 3, turn.

Row 10: < Dc in 14 sts, (YW) 25 sts, (OR) 6 sts, (YW) 48 sts, (GD) 9 sts, (WH) 18 sts, ch 3, turn.

Row 11: > Dc in 11 sts, (GD) 15 sts, (YW) 45 sts, (OR) 9 sts, (YW) 27 sts, (WH) 12 sts, ch 3, turn.

Row 12: < Dc in 11 sts, (YW) 33 sts, (OR) 6 sts, (YW) 54 sts, (GD) 6 sts, (WH) 9 sts, ch 3, turn.

Row 13: > Dc in 8 sts, (GD) 6 sts, (YW) 51 sts, (OR) 6 sts, (YW) 33 sts, (GD) 3 sts, ch 3, turn.

Row 14: < Dc in 11 sts, (GD) 3 sts, (YW) 27 sts, (OR) 12 sts, (YW) 9 sts, (change yarn color to Blue - BL) 9 sts, (GD) 6 sts, (YW) 27 sts, (GD) 3 sts, (WH) 12 sts, ch 3, turn.

Row 15: > Dc in 14 sts, (GD) 6 sts, (YW) 18 sts, (GD) 3 sts, (WH) 3 sts, (BL) 15 sts, (YW) 9 sts, (OR) 15 sts, (YW) 21 sts, (GD) 3 sts, (WH) 12 sts, ch 3, turn.

Row 16: < Dc in 8 sts, (GD) 3 sts, (YW) 21 sts, (OR) 12 sts, (YW) 15 sts, (BL) 15 sts, (WH) 3 sts, (GD) 3 sts, (YW) 18 sts, (GD) 3 sts, (WH) 18 sts, ch 3, turn.

Row 17: > Dc in 14 sts, (GD) 6 sts, (YW) 18 sts, (GD) 3 sts, (WH) 3 sts, (BL) 6 sts, (WH) 3 sts, (BL) 6 sts, (YW) 48 sts, (GD) 3 sts, (WH) 9 sts, ch 3, turn.

Row 18: < Dc in 8 sts, (GD) 3 sts, (YW) 27 sts, (BL) 9 sts, (GD) 6 sts, (YW) 9 sts, (BL) 9 sts, (WH) 6 sts, (GD) 3 sts, (YW) 21 sts, (GD) 3 sts, (WH) 15 sts, ch 3, turn.

Row 19: > Dc in 14 sts, (GD) 3 sts, (YW) 21 sts, (GD) 3 sts, (WH) 12 sts, (GD) 3 sts, (YW) 6 sts, (GD) 3 sts, (WH) 3 sts, (BL) 15 sts, , (YW) 24 sts, (GD) 3 sts, (WH) 9 sts, ch 3, turn.

Row 20: < Dc in 9 sts, (GD) 6 sts, (YW) 21 sts, (BL) 15 sts, (WH) 3 sts, (GD) 3 sts, (YW) 9 sts, (GD) 12 sts, (YW) 6 sts, (GD) 3 sts, (YW) 15 sts, (GD) 6 sts, (WH) 12 sts, ch 3, turn.

Row 21: > Dc in 11 sts, (GD) 6 sts, (YW) 18 sts, (GD) 3 sts, (YW) 24 sts, (GD) 3 sts, (WH) 3 sts, (BL) 6 sts, (WH) 3 sts, (BL) 6 sts, (YW) 21 sts, (GD) 9 sts, ch 3, turn.

Row 22: < Dc in 8 sts, (GD) 3 sts, (YW) 24 sts, (GD) 3 sts, (BL) 9 sts, (WH) 6 sts, (GD) 3 sts, (YW) 45 sts, (GD) 6 sts, (WH) 12 sts, ch 3, turn.

Row 23: > Dc in 11 sts, (GD) 6 sts, (YW) 45 sts, (GD) 3 sts, (WH) 15 sts, (GD) 3 sts, (YW) 18 sts, (GD) 6 sts, (WH) 12 sts, ch 3, turn.

Row 24: < Dc in 8 sts, (GD) 6 sts, (YW) 24 sts, (GD) 3 sts, (WH) 9 sts, (GD) 3 sts, (YW) 51 sts, (GD) 3 sts, (WH) 15 sts, ch 3, turn.

Row 25: > Dc in 14 sts, (GD) 3 sts, (YW) 51 sts, (GD) 9 sts, (YW) 130 sts, (GD) 3 sts, (W) 9 sts, ch 3, turn.

Row 26: < Dc in 8 sts, (GD) 12 sts, (YW) 81 sts, (GD) 3 sts, (WH) 15 sts, ch 3, turn.

Row 27: > Dc in 11 sts, (GD 3 sts, (YW) 45 sts, (GD) 6 sts, (YW) 30 sts, (GD) 3 sts, (WH) 15 sts, ch 3, turn.

Row 28: < Dc in 15 sts, (GD) 18 sts, (YW) 12 sts, (GD) 3 sts, (YW) 57 sts, (GD) 3 sts, (WH) 12 sts, ch 3, turn.

Row 29: > Dc in 11 sts, (GD) 9 sts, (YW) 63 sts, (GD) 6 sts, (WH) 30 sts, ch 3, turn.

Row 30: < Dc in 32 sts, (GD) 6 sts, (YW) 54 sts, (GD) 6 sts, (YW) 6 sts, (GD) 3 sts, (WH) 12 sts, ch 3, turn.

Row 31: > Dc in 14 sts, (GD) 3 sts, (YW) 57 sts, (GD) 6 sts, (WH) 39 sts, ch 3, turn.

Row 32: < Dc in 38 sts, 9GD) 9 sts, (YW) 45 sts, (GD) 9sts, (WH) 18 sts, (WH) 18 sts, ch 3, turn.

Row 33: > Dc in 17 sts, (GD) 6 sts, (YW) 39 sts, (GD) 12 sts, (WH) 45 sts, ch 3, turn.

Row 34: < Dc in 50 sts, (GD) 15 sts, (YW) 9 sts, (GD) 3 sts, (YW) 15 sts, (GD) 3 sts, (WH) 3 sts, (GD) 6 sts, (WH) 15 sts, ch 3, turn.

Row 35: > Dc in 11 sts, (GD) 6 sts, (WH) 6 sts, (GD) 3 sts, (YW) 3 sts, (GD) 6 sts, (YW) 9 sts, (GD) 6 sts, (YW) 3 sts, (WH) 66 sts, ch 3, turn.

Row 36: < Dc in 92 sts, (GD) 3 sts, (YW) 12 sts, (GD) 3 sts, (WH) 3 sts, (GD) 3 sts, (YW) 3 sts, (GD) 3 sts, (WH) 9 sts, (GD) 3 sts, (WH) 12 sts, ch 3, turn.

Row 37: > Dc in 26 sts, (GD) 6 sts, (WH) 6 sts, (GD) 15 sts, (WH) 66 sts, ch 3, turn.

Row 38: < Dc in 86 sts, (GD) 3 sts, (WH) 30 sts, ch 3, turn.

Row 39-41: Dc in each stitch across, ch 3, turn. On the end of the last row, tie off, and weave in any yarn ends

Chick - Full Design Chart

This Chart can be used for single crochet, tunisian st, or half double crochet with each square counting as one stitch, and can also be used for making a larger blanketsquare using 3 double crochet stitches for each square on the grid.
The color of the squares on the grid are the suggested colors for the yarn.

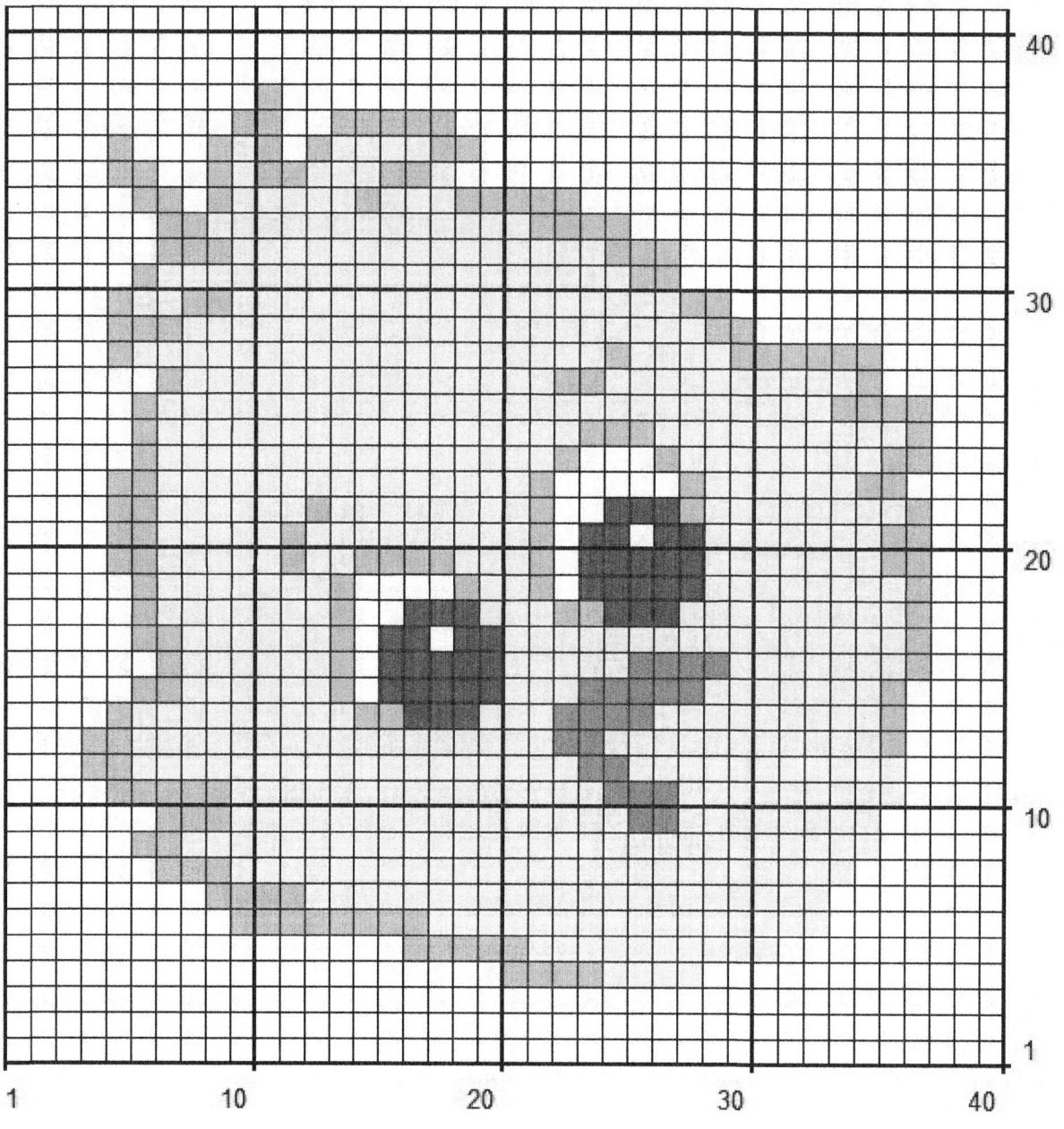

Chick - Full Stitch Symbol Chart

Tunisian Stitch or Single Crochet Sitch
0 - chain   X - Single Crochet Stitch
Color background of each stitch is suggested yarn color.

Chapter 14: Lion Square Pattern
Large Double Crochet Finished With Border

Supplies Needed:
Your Favorite Worsted Weight Yarn

Approximate yards

WH - White – 250

BR - Brown - 230

BK - Black - 65

GD - Gold - 150

Tunisian Crochet Hook Size G with extension

Regular Crochet Hook Size G

Approximate Sizes:

10" wide by 10" length

Use Size 'G' Tunisian Crochet Hook (with extension)

for a Tunisian Crochet

'G' Hook for Single Crochet

To make the squares a bit bigger use Size 'I' Hook

and replace the single Crochet with Half Double Crochet or Double Crochet. The written row by row pattern is included for all three sizes.

The blanket can be made longer or wider by adding more rows on the top, bottom and sides equally. And/Or add a border.

Lion Square - Written Row by Row In Half Double Crochet

Chain 40 +2 with White Yarn (or background color of your choice) (WH) (the beginning of every row will start with White (or your color choice) and end with a chain 2, which is the turning chain and first HDC on the next row)

Row 1: > Half Double Crochet (HDC) in third chain (ch) from hook, HDC in the rest of the chs, ch 2, turn.

Row 2: < HDC in each stitch (st) across, ch 2, turn.

Row 3: > HDC in each st across, ch 2, turn.

Row 4: < HDC in 11 sts, (Change Yarn Color to Brown - BR) 1 st, (Change yarn color to White- Wh) 6 sts, (Br) 2 sts, (WH) 20 sts, ch 2, turn.

Row 5: > HDC in 19 sts, (BR) 5 sts, (WH) 3 sts, (BR) 3 sts, (WH) 10 sts, ch 2, turn.

Row 6: < HDC in 9 sts, (BR) 5 sts, (WH) 1 st, (BR) 7 sts, (WH) 2 sts, (BR) 2 sts, (WH) 14 sts, ch 2, turn.

Row 7: > HDC in 12 sts, (BR) 19 sts, (WH) 9 sts, ch 2, turn.

Row 8: < HDC in 8 sts, (BR) 20 sts, (WH) 2 sts, (BR) 1 st, (WH) 9 sts, ch 2, turn.

Row 9: > HDC in 8 sts, (BR) 3 sts, (WH) 1 st, (BR) 20 sts, (WH) 8 sts, ch 2, turn.

Row 10: < HDC in 8 sts, (BR) 24 sts, (WH) 8 sts, ch 2, turn.

Row 11: > HDC in 7 sts, (BR) 26 sts, (WH) 7 sts, ch 2, turn.

Row 12: < HDC in 6 sts, (BR) 28 sts, (WH) 6 sts, ch 2, turn.

Row 13: > HDC in 6 sts, (BR) 10 sts, (change yarn color to Gold - GD) 4 sts, (BR) 15 sts, (WH) 5 sts, ch 2, turn.

Row 14: < HDC in 5 sts, (BR) 14 sts, (GD) 6 sts, (BR) 9 sts, (WH) 6 sts, ch 2, turn.

Row 15: > HDC in 5 sts, (BR) 9 sts, (GD) 9 sts, (BR) 12 sts, (WH) 5 sts, ch 2, turn.

Row 16: < HDC in 4 sts, (BR) 11 sts, (GD) 12 sts, (BR) 8 sts, (WH) 5 sts, ch 2, turn.

Row 17: > HDC in 4 sts, (BR) 8 sts, (GD) 5 sts, (change yarn color to Black - BK) 3 sts, (GD) 6 sts, (BR) 10 sts, (WH) 4 sts, ch 2, turn.

Row 18: < HDC in 4 sts, (GD) 1 st, (BR) 1 st, (GD) 4 sts, (BK) 1 st, (GD) 1 st, (BK) 1 st, (GD) 1 st, (BK) 1 st, (GD) 3 st, (BR) 1 st, (GD) 1 st, (BR) 7 sts, (WH) 4 sts, ch 2, turn.

Row 19: > HDC in 3 sts, (BR) 8 sts, (GD) 2 sts, (BR) 2 sts, (GD) 3 sts, (BK) 1 st, (GD) 4 sts, (BR) 2 sts, (BR) 9 sts, (WH) 4 sts, ch 2, turn.

Row 20: < HDC in 3 sts, (BR) 10 sts, (GD) 4 sts, (BR) 1 st, (GD) 2 sts, (BK) 3 sts, (GD) 1 st, (BR) 1 st, (GD) 4 sts, (BR) 8 sts, ch 2, turn.

Row 21: > HDC in 3 sts, (BR) 8 sts, (GD) 2 sts, (BR) 2 sts, (GD) 1 st, (BK) 5 sts, (GD) 2 sts, (BR) 2 sts, (GD) 2 sts, (BR) 10 sts, (W) 3 sts, ch 2, turn.

Row 22: < HDC in 3 sts, (BR) 10 sts, (GD) 1 st, (BR) 1 st, (GD) 12 sts, (BR) 1 st, (GD) 1 st, (BR) 8 sts, (WH) 3 sts, ch 2, turn.

Row 23: > HDC in 3 sts, (BR) 8 sts, (GD) 4 sts, (BK) 2 sts, (GD) 4 sts, (BK) 2 sts, (GD) 4 sts, (BR) 10 sts, (WH) 3 sts, ch 2, turn.

Row 24: < HDC in 3 sts, (BR) 10 sts, (GD) 3 sts, (BK) 4 sts, (GD) 2 sts, (BK) 4 sts, (GD) 3 sts, (BR) 8 sts, (WH) 3 sts, ch 2, turn.

Row 25: > HDC in 3 sts, (BR) 8 sts, (GD) 3 sts, (BK) 2 sts, (WH) 1 st, (BK) 1 st, (GD) 2 sts, (BK) 2 sts, (WH) 1 st, (BK) 1 st, (GD) 3 sts, (BR) 9 sts, (WH) 4 sts, ch 2, turn.

Row 26: < HDC in 5 sts, (BR) 9 sts, (GD) 3 sts, (BK) 2 sts, (GD) 4 sts, (BK) 2 sts, (GD) 3 sts, (BR) 9 sts, (WH) 3 sts, ch 2, turn.

Row 27: > HDC in 4 sts, (BR) 9 sts, (GD) 12 sts, (BR) 10 sts, (WH) 5 sts, ch 2, turn.

Row 28: < HDC in 4 sts, (BR) 6 sts, (GD) 2 sts, (BR) 3 sts, (GD) 2 sts, (BR) 3 sts, (GD) 1 st, (BR) 3 sts, (GD) 2 sts, (BR) 10 sts, (WH) 4 sts, ch 2, turn.

Row 29: > HDC in 4 sts, (BR) 6 sts, (GD) 2 sts, (BR) 3 sts, (GD) 10 sts, (BR) 5 sts, (GD) 1 st, (BR) 5 sts, (WH) 4 sts, ch 2, turn.

Row 30: < HDC in 4 sts, (BR) 5 sts, (GD) 1 sts, (BR) 1 st, (GD) 1 st, (BR) 1 sts, (GD) 1 sts, (BR) 2 sts, (GD) 8 sts, (BR) 6 sts, (GD) 1 st, (BR) 4 sts, (WH) 5 sts, ch 2, turn.

Row 31: > HDC in 5 sts, (BR) 4 sts, (GD) 1 st, (BR) 1 st, (GD) 1 st, (BR) 1 st, (GD) 1 st, (BR) 6 sts, (GD) 4 sts, (BR) 2 sts, (GD) 1 st, (BR) 3 sts, (GD) 1 st, (BR) 4 sts, (WH) 5 sts, ch 2, turn.

Row 32: < HDC in 6 sts, (BR) 4 sts, (GD) 3 sts, (BR) 4 sts, (GD) 2 sts, (BR) 7 sts, (GD) 1 st, (BR) 3 sts, (GD) 1 st, (BR) 3 sts, (WH) 6 sts, ch 2, turn.

Row 33: > HDC in 7 sts, (BR) 3 sts, (GD) 3 sts, (BR) 9 sts, (GD) 1 sts, (BR) 10 sts, (WH) 7 sts, ch 2, turn.

Row 34: < HDC in 8 sts, (BR) 24 sts, (W) 8 sts, ch 2, turn.

Row 35: > HDC in 9 sts, (BR) 22 sts, (WH) 9 sts, ch 2, turn.

Row 36: < HDC in 10 sts, (BR) 20 sts, (WH) 10 sts, ch 2, turn.

Row 37: > HDC in 10 sts, (BR) 18 sts, (WH) 12 sts, ch 2, turn.

Row 38: < HDC in 16 sts, (BR) 4 sts, (WH) 4 sts, (BR) 4 sts, (WH) 12 sts, ch 2, turn.

Row 39-41: HDC in each stitch across, ch 2, turn. On the end of the last row, tie off, and weave in any yarn ends

Lion Square - Written Row by Row In Single Crochet or Tunisian Stitch

Chain 40 +1 with White Yarn (or background color of your choice) (WH) (the beginning of every row will start with White (or your color choice) and end with a chain 1, which is the turning chain)

Row 1: > Single Crochet (Sc) in second chain (ch) from hook, sc in the rest of the chs, ch 1, turn.

Row 2: < Sc in each stitch (st) across, ch 1, turn.

Row 3: > Sc in each st across, ch 1, turn.

Row 4: < Sc in 11 sts, (Change Yarn Color to Brown - BR) 1 st, (Change yarn color to White- Wh) 6 sts, (Br) 2 sts, (WH) 20 sts, ch 1, turn.

Row 5: > Sc in 19 sts, (BR) 5 sts, (WH) 3 sts, (BR) 3 sts, (WH) 10 sts, ch 1, turn.

Row 6: < Sc in 9 sts, (BR) 5 sts, (WH) 1 st, (BR) 7 sts, (WH) 2 sts, (BR) 2 sts, (WH) 14 sts, ch 1, turn.

Row 7: > Sc in 12 sts, (BR) 19 sts, (WH) 9 sts, ch 1, turn.

Row 8: < Sc in 8 sts, (BR) 20 sts, (WH) 2 sts, (BR) 1 st, (WH) 9 sts, ch 1, turn.

Row 9: > Sc in 8 sts, (BR) 3 sts, (WH) 1 st, (BR) 20 sts, (WH) 8 sts, ch 1, turn.

Row 10: < Sc in 8 sts, (BR) 24 sts, (WH) 8 sts, ch 1, turn.

Row 11: > Sc in 7 sts, (BR) 26 sts, (WH) 7 sts, ch 1, turn.

Row 12: < Sc in 6 sts, (BR) 28 sts, (WH) 6 sts, ch 1, turn.

Row 13: > Sc in 6 sts, (BR) 10 sts, (change yarn color to Gold - GD) 4 sts, (BR) 15 sts, (WH) 5 sts, ch 1, turn.

Row 14: < Sc in 5 sts, (BR) 14 sts, (GD) 6 sts, (BR) 9 sts, (WH) 6 sts, ch 1, turn.

Row 15: > Sc in 5 sts, (BR) 9 sts, (GD) 9 sts, (BR) 12 sts, (WH) 5 sts, ch 1, turn.

Row 16: < Sc in 4 sts, (BR) 11 sts, (GD) 12 sts, (BR) 8 sts, (WH) 5 sts, ch 1, turn.

Row 17: > Sc in 4 sts, (BR) 8 sts, (GD) 5 sts, (change yarn color to Black - BK) 3 sts, (GD) 6 sts, (BR) 10 sts, (WH) 4 sts, ch 1, turn.

Row 18: < Sc in 4 sts, (GD) 1 st, (BR) 1 st, (GD) 4 sts, (BK) 1 st, (GD) 1 st, (BK) 1 st, (GD) 1 st, (BK) 1 st, (GD) 3 st, (BR) 1 st, (GD) 1 st, (BR) 7 sts, (WH) 4 sts, ch 1, turn.

Row 19: > Sc in 3 sts, (BR) 8 sts, (GD) 2 sts, (BR) 2 sts, (GD) 3 sts, (BK) 1 st, (GD) 4 sts, (BR) 2 sts, (BR) 9 sts, (WH) 4 sts, ch 1, turn.

Row 20: < Sc in 3 sts, (BR) 10 sts, (GD) 4 sts, (BR) 1 st, (GD) 2 sts, (BK) 3 sts, (GD) 1 st, (BR) 1 st, (GD) 4 sts, (BR) 8 sts, ch 1, turn.

Row 21: > Sc in 3 sts, (BR) 8 sts, (GD) 2 sts, (BR) 2 sts, (GD) 1 st, (BK) 5 sts, (GD) 2 sts, (BR) 2 sts, (GD) 2 sts, (BR) 10 sts, (W) 3 sts, ch 1, turn.

Row 22: < Sc in 3 sts, (BR) 10 sts, (GD) 1 st, (BR) 1 st, (GD) 12 sts, (BR) 1 st, (GD) 1 st, (BR) 8 sts, (WH) 3 sts, ch 1, turn.

Row 23: > Sc in 3 sts, (BR) 8 sts, (GD) 4 sts, (BK) 2 sts, (GD) 4 sts, (BK) 2 sts, (GD) 4 sts, (BR) 10 sts, (WH) 3 sts, ch 1, turn.

Row 24: < Sc in 3 sts, (BR) 10 sts, (GD) 3 sts, (BK) 4 sts, (GD) 2 sts, (BK) 4 sts, (GD) 3 sts, (BR) 8 sts, (WH) 3 sts, ch 1, turn.

Row 25: > Sc in 3 sts, (BR) 8 sts, (GD) 3 sts, (BK) 2 sts, (WH) 1 st, (BK) 1 st, (GD) 2 sts, (BK) 2 sts, (WH) 1 st, (BK) 1 st, (GD) 3 sts, (BR) 9 sts, (WH) 4 sts, ch 1, turn.

Row 26: < Sc in 5 sts, (BR) 9 sts, (GD) 3 sts, (BK) 2 sts, (GD) 4 sts, (BK) 2 sts, (GD) 3 sts, (BR) 9 sts, (WH) 3 sts, ch 1, turn.

Row 27: > Sc in 4 sts, (BR) 9 sts, (GD) 12 sts, (BR) 10 sts, (WH) 5 sts, ch 1, turn.

Row 28: < Sc in 4 sts, (BR) 6 sts, (GD) 2 sts, (BR) 3 sts, (GD) 2 sts, (BR) 3 sts, (GD) 1 st, (BR) 3 sts, (GD) 2 sts, (BR) 10 sts, (WH) 4 sts, ch 1, turn.

Row 29: > Sc in 4 sts, (BR) 6 sts, (GD) 2 sts, (BR) 3 sts, (GD) 10 sts, (BR) 5 sts, (GD) 1 st, (BR) 5 sts, (WH) 4 sts, ch 1, turn.

Row 30: < Sc in 4 sts, (BR) 5 sts, (GD) 1 sts, (BR) 1 st, (GD) 1 st, (BR) 1 sts, (GD) 1 sts, (BR) 2 sts, (GD) 8 sts, (BR) 6 sts, (GD) 1 st, (BR) 4 sts, (WH) 5 sts, ch 1, turn.

Row 31: > Sc in 5 sts, (BR) 4 sts, (GD) 1 st, (BR) 1 st, (GD) 1 st, (BR) 1 st, (GD) 1 st, (BR) 6 sts, (GD) 4 sts, (BR) 2 sts, (GD) 1 st, (BR) 3 sts, (GD) 1 st, (BR) 4 sts, (WH) 5 sts, ch 1, turn.

Row 32: < Sc in 6 sts, (BR) 4 sts, (GD) 3 sts, (BR) 4 sts, (GD) 2 sts, (BR) 7 sts, (GD) 1 st, (BR) 3 sts, (GD) 1 st, (BR) 3 sts, (WH) 6 sts, ch 1, turn.

Row 33: > Sc in 7 sts, (BR) 3 sts, (GD) 3 sts, (BR) 9 sts, (GD) 1 sts, (BR) 10 sts, (WH) 7 sts, ch 1, turn.

Row 34: < Sc in 8 sts, (BR) 24 sts, (W) 8 sts, ch 1, turn.

Row 35: > Sc in 9 sts, (BR) 22 sts, (WH) 9 sts, ch 1, turn.

Row 36: < Sc in 10 sts, (BR) 20 sts, (WH) 10 sts, ch 1, turn.

Row 37: > Sc in 10 sts, (BR) 18 sts, (WH) 12 sts, ch 1, turn.

Row 38: < Sc in 16 sts, (BR) 4 sts, (WH) 4 sts, (BR) 4 sts, (WH) 12 sts, ch 1, turn.

Row 39-41: Sc in each stitch across, ch 1, turn. On the end of the last row, tie off, and weave in any yarn ends

Lion LARGE Square - Written Row by Row In Double Crochet - (3 stitches per grid square)

Chain 120 +3 with White Yarn (or background color of your choice) (WH) (the beginning of every row will start with White (or your color choice) and end with a chain 3, which is the turning chain and the first stitch on the next row)

Row 1: > Single Crochet (Dc) in fourth chain (ch) from hook, Dc in the rest of the chs, ch 3, turn. (120 dcs which includes the beginning chain 3)

Row 2: < Dc in each stitch (st) across, ch 3, turn.

Row 3: > Dc in each st across, ch 3, turn.

Row 4: < Dc in 32 sts, (Change Yarn Color to Brown - BR) 3 sts, (Change yarn color to White- Wh) 18 sts, (Br) 6 sts, (WH) 60 sts, ch 3, turn.

Row 5: > Dc in 56 sts, (BR) 15 sts, (WH) 9 sts, (BR) 9 sts, (WH) 30 sts, ch 3, turn.

Row 6: < Dc in 26 sts, (BR) 15 sts, (WH) 3 sts, (BR) 21 sts, (WH) 6 sts, (BR) 6 sts, (WH) 42 sts, ch 3, turn.

Row 7: > Dc in 35 sts, (BR) 57 sts, (WH) 27 sts, ch 3, turn.

Row 8: < Dc in 23 sts, (BR) 60 sts, (WH) 6 sts, (BR) 3 sts, (WH) 27 sts, ch 3, turn.

Row 9: > Dc in 23 sts, (BR) 9 sts, (WH) 3 sts, (BR) 60 sts, (WH) 24 sts, ch 3, turn.

Row 10: < Dc in 23 sts, (BR) 72 sts, (WH) 24 sts, ch 3, turn.

Row 11: > Dc in 20 sts, (BR) 78 sts, (WH) 21 sts, ch 3, turn.

Row 12: < Dc in 18 sts, (BR) 84 sts, (WH) 18 sts, ch 3, turn.

Row 13: > Dc in 17 sts, (BR) 30 sts, (change yarn color to Gold - GD) 12 sts, (BR) 45 sts, (WH) 15 sts, ch 3, turn.

Row 14: < Dc in 14 sts, (BR) 42 sts, (GD) 18 sts, (BR) 27 sts, (WH) 18 sts, ch 3, turn.

Row 15: > Dc in 14 sts, (BR) 27 sts, (GD) 27 sts, (BR) 36 sts, (WH) 15 sts, ch 3, turn.

Row 16: < Dc in 11 sts, (BR) 33 sts, (GD) 36 sts, (BR) 24 sts, (WH) 15 sts, ch 3, turn.

Row 17: > Dc in 11 sts, (BR) 24 sts, (GD) 15 sts, (change yarn color to Black - BK) 9 sts, (GD) 18 sts, (BR) 30 sts, (WH) 12 sts, ch 3, turn.

Row 18: < Dc in 11 sts, (GD) 3 sts, (BR) 3 sts, (GD) 12 sts, (BK) 3 sts, (GD) 3 sts, (BK) 3 sts, (GD) 3 sts, (BK) 3 sts, (GD) 9 sts, (BR) 3 sts, (GD) 3 sts, (BR) 21 sts, (WH) 12 sts, ch 3, turn.

Row 19: > Dc in 8 sts, (BR) 24 sts, (GD) 6 sts, (BR) 6 sts, (GD) 9 sts, (BK) 3 sts, (GD) 12 sts, (BR) 6 sts, (BR) 24 sts, (WH) 12 sts, ch 3, turn.

Row 20: < Dc in 8 sts, (BR) 30 sts, (GD) 12 sts, (BR) 3 sts, (GD) 6 sts, (BK) 9 sts, (GD) 3 sts, (BR) 3 sts, (GD) 12 sts, (BR) 24 sts, ch 3, turn.

Row 21: > Dc in 8 sts, (BR) 24 sts, (GD) 6 sts, (BR) 6 sts, (GD) 3 sts, (BK) 15 sts, (GD) 6 sts, (BR) 6 sts, (GD) 6 sts, (BR) 30 sts, (W) 9 sts, ch 3, turn.

Row 22: < Dc in 8 sts, (BR) 30 sts, (GD) 3 sts, (BR) 3 sts, (GD) 36 sts, (BR) 3 sts, (GD) 3 sts, (BR) 24 sts, (WH) 9 sts, ch 3, turn.

Row 23: > Dc in 8 sts, (BR) 24 sts, (GD) 12 sts, (BK) 6 sts, (GD) 12 sts, (BK) 6 sts, (GD) 12 sts, (BR) 30 sts, (WH) 9 sts, ch 3, turn.

Row 24: < Dc in 8 sts, (BR) 30 sts, (GD) 9 sts, (BK) 12 sts, (GD) 6 sts, (BK) 12 sts, (GD) 9 sts, (BR) 24 sts, (WH) 9 sts, ch 3, turn.

Row 25: > Dc in 8 sts, (BR) 24 sts, (GD) 9 sts, (BK) 6 sts, (WH) 3 sts, (BK) 3 sts, (GD) 6 sts, (BK) 6 sts, (WH) 3 sts, (BK) 3 sts, (GD) 9 sts, (BR) 27 sts, (WH) 12 sts, ch 3, turn.

Row 26: < Dc in 14 sts, (BR) 27 sts, (GD) 9 sts, (BK) 6 sts, (GD) 12 sts, (BK) 6 sts, (GD) 9 sts, (BR) 27 sts, (WH) 9 sts, ch 3, turn.

Row 27: > Dc in 11 sts, (BR) 27 sts, (GD) 36 sts, (BR) 30 sts, (WH) 15 sts, ch 3, turn.

Row 28: < Dc in 11 sts, (BR) 18 sts, (GD) 6 sts, (BR) 9 sts, (GD) 6 sts, (BR) 9 sts, (GD) 3 sts, (BR) 9 sts, (GD) 6 sts, (BR) 30 sts, (WH) 12 sts, ch 3, turn.

Row 29: > Dc in 11 sts, (BR) 18 sts, (GD) 6 sts, (BR) 9 sts, (GD) 30 sts, (BR) 15 sts, (GD) 3 sts, (BR) 15 sts, (WH) 12 sts, ch 3, turn.

Row 30: < Dc in 11 sts, (BR) 15 sts, (GD) 3 sts, (BR) 3 sts, (GD) 3 sts, (BR) 3 sts, (GD) 3 sts, (BR) 6 sts, (GD) 24 sts, (BR) 18 sts, (GD) 3 sts, (BR) 12 sts, (WH) 15 sts, ch 3, turn.

Row 31: > Dc in 14 sts, (BR) 12 sts, (GD) 3 sts, (BR) 3sts, (GD) 3 sts, (BR) 3 sts, (GD) 3 sts, (BR) 18 sts, (GD) 12 sts, (BR) 6 sts, (GD) 3 sts, (BR) 9 sts, (GD) 3 sts, (BR) 12 sts, (WH) 15 sts, ch 3, turn.

Row 32: < Dc in 17 sts, (BR) 12 sts, (GD) 9 sts, (BR) 12 sts, (GD) 6 sts, (BR) 21 sts, (GD) 3 sts, (BR) 9 sts, (GD) 3 sts, (BR) 9 sts, (WH) 18 sts, ch 3, turn.

Row 33: > Dc in 20 sts, (BR) 9 sts, (GD) 9 sts, (BR) 27 sts, (GD) 3 sts, (BR) 30 sts, (WH) 21 sts, ch 3, turn.

Row 34: < Dc in 23 sts, (BR) 72 sts, (W) 24 sts, ch 3, turn.

Row 35: > Dc in 26 sts, (BR) 66 sts, (WH) 27 sts, ch 3, turn.

Row 36: < Dc in 29 sts, (BR) 60 sts, (WH) 30 sts, ch 3, turn.

Row 37: > Dc in 29 sts, (BR) 54 sts, (WH) 36 sts, ch 3, turn.

Row 38: < Dc in 47 sts, (BR) 12 sts, (WH) 12 sts, (BR) 12 sts, (WH) 36 sts, ch 3, turn.

Row 39-41: Dc in each stitch across, ch 3, turn. On the end of the last row, tie off, and weave in any yarn ends

Lion - Full Design Chart

This Chart can be used for single crochet, tunisian st, or half double crochet with each square counting as one stitch, and can also be used for making a larger blanketsquare using 3 double crochet stitches for each square on the grid.
The color of the squares on the grid are the suggested colors for the yarn.

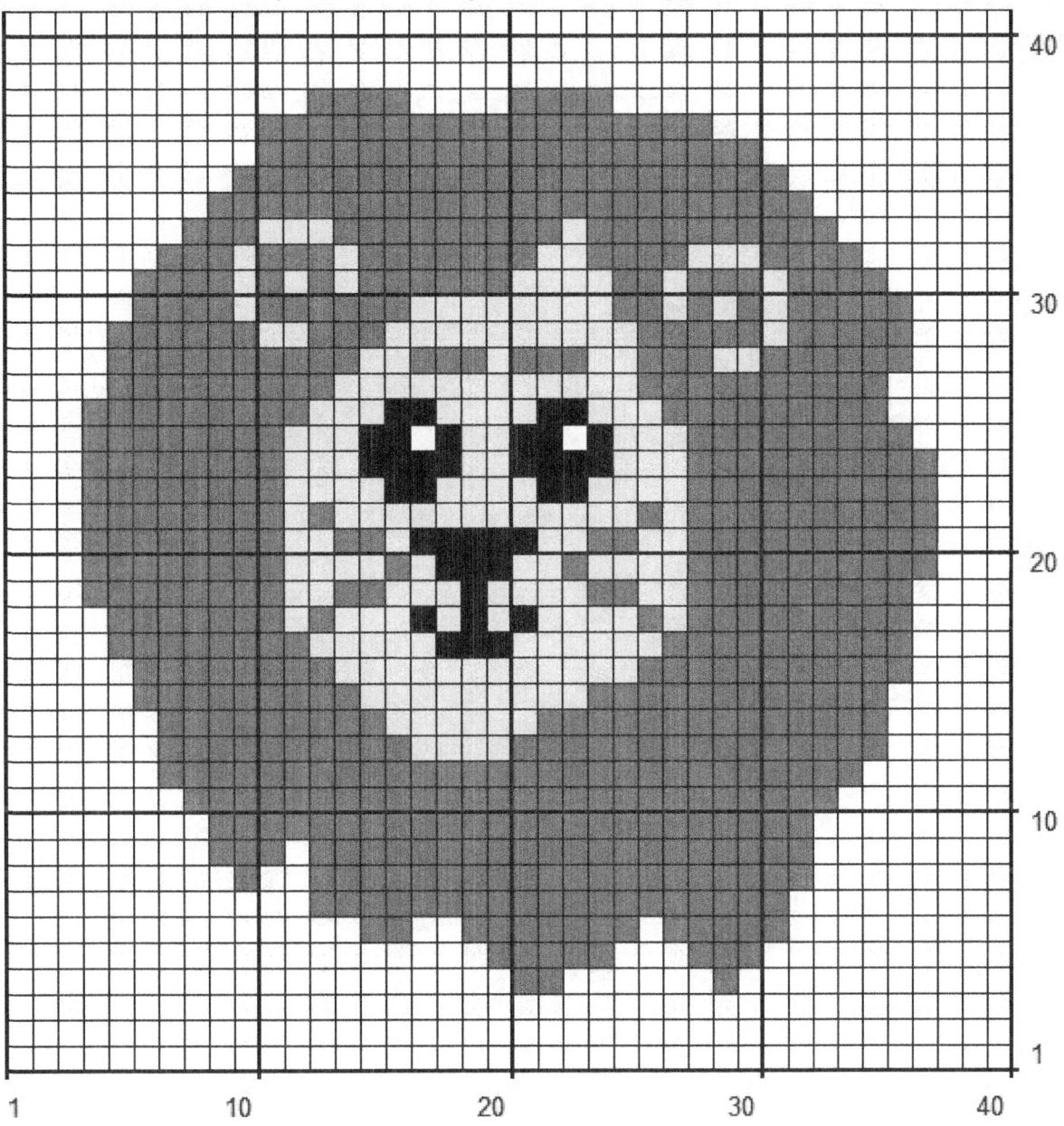

Lion - Full Stitch Symbol Chart

Tunisian Stitch or Single Crochet Sitch
0 - chain   X - Single Crochet Stitch
Color background of each stitch is suggested yarn color.

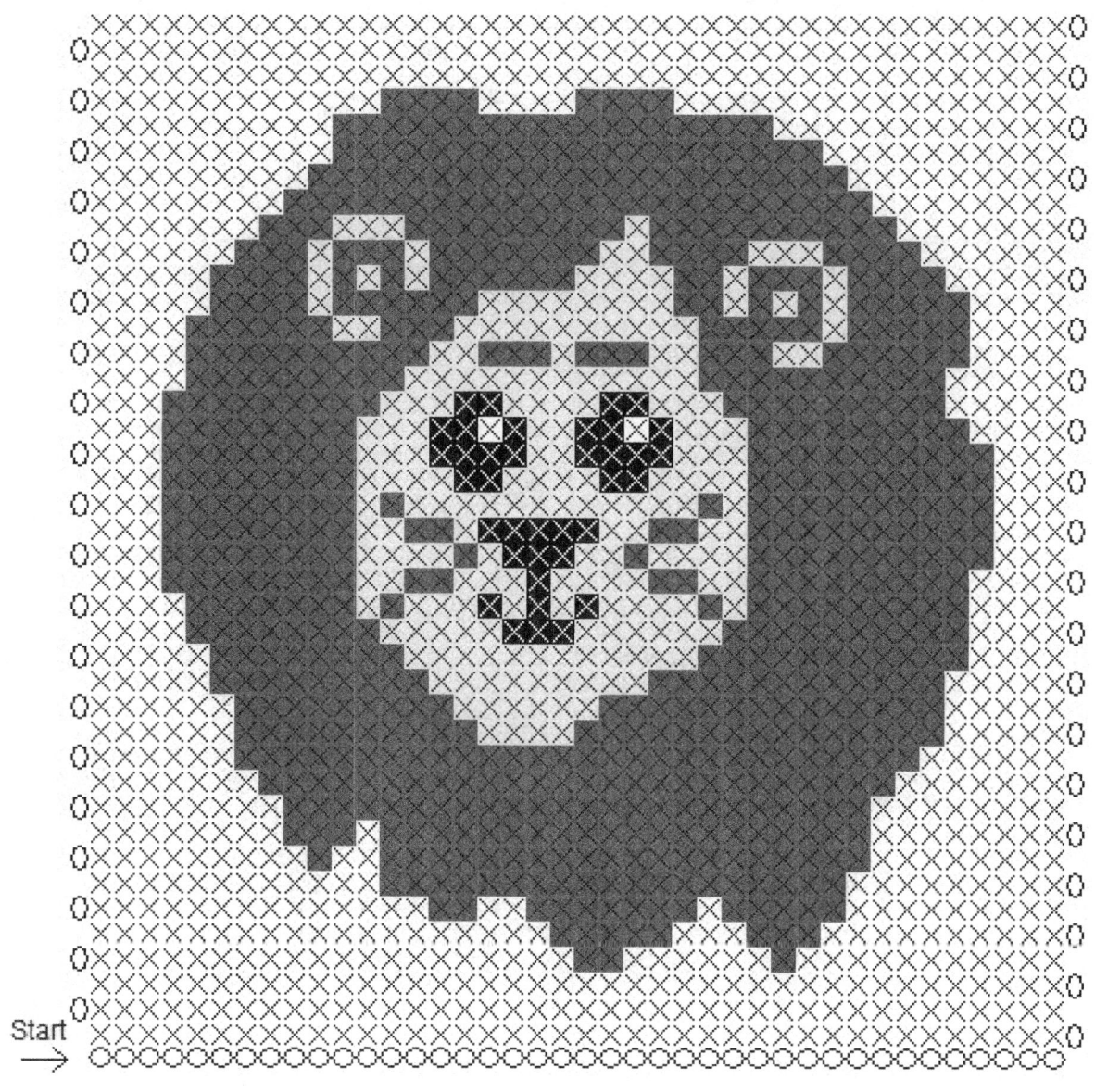

Chapter 15: Zebra Square Pattern

Large Double Crochet Finished With Border

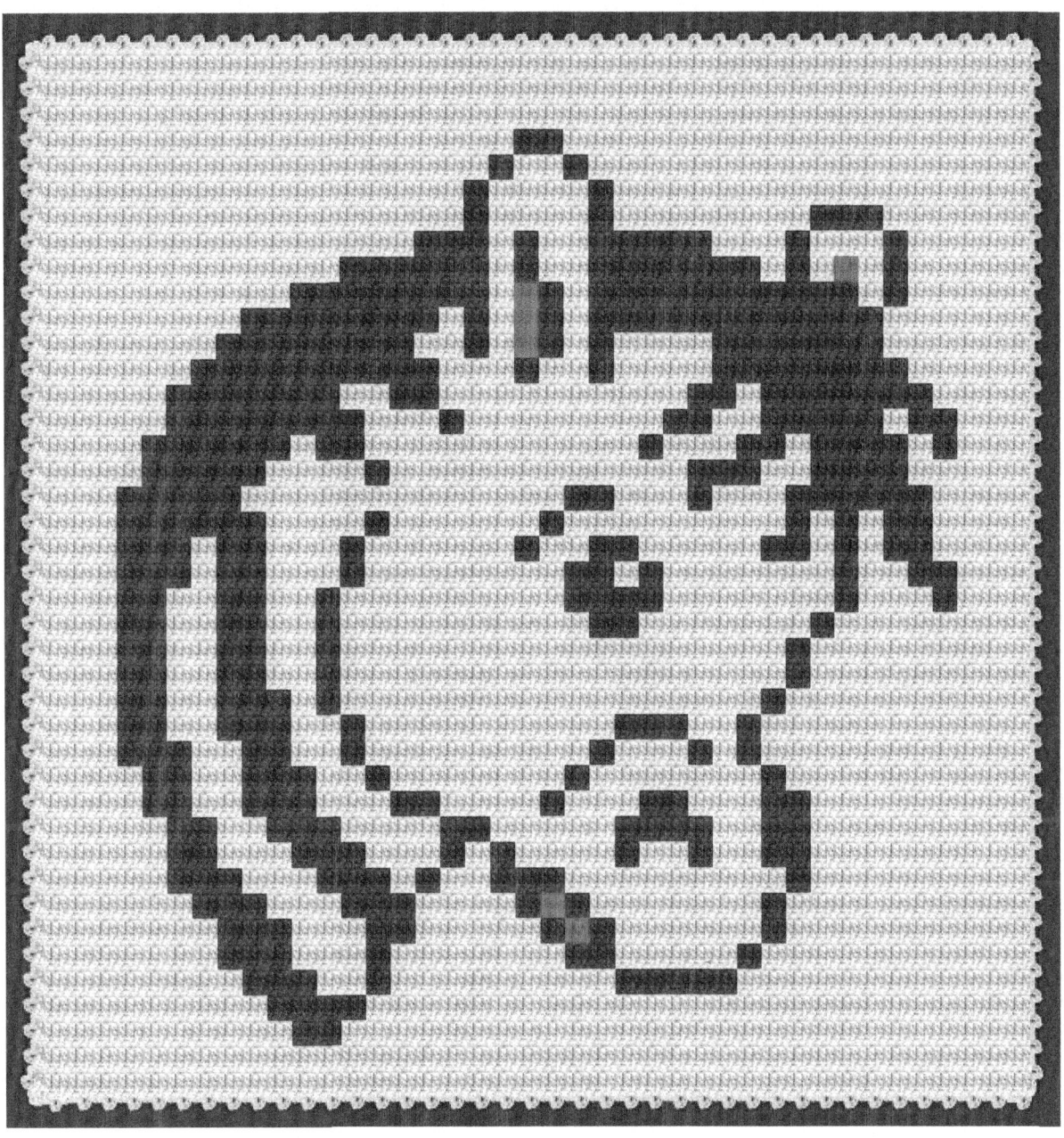

Supplies Needed:
Your Favorite Worsted Weight Yarn

Approximate yards

WH - White – 250

BK - Black - 230

PK - Pink - 15

Tunisian Crochet Hook Size G with extension

Regular Crochet Hook Size G

Approximate Sizes:

10" wide by 10" length

Use Size 'G' Tunisian Crochet Hook (with extension)

for a Tunisian Crochet

'G' Hook for Single Crochet

To make the squares a bit bigger use Size 'I' Hook

and replace the single Crochet with Half Double Crochet or Double Crochet. The written row by row pattern is included for all three sizes.

The blanket can be made longer or wider by adding more rows on the top, bottom and sides equally. And/Or add a border.

Zebra Square - Written Row by Row In Half Double Crochet

Chain 40 +2 with White Yarn (or background color of your choice) (WH) (the beginning of every row will start with White (or your color choice) and end with a chain 2, which is the turning chain and first HDC on the next row)

Row 1: > Half Double Crochet (HDC) in second chain (ch) from hook, HDC in the rest of the chs, ch 2, turn.

Row 2: < HDC in each stitch (st) across, ch 2, turn.

Row 3: > HDC in 10 sts, (change yarn color to Black - BK) 2 sts, (change yarn color to White - Wh)28 sts, ch 2, turn.

Row 4: < HDC in 27 sts, (BK) 4 sts, (WH) 9 sts, ch 2, turn.

Row 5: > HDC in 8 sts, (BK) 3 sts, (WH) 2 sts, (BK) 1 st, (WH) 9 sts, (BK) 5 sts, (WH) 12 sts, ch 2, turn.

Row 6: < HDC in 11 sts, (BK) 1 st, 9Wh) 5 sts, (BK) 2 sts, (WH) 7 sts, (BK) 1 st, (WH) 3 sts, (BK) 3 sts, (WH) 7 sts, ch 2, turn.

Row 7: > HDC in 7 sts, (BK) 3 sts, (WH) 3 sts, (BK) 2 sts, (WH) 5 sts, (BK) 1 st, (change yarn color to pink - PK) 1 st, (BK) 1 st, (WH) 6 sts, (BK0 1 st, (WH) 10 sts, ch 2, turn.

Row 8: < HDC in 10 sts, (BK) 1 st, (WH) 7 sts, (BK) 1 st, (PK) 1 st, (BK) 1 st, (WH) 4 sts, (BK) 3 sts, (WH) 3 sts, (BK) 3 sts, (WH) 6 sts, ch 2, turn.

Row 9: > HDC in 5 sts, (BK) 3 sts, (WH) 3 sts, (BK) 3 sts, (WH) 1 st, (BK) 1 st, (WH) 2 sts, (BK) 3 sts, (WH) 9 sts, (BK) 1 st, (WH) 9 sts, ch 2, turn.

Row 10: < HDC in 9 sts, (BK) 2 sts, (WH) 2 sts, (BK) 1 st, (WH) 2 sts, (BK) 1 st, (WH) 4 sts, (BK) 1 st, (WH) 1 st, (BK) 1 st, (WH) 3 sts, (BK) 3 sts, (WH) 3 sts, (BK) 2 sts, (WH) 5 sts, ch 2, turn.

Row 11: < HDC in 9 sts, (BK) 2 sts, (WH) 2 sts, (BK) 4 sts, (WH) 5 sts, (BK) 2 sts, (WH) 4 sts, (BK) 3 sts, (WH) 2 sts, (BK) 2 sts, (WH) 5 sts, ch 2, turn.

Row 12: > HDC in 4 sts, (BK) 2 sts, (WH) 2 sts, (BK) 3 sts, (WH) 3 sts, (BK) 2 sts, (WH) 4 sts, (BK) 1 st, (WH) 3 sts, (BK) 2 sts, (WH) 9 sts, ch 2, turn.

Row 13: < HDC in 10 sts, (BK) 1 st, (WH) 7 sts, (BK) 1 st, (W) 7 sts, (BK) 1 st, (WH) 2 sts, (BK) 3 sts, (WH) 2 sts, (BK) 2 sts, (WH) 4 sts, ch 2, turn.

Row 14: > HDC in 3 sts, (BK) 3 sts, (WH) 2 sts, (BK) 2 sts, (WH) 2 sts, (BK) 1 st, (WH) 9 sts, (BK) 1 st, (WH) 3 sts, (BK) 1 st, (WH) 1 st, (BK) 1 st, (WH) 11 sts, ch 2, turn.

Row 15: < HDC in 11 sts, (BK) 1 st, (WH) 2 sts, (BK) 3 sts, (WH) 10 sts, (BK) 1 st, (WH) 2 sts, (BK) 3 sts, (WH) 2 sts, (BK) 2 sts, (WH) 3 sts, ch 2, turn.

Row 16: > HDC in 3 sts, (BK) 2 sts, (WH) 2 sts, (BK) 3 sts, (WH) 1 st, (BK) 1 st, (WH) 17 sts, (BK) 1 st, (WH) 10 sts, ch 2, turn.

Row 17: < HDC in 9 sts, (BK) 1 st, (WH) 18 sts, (BK) 1 st, (WH) 2 sts, (BK) 2 sts, (WH) 2 sts, (BK) 2 sts, (WH) 3 sts, ch 2, turn.

Row 18: > HDC in 3 sts, (BK) 2 sts, (WH) 2 sts, (BK) 2 sts, (WH) 2 sts, (BK) 1 st, (WH) 18 sts, (BK) 1 st, (WH) 9 sts, ch 2, turn.

Row 19: < HDC in 8 sts, (BK) 1 st, (WH) 7 sts, (BK) 2 sts, (WH) 10 sts, (BK) 1 st, (WH) 2 sts, (BK) 2 sts, (WH) 2 sts, (BK) 2 sts, (WH) 3 sts, ch 2, turn.

Row 20: > HDC in 3 sts, (BK) 2 sts, (WH) 2 sts, (BK) 2 sts, (WH) 2 sts, (BK) 1 st, (WH) 9 sts, (BK) 4 sts, (WH) 7 sts, (BK) 1 st, (WH) 3 sts, (BK) 1 st, (WH) 3 sts, ch 2, turn.

Row 21: < HDC in 3 sts, (BK) 2 sts, (WH) 2 sts, (BK) 1 st, (WH) 7 sts, (BK) 1 st, (WH) 1 st, (BK) 2 sts, (WH) 8 sts, (BK) 1 st, (WH) 3 sts, (BK) 2 sts, (WH) 1 st, (BK) 3 sts, (WH) 3 sts, ch 2, turn.

Row 22: > HDC in 3 sts, (BK) 3 sts, (WH) 1 st, (BK) 2 sts, (WH) 3 sts, (BK) 1 st, (WH) 6 sts, (BK) 1 st, (WH) 2 sts, (BK) 2 sts, (WH) 5 sts, (BK) 2 sts, (WH) 1 st, (BK) 1 st, (WH) 1 st, (BK) 2 sts, (WH) 4 sts, ch 2, turn.

Row 23: < HDC in 4 sts, (BK) 2 sts, (WH) 1 st, (BK) 1 st, (WH) 1 st, (BK) 1 st, (WH) 9 sts, (BK) 1 st, (WH) 6 sts, (BK) 1 st, (WH) 4 sts, (BK) 6 sts, (WH) 3 sts, ch 2, turn.

Row 24: > HDC in 3 sts, (BK) 5 sts, (WH) 13 sts, (BK) 2 sts, (WH) 3 sts, (BK) 1 st, (WH) 3 sts, (BK) 6 sts, (WH) 4 sts, ch 2, turn.

Row 25: < HDC in 5 sts, (BK) 4 sts, (WH) 2 sts, (BK) 3 sts, (WH) 12 sts, (BK) 1 st, (WH) 4 sts, (BK) 5 sts, (WH) 4 sts, ch 2, turn.

Row 26: > HDC in 4 sts, (BK) 6 sts, (WH) 1 st, (BK) 2 sts, (WH) 11 sts, (BK) 1 st, (WH) 3 sts, (BK) 2 sts, (WH) 1 st, (BK) 4 sts, (WH) 1 st, (BK) 1 st, (WH) 3 sts, ch 2, turn.

Row 27: < HDC in 3 sts, (BK) 2 sts, (WH) 1 st, (BK) 5 sts, (WH) 2 sts, (BK) 2 sts, (WH) 8 sts, (BK) 1 st, (WH) 3 sts, (BK) 8 sts, (WH) 5 sts, ch 2, turn.

Row 28: > HDC in 5 sts, (BK) 7 sts, (WH) 2 sts, (BK) 2 sts, (WH) 10 sts, (BK) 2 sts, (WH) 1 st, (BK) 7 sts, (WH) 4 sts, ch 2, turn.

Row 29: < HDC in 5 sts, (BK) 8 sts, (WH) 4 sts, (BK) 1 st, (WH) 2 sts, (BK) 1 st, (WH) 3 sts, (BK) 10 sts, (WH) 6 sts, ch 2, turn.

Row 30: > HDC in 7 sts, (BK) 8 sts, (WH) 2 sts, (BK) 1 st, (WH) 1 st, (PK) 1 st, (BK) 1 st, (Wh) 1 st, (BK) 1 st, (WH) 4 sts, (BK) 7 sts, (WH) 6 sts, ch 2, turn.

Row 31: < HDC in 6 sts, (BK) 12 sts, (WH) 1 st, (PK) 1 st, (WH) 1 st, (BK) 1 st, (WH) 1 st, (BK) 8 sts, (WH) 8 sts, ch 2, turn.

Row 32: > HDC in 10 sts, (BK) 8 sts, (WH) 1 st, (PK) 1 st, (BK) 1 st, (WH) 1 st, (BK) 11 sts, (WH) 1 st, (BK) 1 st, (WH) 5 sts, ch 2, turn.

Row 33: < HDC in 5 sts, (BK) 1 st, (WH) 1 st, (PK) 1 st, (WH) 1 st, (BK) 1 st, (WH) 1 st, (BK) 7 sts, (WH) 2 sts, (BK) 1 st, (WH) 1 st, (BK) 6 sts, (WH) 12 sts, ch 2, turn.

Row 34: > HDC in 15 sts, (BK) 3 sts, (WH) 1 st, (BK) 1 st, (WH) 2 sts, (BK) 5 sts, (WH) 3 sts, (BK) 1 st, (WH) 3 sts, (BK) 1 st, (WH) 5 sts, ch 2, turn.

Row 35: < HDC in 6 sts, (BK) 3 sts, (WH) 8 sts, (BK) 1 st, (WH) 4 sts, (BK) 1 st, (WH) 17 sts, ch 2, turn.

Row 36: > HDC in 17 sts, (BK) 1 st, (WH) 4 sts, (BK) 1 st, (WH) 17 sts, ch 2, turn.

Row 37: < HDC in 18 sts, (BK) 1 st, (WH) 2 sts, (BK) 1 st, (WH) 18 sts, ch 2, turn.

Row 38: > HDC in 19 sts, (BK) 2 sts, (WH) 19 sts, ch 2, turn.

Row 39-41: HDC in each stitch across, ch 2, turn. On the end of the last row, tie off, and weave in any yarn ends

Zebra Square - Written Row by Row In Single Crochet or Tunisian Stitch

Chain 40 +1 with White Yarn (or background color of your choice) (WH) (the beginning of every row will start with White (or your color choice) and end with a chain 1, which is the turning chain)

Row 1: > Single Crochet (Sc) in second chain (ch) from hook, sc in the rest of the chs, ch 1, turn.

Row 2: < Sc in each stitch (st) across, ch 1, turn.

Row 3: > Sc in 10 sts, (change yarn color to Black - BK) 2 sts, (change yarn color to White - Wh)28 sts, ch 1, turn.

Row 4: < Sc in 27 sts, (BK) 4 sts, (WH) 9 sts, ch 1, turn.

Row 5: > Sc in 8 sts, (BK) 3 sts, (WH) 2 sts, (BK) 1 st, (WH) 9 sts, (BK) 5 sts, (WH) 12 sts, ch 1, turn.

Row 6: < Sc in 11 sts, (BK) 1 st, 9Wh) 5 sts, (BK) 2 sts, (WH) 7 sts, (BK) 1 st, (WH) 3 sts, (BK) 3 sts, (WH) 7 sts, ch 1, turn.

Row 7: > Sc in 7 sts, (BK) 3 sts, (WH) 3 sts, (BK) 2 sts, (WH) 5 sts, (BK) 1 st, (change yarn color to pink - PK) 1 st, (BK) 1 st, (WH) 6 sts, (BK0 1 st, (WH) 10 sts, ch 1, turn.

Row 8: < Sc in 10 sts, (BK) 1 st, (WH) 7 sts, (BK) 1 st, (PK) 1 st, (BK) 1 st, (WH) 4 sts, (BK) 3 sts, (WH) 3 sts, (BK) 3 sts, (WH) 6 sts, ch 1, turn.

Row 9: > Sc in 5 sts, (BK) 3 sts, (WH) 3 sts, (BK) 3 sts, (WH) 1 st, (BK) 1 st, (WH) 2 sts, (BK) 3 sts, (WH) 9 sts, (BK) 1 st, (WH) 9 sts, ch 1, turn.

Row 10: < Sc in 9 sts, (BK) 2 sts, (WH) 2 sts, (BK) 1 st, (WH) 2 sts, (BK) 1 st, (WH) 4 sts, (BK) 1 st, (WH) 1 st, (BK) 1 st, (WH) 3 sts, (BK) 3 sts, (WH) 3 sts, (BK) 2 sts, (WH) 5 sts, ch 1, turn.

Row 11: < Sc in 9 sts, (BK) 2 sts, (WH) 2 sts, (BK) 4 sts, (WH) 5 sts, (BK) 2 sts, (WH) 4 sts, (BK) 3 sts, (WH) 2 sts, (BK) 2 sts, (WH) 5 sts, ch 1, turn.

Row 12: > Sc in 4 sts, (BK) 2 sts, (WH) 2 sts, (BK) 3 sts, (WH) 3 sts, (BK) 2 sts, (WH) 4 sts, (BK) 1 st, (WH) 3 sts, (BK) 2 sts, (WH) 9 sts,

ch 1, turn.

Row 13: < Sc in 10 sts, (BK) 1 st, (WH) 7 sts, (BK) 1 st, (W) 7 sts, (BK) 1 st, (WH) 2 sts, (BK) 3 sts, (WH) 2 sts, (BK) 2 sts, (WH) 4 sts, ch 1, turn.

Row 14: > Sc in 3 sts, (BK) 3 sts, (WH) 2 sts, (BK) 2 sts, (WH) 2 sts, (BK) 1 st, (WH) 9 sts, (BK) 1 st, (WH) 3 sts, (BK) 1 st, (WH) 1 st, (BK) 1 st, (WH) 11 sts, ch 1, turn.

Row 15: < Sc in 11 sts, (BK) 1 st, (WH) 2 sts, (BK) 3 sts, (WH) 10 sts, (BK) 1 st, (WH) 2 sts, (BK) 3 sts, (WH) 2 sts, (BK) 2 sts, (WH) 3 sts, ch 1, turn.

Row 16: > Sc in 3 sts, (BK) 2 sts, (WH) 2 sts, (BK) 3 sts, (WH) 1 st, (BK) 1 st, (WH) 17 sts, (BK) 1 st, (WH) 10 sts, ch 1, turn.

Row 17: < Sc in 9 sts, (BK) 1 st, (WH) 18 sts, (BK) 1 st, (WH) 2 sts, (BK) 2 sts, (WH) 2 sts, (BK) 2 sts, (WH) 3 sts, ch 1, turn.

Row 18: > Sc in 3 sts, (BK) 2 sts, (WH) 2 sts, (BK) 2 sts, (WH) 2 sts, (BK) 1 st, (WH) 18 sts, (BK) 1 st, (WH) 9 sts, ch 1, turn.

Row 19: < Sc in 8 sts, (BK) 1 st, (WH) 7 sts, (BK) 2 sts, (WH) 10 sts, (BK) 1 st, (WH) 2 sts, (BK) 2 sts, (WH) 2 sts, (BK) 2 sts, (WH) 3 sts, ch 1, turn.

Row 20: > Sc in 3 sts, (BK) 2 sts, (WH) 2 sts, (BK) 2 sts, (WH) 2 sts, (BK) 1 st, (WH) 9 sts, (BK) 4 sts, (WH) 7 sts, (BK) 1 st, (WH) 3 sts, (BK) 1 st, (WH) 3 sts, ch 1, turn.

Row 21: < Sc in 3 sts, (BK) 2 sts, (WH) 2 sts, (BK) 1 st, (WH) 7 sts, (BK) 1 st, (WH) 1 st, (BK) 2 sts, (WH) 8 sts, (BK) 1 st, (WH) 3 sts, (BK) 2 sts, (WH) 1 st, (BK) 3 sts, (WH) 3 sts, ch 1, turn.

Row 22: > Sc in 3 sts, (BK) 3 sts, (WH) 1 st, (BK) 2 sts, (WH) 3 sts, (BK) 1 st, (WH) 6 sts, (BK) 1 st, (WH) 2 sts, (BK) 2 sts, (WH) 5 sts, (BK) 2 sts, (WH) 1 st, (BK) 1 st, (WH) 1 st, (BK) 2 sts, (WH) 4 sts, ch 1, turn.

Row 23: < Sc in 4 sts, (BK) 2 sts, (WH) 1 st, (BK) 1 st, (WH) 1 st, (BK) 1 st, (WH) 9 sts, (BK) 1 st, (WH) 6 sts, (BK) 1 st, (WH) 4 sts, (BK) 6 sts, (WH) 3 sts, ch 1, turn.

Row 24: > Sc in 3 sts, (BK) 5 sts, (WH) 13 sts, (BK) 2 sts, (WH) 3 sts, (BK) 1 st, (WH) 3 sts, (BK) 6 sts, (WH) 4 sts, ch 1, turn.

Row 25: < Sc in 5 sts, (BK) 4 sts, (WH) 2 sts, (BK) 3 sts, (WH) 12 sts, (BK) 1 st, (WH) 4 sts, (BK) 5 sts, (WH) 4 sts, ch 1, turn.

Row 26: > Sc in 4 sts, (BK) 6 sts, (WH) 1 st, (BK) 2 sts, (WH) 11 sts, (BK) 1 st, (WH) 3 sts, (BK) 2 sts, (WH) 1 st, (BK) 4 sts, (WH) 1 st, (BK) 1 st, (WH) 3 sts, ch 1, turn.

Row 27: < Sc in 3 sts, (BK) 2 sts, (WH) 1 st, (BK) 5 sts, (WH) 2 sts, (BK) 2 sts, (WH) 8 sts, (BK) 1 st, (WH) 3 sts, (BK) 8 sts, (WH) 5 sts, ch 1, turn.

Row 28: > Sc in 5 sts, (BK) 7 sts, (WH) 2 sts, (BK) 2 sts, (WH) 10 sts, (BK) 2 sts, (WH) 1 st, (BK) 7 sts, (WH) 4 sts, ch 1, turn.

Row 29: < Sc in 5 sts, (BK) 8 sts, (WH) 4 sts, (BK) 1 st, (WH) 2 sts, (BK) 1 st, (WH) 3 sts, (BK) 10 sts, (WH) 6 sts, ch 1, turn.

Row 30: > Sc in 7 sts, (BK) 8 sts, (WH) 2 sts, (BK) 1 st, (WH) 1 st, (PK) 1 st, (BK) 1 st, (Wh) 1 st, (BK) 1 st, (WH) 4 sts, (BK) 7 sts, (WH) 6 sts, ch 1, turn.

Row 31: < Sc in 6 sts, (BK) 12 sts, (WH) 1 st, (PK) 1 st, (WH) 1 st, (BK) 1 st, (WH) 1 st, (BK) 8 sts, (WH) 8 sts, ch 1, turn.

Row 32: > Sc in 10 sts, (BK) 8 sts, (WH) 1 st, (PK) 1 st, (BK) 1 st, (WH) 1 st, (BK) 11 sts, (WH) 1 st, (BK) 1 st, (WH) 5 sts, ch 1, turn.

Row 33: < Sc in 5 sts, (BK) 1 st, (WH) 1 st, (PK) 1 st, (WH) 1 st, (BK) 1 st, (WH) 1 st, (BK) 7 sts, (WH) 2 sts, (BK) 1 st, (WH) 1 st, (BK) 6 sts, (WH) 12 sts, ch 1, turn.

Row 34: > Sc in 15 sts, (BK) 3 sts, (WH) 1 st, (BK) 1 st, (WH) 2 sts, (BK) 5 sts, (WH) 3 sts, (BK) 1 st, (WH) 3 sts, (BK) 1 st, (WH) 5 sts, ch 1, turn.

Row 35: < Sc in 6 sts, (BK) 3 sts, (WH) 8 sts, (BK) 1 st, (WH) 4 sts, (BK) 1 st, (WH) 17 sts, ch 1, turn.

Row 36: > Sc in 17 sts, (BK) 1 st, (WH) 4 sts, (BK) 1 st, (WH) 17 sts, ch 1, turn.

Row 37: < Sc in 18 sts, (BK) 1 st, (WH) 2 sts, (BK) 1 st, (WH) 18 sts, ch 1, turn.

Row 38: > Sc in 19 sts, (BK) 2 sts, (WH) 19 sts, ch 1, turn.

Row 39-41: Sc in each stitch across, ch 1, turn. On the end of the last row, tie off, and weave in any yarn ends

Zebra LARGE Square - Written Row by Row In Double Crochet - (3 stitches per grid square)

Chain 120 +3 with White Yarn (or background color of your choice) (WH) (the beginning of every row will start with White (or your color choice) and end with a chain 3, which is the turning chain and the first stitch on the next row)

Row 1: > Double Crochet (Dc) in fourth chain (ch) from hook, Dc in the rest of the chs, ch 3, turn. (120 Dcs including the beginning chain 3)

Row 2: < Dc in each stitch (st) across, ch 3, turn.

Row 3: > Dc in 29 sts, (change yarn color to Black - BK) 6 sts, (change yarn color to White - Wh)74 sts, ch 3, turn.

Row 4: < Dc in 80 sts, (BK) 12 sts, (WH) 27 sts, ch 3, turn.

Row 5: > Dc in 23 sts, (BK) 39 sts, (WH) 5 sts, (BK) 3 sts, (WH) 27 sts, (BK) 15 sts, (WH) 36 sts, ch 3, turn.

Row 6: < Dc in 32 sts, (BK) 3 sts, 9Wh) 15 sts, (BK) 6 sts, (WH) 21 sts, (BK) 3 sts, (WH) 9 sts, (BK) 9 sts, (WH) 21 sts, ch 3, turn.

Row 7: > Dc in 20 sts, (BK) 9 sts, (WH) 9 sts, (BK) 6 sts, (WH) 15 sts, (BK) 3 sts, (change yarn color to pink - PK) 3 sts, (BK) 3 sts, (WH) 18 sts, (BK0 3 sts, (WH) 30 sts, ch 3, turn.

Row 8: < Dc in 29 sts, (BK) 3 sts, (WH) 21 sts, (BK) 3 sts, (PK) 3 sts, (BK) 3 sts, (WH) 12 sts, (BK) 9 sts, (WH) 9 sts, (BK) 9 sts, (WH) 18 sts, ch 3, turn.

Row 9: > Dc in 14 sts, (BK) 9 sts, (WH) 9 sts, (BK) 9 sts, (WH) 3 sts, (BK) 3 sts, (WH) 6 sts, (BK) 9 sts, (WH) 27 sts, (BK) 3 sts, (WH) 27 sts, ch 3, turn.

Row 10: < Dc in 26 sts, (BK) 6 sts, (WH) 6 sts, (BK) 3 sts, (WH) 6 sts, (BK) 3 sts, (WH) 12 sts, (BK) 3 sts, (WH) 3 sts, (BK) 3 sts, (WH) 9 sts, (BK) 9 sts, (WH) 9 sts, (BK) 6 sts, (WH) 15 sts, ch 3, turn.

Row 11: < Dc in 26 sts, (BK) 6 sts, (WH) 6 sts, (BK) 12 sts, (WH) 15 sts, (BK) 6 sts, (WH) 12 sts, (BK) 9 sts, (WH) 6 sts, (BK) 6 sts, (WH) 15 sts, ch 3, turn.

Row 12: > Dc in 12 sts, (BK) 6 sts, (WH) 6 sts, (BK) 9 sts, (WH) 9 sts, (BK) 6 sts, (WH) 12 sts, (BK) 3 sts, (WH) 9 sts, (BK) 6 sts, (WH) 27 sts, ch 3, turn.

Row 13: < Dc in 29 sts, (BK) 3 sts, (WH) 21 sts, (BK) 3 sts, (W) 21 sts, (BK) 3 sts, (WH) 6 sts, (BK) 9 sts, (WH) 6 sts, (BK) 6 sts, (WH) 12 sts, ch 3, turn.

Row 14: > Dc in 8 sts, (BK) 9 sts, (WH) 6 sts, (BK) 6 sts, (WH) 6 sts, (BK) 3 sts, (WH) 27 sts, (BK) 3 sts, (WH) 9 sts, (BK) 3 sts, (WH) 3 sts, (BK) 3 sts, (WH) 33 sts, ch 3, turn.

Row 15: < Dc in 32 sts, (BK) 3 sts, (WH) 6 sts, (BK) 9 sts, (WH) 30 sts, (BK) 3 sts, (WH) 6 sts, (BK) 9 sts, (WH) 6 sts, (BK) 6 sts, (WH) 9 sts, ch 3, turn.

Row 16: > Dc in 8 sts, (BK) 6 sts, (WH) 6 sts, (BK) 9 sts, (WH) 3 sts, (BK) 3 sts, (WH) 51 sts, (BK) 3 sts, (WH) 30 sts, ch 3, turn.

Row 17: < Dc in 26 sts, (BK) 3 sts, (WH) 54 sts, (BK) 3 sts, (WH) 6 sts, (BK) 6 sts, (WH) 6 sts, (BK) 6 sts, (WH) 9 sts, ch 3, turn.

Row 18: > Dc in 23 sts, (BK) 6 sts, (WH) 6 sts, (BK) 6 sts, (WH) 6 sts, (BK) 3 sts, (WH) 54 sts, (BK) 3 sts, (WH) 27 sts, ch 3, turn.

Row 19: < Dc in 23 sts, (BK) 3 sts, (WH) 21 sts, (BK) 6 sts, (WH) 30 sts, (BK) 3 sts, (WH) 6 sts, (BK) 6 sts, (WH) 6 sts, (BK) 6 sts, (WH) 9 sts, ch 3, turn.

Row 20: > Dc in 8 sts, (BK) 6 sts, (WH) 6 sts, (BK) 6 sts, (WH) 6 sts, (BK) 3 sts, (WH) 27 sts, (BK) 12 sts, (WH) 21 sts, (BK) 3 sts, (WH) 9 sts, (BK) 3 sts, (WH) 9 sts, ch 3, turn.

Row 21: < Dc in 8 sts, (BK) 6 sts, (WH) 6 sts, (BK) 3 sts, (WH) 21 sts, (BK) 3 sts, (WH) 3 sts, (BK) 6 sts, (WH) 24 sts, (BK) 3 sts, (WH) 9 sts, (BK) 6 sts, (WH) 3 sts, (BK) 9 sts, (WH) 9 sts, ch 3, turn.

Row 22: > Dc in 8 sts, (BK) 9 sts, (WH) 3 sts, (BK) 6 sts, (WH) 9 sts, (BK) 3 sts, (WH) 18 sts, (BK) 3 sts, (WH) 6 sts, (BK) 6 sts, (WH) 15 sts, (BK) 6 sts, (WH) 3 sts, (BK) 3 sts, (WH) 3 sts, (BK) 6 sts, (WH) 12 sts, ch 3, turn.

Row 23: < Dc in 12 sts, (BK) 6 sts, (WH) 3 sts, (BK) 3 sts, (WH) 3 sts, (BK) 3 sts, (WH) 27 sts, (BK) 3 sts, (WH) 18 sts, (BK) 3 sts,

(WH) 12 sts, (BK) 18 sts, (WH) 9 sts, ch 3, turn.

Row 24: > Dc in 9 sts, (BK) 15 sts, (WH) 39 sts, (BK) 6 sts, (WH) 9 sts, (BK) 3 sts, (WH) 9 sts, (BK) 18 sts, (WH) 12 sts, ch 3, turn.

Row 25: < Dc in 14 sts, (BK) 12 sts, (WH) 6 sts, (BK) 39 sts, (WH) 36 sts, (BK) 3 sts, (WH) 12 sts, (BK) 15 sts, (WH) 12 sts, ch 3, turn.

Row 26: > Dc in 11 sts, (BK) 18 sts, (WH) 3 sts, (BK) 6 sts, (WH) 33 sts, (BK) 3 sts, (WH) 9 sts, (BK) 6 sts, (WH) 3 sts, (BK) 12 sts, (WH) 3 sts, (BK) 3 sts, (WH) 9 sts, ch 3, turn.

Row 27: < Dc in 9 sts, (BK) 6 sts, (WH) 3 sts, (BK) 15 sts, (WH) 6 sts, (BK) 6 sts, (WH) 24 sts, (BK) 3 sts, (WH) 9 sts, (BK) 24 sts, (WH) 15 sts, ch 3, turn.

Row 28: > Dc in 14 sts, (BK) 21 sts, (WH) 6 sts, (BK) 6 sts, (WH) 29 sts, (BK) 6 sts, (WH) 3 sts, (BK) 21 sts, (WH) 12sts, ch 3, turn.

Row 29: < Dc in 15 sts, (BK) 24 sts, (WH) 12 sts, (BK) 3 sts, (WH) 6 sts, (BK) 3 sts, (WH) 9 sts, (BK) 30 sts, (WH) 18 sts, ch 3, turn.

Row 30: > Dc in 20 sts, (BK) 18 sts, (WH) 6 sts, (BK) 3 sts, (WH) 3 sts, (PK) 3 sts, (BK) 3 sts, (Wh) 3 sts, (BK) 3 sts, (WH) 12 sts, (BK) 21 sts, (WH) 18 sts, ch 3, turn.

Row 31: < Dc in 18 sts, (BK) 36 sts, (WH) 3 sts, (PK) 3 sts, (WH) 3 sts, (BK) 3 sts, (WH) 3 sts, (BK) 24 sts, (WH) 24 sts, ch 3, turn.

Row 32: > Dc in 29 sts, (BK) 24 sts, (WH) 3 sts, (PK) 3 sts, (BK) 3 sts, (WH) 3 sts, (BK) 33 sts, (WH) 3 sts, (BK) 3 sts, (WH) 15 sts, ch 3, turn.

Row 33: < Dc in 15 sts, (BK) 3 sts, (WH) 3 sts, (PK) 3 sts, (WH) 3 sts, (BK) 3 sts, (WH) 3 sts, (BK) 21 sts, (WH) 6 sts, (BK) 3 sts, (WH) 3 sts, (BK) 18 sts, (WH) 36 sts, ch 3, turn.

Row 34: > Dc in 44 sts, (BK) 9 sts, (WH) 3 sts, (BK) 3 sts, (WH) 6 sts, (BK) 15 sts, (WH) 9 sts, (BK) 3 sts, (WH) 9 sts, (BK) 3 sts, (WH) 15 sts, ch 3, turn.

Row 35: < Dc in 17 sts, (BK) 9 sts, (WH) 24 sts, (BK) 3 sts, (WH) 12 sts, (BK) 3 sts, (WH) 51 sts, ch 3, turn.

Row 36: > Dc in 50 sts, (BK) 3 sts, (WH) 12 sts, (BK) 3 sts, (WH) 51 sts, ch 3, turn.

Row 37: < Dc in 53 sts, (BK) 3 sts, (WH) 6 sts, (BK) 3 sts, (WH) 54 sts, ch 3, turn.

Row 38: > Dc in 57 sts, (BK) 6 sts, (WH) 57 sts, ch 3, turn.

Row 39-41: Dc in each stitch across, ch 3, turn. On the end of the last row, tie off, and weave in any yarn ends

Zebra - Full Design Chart

This Chart can be used for single crochet, tunisian st, or half double crochet with each square counting as one stitch, and can also be used for making a larger blanketsquare using 3 double crochet stitches for each square on the grid.
The color of the squares on the grid are the suggested colors for the yarn.

Zebra - Full Stitch Symbol Chart

Tunisian Stitch or Single Crochet Sitch
0 - chain X - Single Crochet Stitch
Color background of each stitch is suggested yarn color.

Start →

Chapter 16: Kitty Square Pattern

Large Double Crochet Finished With Border

Supplies Needed:
Your Favorite Worsted Weight Yarn

Approximate yards

WH - White – 250

BK - Black - 30

YW - Yellow - 230

GR - Green -15

DB - Dark Brown - 90

PK - Pink - 8

Tunisian Crochet Hook Size G with extension

Regular Crochet Hook Size G

Approximate Sizes:

10" wide by 10" length

Use Size 'G' Tunisian Crochet Hook (with extension)

for a Tunisian Crochet

'G' Hook for Single Crochet

To make the squares a bit bigger use Size 'I' Hook

and replace the single Crochet with Half Double Crochet or Double Crochet. The written row by row pattern is included for all three sizes.

The finished blanket can be made longer or wider by adding more rows on the top, bottom and sides equally. And/Or add a border.

Kitty Square - Written Row by Row In Half Double Crochet

Chain 40 +2 with White Yarn (or background color of your choice) (WH) (the beginning of every row will start with White (or your color choice) and end with a chain 2, which is the turning chain and first HDC in the next row)

Row 1: > Half Double Crochet (HDC) in third chain (ch) from hook, HDC in the rest of the chs, ch 2, turn.

Row 2: < HDC in each stitch (st) across, ch 2, turn.

Row 3: > HDC in each st across, ch 2, turn.

Row 4: < HDC in 13 sts, (change yarn color to Light Yellow - LW) 12 sts, (change yarn color to White- WH) 15 sts, ch 2, turn,

Row 5: > HDC in 13 sts, (LY) 16 sts, (WH) 11 sts, ch 2, turn.

Row 6: < HDC in 10 sts, (LY) 19 sts, (WH) 11 sts, ch 2, turn.

Row 7: > HDC in 9 sts, (LY) 11 sts, (change yarn color to Black - BK) 3 sts, (LY) 9 sts, (WH) 8 sts, ch 2, turn.

Row 8: < HDC in 7 sts, (LY) 9 sts, (BK) 1 st, (change color to Light Pink - LP) 3 sts, (BK) 1 st, (LY) 11 sts, (WH) 8 sts, ch 2, turn.

Row 9: > HDC in 7 sts, (LY) 5 sts, (BK) 1 st, (LY) 5 sts, (BK) 7 sts, (LY) 9 sts, (WH) 6 sts, ch 2, turn.

Row 10: < HDC in 5 sts, (LY) 4 sts, (BK) 1 sts, (LY) 4 sts, (BK) 1 st, (LY) 3 sts, (BK) 1 st, (LY) 3 sts, (BK) 1 st, (LY) 3 sts, (BK) 1 sts,(LY) 7 sts, (WH) 6 sts, ch 2, turn.

Row 11: > HDC in 5 sts, (change yarn color to Brown - BR) 4 sts, (LY) 5 sts, (BK) 1 st, (LY) 6 sts, (BK) 1 st, (LY) 7 sts, (BK) 1 st, (LY)6 sts, (WH) 4 sts, ch 2, turn.

Row 12: < HDC in 3 sts, (BR) 1 st, (LY) 7sts. (BK) 1 st, (LY) 6 sts, (BK) 1 st, (LY) 5 sts, (BK) 1 st, (LY) 5 sts, (BR) 6 sts, (WH) 4 sts, ch 2, turn.

Row 13: > HDC in 3 sts, (BR) 3 sts, (LY) 2 sts, (BR) 3 sts, (LY) 3 sts, (BK) 1 st, (LY) 5 sts, (BK) 3 sts, (LW) 4 sts, (BK) 1 st, (LY) 7 sts, (BR) 2 sts, (WH) 3 sts, ch 2, turn.

Row 14: < HDC in 3 sts, (BR) 3 sts, (LY) 5 sts, (BK) 1 st, (LY) 4 sts, (BK) 5 sts, (LY) 5 sts, (BK) 1 st, (LY) 2 sts, (BR) 2 sts, (LY) 4 sts, (BR) 2 sts, (WH) 3 sts, ch 2, turn.

Row 15: > HDC in 3 sts, (LY) 9 sts, (BK) 1 st, (LY) 7 sts, (BK) 3 sts, (LY) 6 sts, (BK) 1 st, (LY) 3 sts, (BR) 3 sts, (LY) 1 st, (WH) 3 sts, ch 2, turn.

Row 16: < HDC in 2 sts, (BR) 2 sts, (LY) 2 sts, (BK) 1 st, (LY) 3 sts, (GR) 3 sts, (LY) 6 sts, (GR) 3 sts, (LY) 12 sts, (WH) 3 sts, ch 2, turn.

Row 17: > HDC in 3 sts, (LY) 11 sts, (GR) 5 sts, ((LY) 4 sts, (GR) 5 sts, (LY) 4 sts, (BR) 2 sts, (LY) 3 sts, (WH) 3, ch 2, turn.

Row 18: < HDC in 3 sts, (LY) 4 sts, (BR) 1 st, (LY) 4 sts, (GR) 1 st, (WH) 1 st, (GR) 3 sts, (LY) 4 sts, (GR) 1 st, (WH) 1 sts, (GR) 3 sts, (LY) 5 sts, (BR) 4 sts, (LY) 2 sts, (WH) 3 sts, ch 2, turn.

Row 19: > HDC in 3 sts, (LY) 1 st, (BR) 6 sts, (LY) 5 sts, (GR) 3 sts, (LY) 6 sts, (GR) 3 sts, (LY) 8 sts, (BR) 2 sts, (WH) 3 sts, ch 2, turn.

Row 20: < HDC in 3 sts, (BR) 3sts, (LY) 5 sts, (BR) 1 st, (LY)14 sts, (BR) 1 st, (LY) 2 sts, (BR) 3 sts, (LY) 2 sts, (BR) 3 sts, (WH) 3 sts, ch 2, turn.

Row 21: > HDC in 3 sts, (BR) 2 sts, (LY) 4 sts, (BR) 2 sts, (LY) 3 sts, (BR) 1 st, (LY) 3 sts, (BR) 1 st, (LY) 4 sts, (BR) 1 st, (LY) 3 sts, (BR) 1 st, (LY) 5, (BR) 4 sts, (WH) 3 sts, ch 2, turn.

Row 22: < HDC in 3 sts, (BR) 2 sts, (LY) 5 sts, (BR) 3 sts, (LY) 6 sts, (BR) 3 sts, (LY) 11 sts, (BR) 1 st, (WH) 3 sts, ch 2, turn.

Row 23: > HDC in 3 sts, (LY) 28 sts, (BR) 2 sts, (LY) 4 sts, (WH) 3 sts, ch 2, turn.

Row 24: < HDC in 3 sts, (LY) 13 sts, (BR) 3 sts, (LY) 1 st, (BR) 3 sts, (LY) 14 sts, (WH) 3 sts, ch 2, turn.

Row 25: > HDC in 3 sts, (LY) 15 sts, (BR) 3 sts, (LY) 1 st, (BR) 3 sts, (LY) 12 sts, (WH) 3 sts, ch 2, turn.

Row 26: < HDC in 4 sts, (BR) 1 st, (LY) 10 sts, (BR) 2 sts, (LY) 2 sts, (BR) 2 sts, (LY) 12 sts, (BR) 1 st, (LY) 3 sts, (WH) 3 sts, ch 2, turn.

Row 27: > HDC in 4 sts, (BR) 1 st, (LY) 2 sts, (BR) 1 st, (LY) 5 sts, (change to light pink- LP) 1 st, (BR) 1 st, (LY) 4 sts, (BR) 2 sts, (LY) 2 sts, (BR) 2 sts, (LY) 8 sts, (BR) 1 st, (LY) 1 st, (BR) 1 st, (WH) 4 sts, ch 2, turn.

Row 28: < HDC in 4 sts, (BR) 1 st, (LY) 2 sts, (BR) 1 st, (LP) 1 st, (LY) 6 sts, (BR) 3 sts, (LY) 2 sts, (BR) 2 sts, (LY) 3 sts, (BR) 1 st, (LP) 2 sts, (LY) 4 sts,

(BR) 1 st, (LY) 2 sts, (BR) 1 st, (WH) 4 sts, ch 2, turn.

Row 29: > HDC in 4 sts, (BR) 1 st, (LY) 3 sts, (BR) 1 st, (LP) 1 st, (LY) 2 st, (LP) 1 st, (BR) 1 st, (LY) 3 sts, (BR) 2 sts, (LY) 2 sts, (BR) 3 sts, (LY) 6 sts, (LP) 2 sts, (BR) 1 st, (LY) 2 sts, (BR) 1 sts, (WH) 4 sts, ch 2, turn.

Row 30: < HDC in 4 sts, (BR) 1 st, (LY) 2 sts, (BR) 1 st, (LP) 2 sts, (LY) 1 st, (LP) 1 st, (BR) 1 st, (LY) 4 sts, (BR) 7 sts, (LY) 3 sts, (BR) 1 st, (LP) 1 st, (LY) 1 st, (LP) 1 st, (BR) 1 st, (LY) 3 sts, (BR) 1 st, (WH) 4 sts, ch 2, turn.

Row 31: > HDC in 4 sts, (BR) 2 sts, (LY) 2 sts, (BR) 1 st, (LP) 3 sts, (BR) 1 st, (LY) 2 sts, (BR) 1 st, (WH) 8 sts, (BR) 1 st, (LY) 2 sts, (BR) 1 st, (LP) 3 sts, (BR) 1 st, (LY) 3 sts, (BR) 1 st, (WH) 4 sts, ch 2, turn.

Row 32: < HDC in 5 sts, (BR) 1 st, (LY) 2 sts, (BR) 1 st, (LP) 2 sts, (BR) 1 st, (LY) 2 sts, (BR) 1 st, (WH) 10 sts, (BR) 1 st, (LY) 2 sts, (BR) 1 st, (LP) 1 st, (BR) 1 st, (LY) 3 sts, (BR) 1 st, (WH) 5 sts, ch 2, turn.

Row 33: > HDC in 5 sts, (BR) 1 st, (LY) 3 sts, (BR) 2 sts, (LY) 2 sts, (BR) 1 st, (WH) 12 sts, (BR) 1 st, (LY) 2 sts, (BR) 1 st, (LP) 1 st, (BR) 1 st, (LY) 2 sts, (BR) 1 st, (WH) 5 sts, ch 2, turn.

Row 34: < HDC in 6 sts, (BR) 1 st, (LY) 1 st, (BR) 2 sts, (LY) 2 sts, (BR) 1 st, (WH) 14 sts, (BR) 1 st, (LY) 5 sts, (BR) 1 st, (WH) 6 sts, ch 2, turn.

Row 35: > HDC in 6 sts, (BR) 1 st, (LY) 5 sts, (BR) 1 st, (WH) 15 sts, (BR) 1 st, (LY) 4 sts, (BR) 1 st, (WH) 6 sts, ch 2, turn.

Row 36: < HDC in 6 sts, (BR) 1 sts, (LY) 3 sts, (BR) 1 st, (WH) 17 sts, (BR) 1 st, (LY) 3 sts, (BR) 1 st, (WH) 7 sts, ch 2, turn.

Row 37: > HDC in 7 sts, (BR) 1 st, (LY) 2 sts, (BR) 1 st, (WH) 19 sts, (BR) 1 st, (LY) 2 sts, (BR) 1 st, (WH) 6 sts, ch 2, turn.

Row 38: < HDC in 7 sts, (BR) 2 sts, (WH) 21 sts, (BR) 2 sts, (WH) 8 sts, ch 2, turn.

Row 39-41: HDC in each stitch across, ch 2, turn. On the end of the last row, tie off, and weave in any yarn ends

Kitty Square - Written Row by Row In Single Crochet or Tunisian Stitch

Chain 40 +1 with White Yarn (or background color of your choice) (WH) (the beginning of every row will start with White (or your color choice) and end with a chain 1, which is the turning chain)

Row 1: > Single Crochet (Sc) in second chain (ch) from hook, sc in the rest of the chs, ch 1, turn.

Row 2: < Sc in each stitch (st) across, ch 1, turn.

Row 3: > Sc in each st across, ch 1, turn.

Row 4: < Sc in 13 sts, (change yarn color to Light Yellow - LW) 12 sts, (change yarn color to White- WH) 15 sts, ch 1, turn,

Row 5: > Sc in 13 sts, (LY) 16 sts, (WH) 11 sts, ch 1, turn.

Row 6: < Sc in 10 sts, (LY) 19 sts, (WH) 11 sts, ch 1, turn.

Row 7: > Sc in 9 sts, (LY) 11 sts, (change yarn color to Black - BK) 3 sts, (LY) 9 sts, (WH) 8 sts, ch 1, turn.

Row 8: < Sc in 7 sts, (LY) 9 sts, (BK) 1 st, (change color to Light Pink - LP) 3 sts, (BK) 1 st, (LY) 11 sts, (WH) 8 sts, ch 1, turn.

Row 9: > Sc in 7 sts, (LY) 5 sts, (BK) 1 st, (LY) 5 sts, (BK) 7 sts, (LY) 9 sts, (WH) 6 sts, ch 1, turn.

Row 10: < Sc in 5 sts, (LY) 4 sts, (BK) 1 sts, (LY) 4 sts, (BK) 1 st, (LY) 3 sts, (BK) 1 st, (LY) 3 sts, (BK) 1 st, (LY) 3 sts, (BK) 1 sts,(LY) 7 sts, (WH) 6 sts, ch 1, turn.

Row 11: > Sc in 5 sts, (change yarn color to Brown - BR) 4 sts, (LY) 5 sts, (BK) 1 st, (LY) 6 sts, (BK) 1 st, (LY) 7 sts, (BK) 1 st, (LY)6 sts, (WH) 4 sts, ch 1, turn.

Row 12: < Sc in 3 sts, (BR) 1 st, (LY) 7sts. (BK) 1 st, (LY) 6 sts, (BK) 1 st, (LY) 5 sts, (BK) 1 st, (LY) 5 sts, (BR) 6 sts, (WH) 4 sts, ch 1, turn.

Row 13: > Sc in 3 sts, (BR) 3 sts, (LY) 2 sts, (BR) 3 sts, (LY) 3 sts, (BK) 1 st, (LY) 5 sts, (BK) 3 sts, (LW) 4 sts, (BK) 1 st, (LY) 7 sts, (BR) 2 sts, (WH) 3 sts, ch 1, turn.

Row 14: < Sc in 3 sts, (BR) 3 sts, (LY) 5 sts, (BK) 1 st, (LY) 4 sts, (BK) 5 sts, (LY) 5 sts, (BK) 1 st, (LY) 2 sts, (BR) 2 sts, (LY) 4 sts, (BR) 2 sts, (WH) 3 sts, ch 1, turn.

Row 15: > Sc in 3 sts, (LY) 9 sts, (BK) 1 st, (LY) 7 sts, (BK) 3 sts, (LY) 6 sts, (BK) 1 st, (LY) 3 sts, (BR) 3 sts, (LY) 1 st, (WH) 3 sts, ch 1, turn.

Row 16: < Sc in 2 sts, (BR) 2 sts, (LY) 2 sts, (BK) 1 st, (LY) 3 sts, (GR) 3 sts, (LY) 6 sts, (GR) 3 sts, (LY) 12 sts, (WH) 3 sts, ch 1, turn.

Row 17: > Sc in 3 sts, (LY) 11 sts, (GR) 5 sts, ((LY) 4 sts, (GR) 5 sts, (LY) 4 sts, (BR) 2 sts, (LY) 3 sts, (WH) 3, ch 1, turn.

Row 18: < Sc in 3 sts, (LY) 4 sts, (BR) 1 st, (LY) 4 sts, (GR) 1 st, (WH) 1 st, (GR) 3 sts, (LY) 4 sts, (GR) 1 st, (WH) 1 sts, (GR) 3 sts, (LY) 5 sts, (BR) 4 sts, (LY) 2 sts, (WH) 3 sts, ch 1, turn.

Row 19: > Sc in 3 sts, (LY) 1 st, (BR) 6 sts, (LY) 5 sts, (GR) 3 sts, (LY) 6 sts, (GR) 3 sts, (LY) 8 sts, (BR) 2 sts, (WH) 3 sts, ch 1, turn.

Row 20: < Sc in 3 sts, (BR) 3sts, (LY) 5 sts, (BR) 1 st, (LY)14 sts, (BR) 1 st, (LY) 2 sts, (BR) 3 sts, (LY) 2 sts, (BR) 3 sts, (WH) 3 sts, ch 1, turn.

Row 21: > Sc in 3 sts, (BR) 2 sts, (LY) 4 sts, (BR) 2 sts, (LY) 3 sts, (BR) 1 st, (LY) 3 sts, (BR) 1 st, (LY) 4 sts, (BR) 1 st, (LY) 3 sts, (BR) 1 st, (LY) 5, (BR) 4 sts, (WH) 3 sts, ch 1, turn.

Row 22: < Sc in 3 sts, (BR) 2 sts, (LY) 5 sts, (BR) 3 sts, (LY) 6 sts, (BR) 3 sts, (LY) 11 sts, (BR) 1 st, (WH) 3 sts, ch 1, turn.

Row 23: > Sc in 3 sts, (LY) 28 sts, (BR) 2 sts, (LY) 4 sts, (WH) 3 sts, ch 1, turn.

Row 24: < Sc in 3 sts, (LY) 13 sts, (BR) 3 sts, (LY) 1 st, (BR) 3 sts, (LY) 14 sts, (WH) 3 sts, ch 1, turn.

Row 25: > Sc in 3 sts, (LY) 15 sts, (BR) 3 sts, (LY) 1 st, (BR) 3 sts, (LY) 12 sts, (WH) 3 sts, ch 1, turn.

Row 26: < Sc in 4 sts, (BR) 1 st, (LY) 10 sts, (BR) 2 sts, (LY) 2 sts, (BR) 2 sts, (LY) 12 sts, (BR) 1 st, (LY) 3 sts, (WH) 3 sts, ch 1, turn.

Row 27: > Sc in 4 sts, (BR) 1 st, (LY) 2 sts, (BR) 1 st, (LY) 5 sts, (change to light pink- LP) 1 st, (BR) 1 st, (LY) 4 sts, (BR) 2 sts, (LY) 2 sts, (BR) 2 sts, (LY) 8 sts, (BR) 1 st, (LY) 1 st, (BR) 1 st, (WH) 4 sts, ch 1, turn.

Row 28: < Sc in 4 sts, (BR) 1 st, (LY) 2 sts, (BR) 1 st, (LP) 1 st, (LY) 6 sts, (BR) 3 sts, (LY) 2 sts, (BR) 2 sts, (LY) 3 sts, (BR) 1 st, (LP) 2 sts, (LY) 4 sts,

(BR) 1 st, (LY) 2 sts, (BR) 1 st, (WH) 4 sts, ch 1, turn.

Row 29: > Sc in 4 sts, (BR) 1 st, (LY) 3 sts, (BR) 1 st, (LP) 1 st, (LY) 2 st, (LP) 1 st, (BR) 1 st, (LY) 3 sts, (BR) 2 sts, (LY) 2 sts, (BR) 3 sts, (LY) 6 sts, (LP) 2 sts, (BR) 1 st, (LY) 2 sts, (BR) 1 sts, (WH) 4 sts, ch 1, turn.

Row 30: < Sc in 4 sts, (BR) 1 st, (LY) 2 sts, (BR) 1 st, (LP) 2 sts, (LY) 1 st, (LP) 1 st, (BR) 1 st, (LY) 4 sts, (BR) 7 sts, (LY) 3 sts, (BR) 1 st, (LP) 1 st, (LY) 1 st, (LP) 1 st, (BR) 1 st, (LY) 3 sts, (BR) 1 st, (WH) 4 sts, ch 1, turn.

Row 31: > Sc in 4 sts, (BR) 2 sts, (LY) 2 sts, (BR) 1 st, (LP) 3 sts, (BR) 1 st, (LY) 2 sts, (BR) 1 st, (WH) 8 sts, (BR) 1 st, (LY) 2 sts, (BR) 1 st, (LP) 3 sts, (BR) 1 st, (LY) 3 sts, (BR) 1 st, (WH) 4 sts, ch 1, turn.

Row 32: < Sc in 5 sts, (BR) 1 st, (LY) 2 sts, (BR) 1 st, (LP) 2 sts, (BR) 1 st, (LY) 2 sts, (BR) 1 st, (WH) 10 sts, (BR) 1 st, (LY) 2 sts, (BR) 1 st, (LP) 1 st, (BR) 1 st, (LY) 3 sts, (BR) 1 st, (WH) 5 sts, ch 1, turn.

Row 33: > Sc in 5 sts, (BR) 1 st, (LY) 3 sts, (BR) 2 sts, (LY) 2 sts, (BR) 1 st, (WH) 12 sts, (BR) 1 st, (LY) 2 sts, (BR) 1 st, (LP) 1 st, (BR) 1 st, (LY) 2 sts, (BR) 1 st, (WH) 5 sts, ch 1, turn.

Row 34: < Sc in 6 sts, (BR) 1 st, (LY) 1 st, (BR) 2 sts, (LY) 2 sts, (BR) 1 st, (WH) 14 sts, (BR) 1 st, (LY) 5 sts, (BR) 1 st, (WH) 6 sts, ch 1, turn.

Row 35: > Sc in 6 sts, (BR) 1 st, (LY) 5 sts, (BR) 1 st, (WH) 15 sts, (BR) 1 st, (LY) 4 sts, (BR) 1 st, (WH) 6 sts, ch 1, turn.

Row 36: < Sc in 6 sts, (BR) 1 sts, (LY) 3 sts, (BR) 1 st, (WH) 17 sts, (BR) 1 st, (LY) 3 sts, (BR) 1 st, (WH) 7 sts, ch 1, turn.

Row 37: > Sc in 7 sts, (BR) 1 st, (LY) 2 sts, (BR) 1 st, (WH) 19 sts, (BR) 1 st, (LY) 2 sts, (BR) 1 st, (WH) 6 sts, ch 1, turn.

Row 38: < Sc in 7 sts, (BR) 2 sts, (WH) 21 sts, (BR) 2 sts, (WH) 8 sts, ch 1, turn.

Row 39-41: Sc in each stitch across, ch 1, turn. On the end of the last row, tie off, and weave in any yarn ends

Kitty LARGE Square - Written Row by Row In Double Crochet - (3 stitches per grid square)

Chain 120 +3 with White Yarn (or background color of your choice) (WH) (the beginning of every row will start with White (or your color choice) and end with a chain 3, which is the turning chain and it is the first stitch on the next row)

Row 1: > Double Crochet (Dc) in fourth chain (ch) from hook, Dc in the rest of the chs, ch 3, turn. (120 Dcs including the beginning chain 3)

Row 2: < Dc in each stitch (st) across, ch 3, turn.

Row 3: > Dc in each st across, ch 3, turn.

Row 4: < Dc in 38 sts, (change yarn color to Light Yellow - LW) 36 sts, (change yarn color to White- WH) 45 sts, ch 3, turn,

Row 5: > Dc in 38 sts, (LY) 48 sts, (WH) 33 sts, ch 3, turn.

Row 6: < Dc in 29 sts, (LY) 57 sts, (WH) 33 sts, ch 3, turn.

Row 7: > Dc in 26 sts, (LY) 33 sts, (change yarn color to Black - BK) 9 sts, (LY) 27 sts, (WH) 24 sts, ch 3, turn.

Row 8: < Dc in 26 sts, (LY) 27 sts, (BK) 3 sts, (change color to Light Pink - LP) 9 sts, (BK) 3 sts, (LY) 33 sts, (WH) 24 sts, ch 3, turn.

Row 9: > Dc in 20 sts, (LY) 15 sts, (BK) 3 sts, (LY) 15 sts, (BK) 21 sts, (LY) 27 sts, (WH) 18 sts, ch 3, turn.

Row 10: < Dc in 14 sts, (LY) 12 sts, (BK) 3 sts, (LY) 12 sts, (BK) 3 sts, (LY) 9 sts, (BK) 3 sts, (LY) 9 sts, (BK) 3 sts, (LY) 9 sts, (BK) 3 sts,(LY) 21 sts, (WH) 18 sts, ch 3, turn.

Row 11: > Dc in 14 sts, (change yarn color to Brown - BR) 12 sts, (LY) 15 sts, (BK) 3 sts, (LY) 18 sts, (BK) 3 sts, (LY) 21 sts, (BK) 3 sts, (LY) 18 sts, (WH) 12 sts, ch 3, turn.

Row 12: < Dc in 8 sts, (BR) 3 sts, (LY) 21sts. (BK) 3 sts, (LY) 18 sts, (BK) 3 sts, (LY) 15 sts, (BK) 3 sts, (LY) 15 sts, (BR) 18 sts, (WH) 12 sts, ch 3, turn.

Row 13: > Dc in 8 sts, (BR) 9 sts, (LY) 6 sts, (BR) 9 sts, (LY) 9 sts, (BK) 3 sts, (LY) 15 sts, (BK) 9 sts, (LW) 12 sts, (BK) 3 sts, (LY) 21

sts, (BR) 6 sts, (WH) 9 sts, ch 3, turn.

Row 14: < Dc in 8 sts, (BR) 9 sts, (LY) 15 sts, (BK) 3 sts, (LY) 12 sts, (BK) 15 sts, (LY) 15 sts, (BK) 3 sts, (LY) 6 sts, (BR) 6 sts, (LY) 12 sts, (BR) 6 sts, (WH) 9 sts, ch 3, turn.

Row 15: > Dc in 8 sts, (LY) 27 sts, (BK) 3 sts, (LY) 21 sts, (BK) 9 sts, (LY) 18 sts, (BK) 3 sts, (LY) 9 sts, (BR) 9 sts, (LY) 3 sts, (WH) 9 sts, ch 3, turn.

Row 16: < Dc in 6 sts, (BR) 6 sts, (LY) 6 sts, (BK) 3 sts, (LY) 9 sts, (GR) 9 sts, (LY) 18 sts, (GR) 9 sts, (LY) 36 sts, (WH) 9 sts, ch 3, turn.

Row 17: > Dc in 8 sts, (LY) 33 sts, (GR) 15 sts, (LY) 12 sts, (GR) 15 sts, (LY) 12 sts, (BR) 6 sts, (LY) 9 sts, (WH) 9, ch 3, turn.

Row 18: < Dc in 8 sts, (LY) 12 sts, (BR) 3 sts, (LY) 12 sts, (GR) 3 sts, (WH) 3 sts, (GR) 9 sts, (LY) 12 sts, (GR) 3 sts, (WH) 3 sts, (GR) 9 sts, (LY) 15 sts, (BR) 12 sts, (LY) 6 sts, (WH) 9 sts, ch 3, turn.

Row 19: > Dc in 8 sts, (LY) 3 sts, (BR) 18 sts, (LY) 15 sts, (GR) 9 sts, (LY) 18 sts, (GR) 9 sts, (LY) 24 sts, (BR) 6 sts, (WH) 9 sts, ch 3, turn.

Row 20: < Dc in 8 sts, (BR) 9 sts, (LY) 15 sts, (BR) 3 sts, (LY) 42 sts, (BR) 3 sts, (LY) 6 sts, (BR) 9 sts, (LY) 6 sts, (BR) 9 sts, (WH) 9 sts, ch 3, turn.

Row 21: > Dc in 8 sts, (BR) 6 sts, (LY) 12 sts, (BR) 6 sts, (LY) 9 sts, (BR) 3 sts, (LY) 9 sts, (BR) 3 sts, (LY) 12 sts, (BR) 3 sts, (LY) 9 sts, (BR) 3 sts, (LY) 15, (BR) 12 sts, (WH) 9 sts, ch 3, turn.

Row 22: < Dc in 8 sts, (BR) 6 sts, (LY) 15 sts, (BR) 9 sts, (LY) 18 sts, (BR) 9 sts, (LY) 33 sts, (BR) 3 sts, (WH) 9 sts, ch 3, turn.

Row 23: > Dc in 8 sts, (LY) 84 sts, (BR) 6 sts, (LY) 12 sts, (WH) 9 sts, ch 3, turn.

Row 24: < Dc in 8 sts, (LY) 39 sts, (BR) 9 sts, (LY) 3 sts, (BR) 9 sts, (LY) 42 sts, (WH) 9 sts, ch 3, turn.

Row 25: > Dc in 8 sts, (LY) 45 sts, (BR) 9 sts, (LY) 3 sts, (BR) 9 sts, (LY) 36 sts, (WH) 9 sts, ch 3, turn.

Row 26: < Dc in 11 sts, (BR) 3 sts, (LY) 30 sts, (BR) 6 sts, (LY) 6 sts, (BR) 6 sts, (LY) 36 sts, (BR) 3 sts, (LY) 9 sts, (WH) 9 sts, ch 3, turn.

Row 27: > Dc in 11 sts, (BR) 3 sts, (LY) 6 sts, (BR) 3 sts, (LY) 15 sts, (change to light pink- LP) 3 sts, (BR) 3 sts, (LY) 12 sts, (BR) 6 sts, (LY) 6 sts, (BR) 6 sts, (LY) 24 sts, (BR) 3 sts, (LY) 3 sts, (BR) 3 sts, (WH) 12 sts, ch 3, turn.

Row 28: < Dc in 12 sts, (BR) 3 sts, (LY) 6 sts, (BR) 3 sts, (LP) 3 sts, (LY) 18 sts, (BR) 9 sts, (LY) 6 sts, (BR) 6 sts, (LY) 9 sts, (BR) 3 sts, (LP) 6 sts, (LY) 12 sts, (BR) 3 sts, (LY) 6 sts, (BR) 3 sts, (WH) 12 sts, ch 3, turn.

Row 29: > Dc in 11 sts, (BR) 3 sts, (LY) 9 sts, (BR) 3 sts, (LP) 3 sts, (LY) 6 sts, (LP) 3 sts, (BR) 3 sts, (LY) 9 sts, (BR) 6 sts, (LY) 6 sts, (BR) 9 sts, (LY) 18 sts, (LP) 6 sts, (BR) 3 sts, (LY) 6 sts, (BR) 3 sts, (WH) 12 sts, ch 3, turn.

Row 30: < Dc in 11 sts, (BR) 3 sts, (LY) 6 sts, (BR) 3 sts, (LP) 6 sts, (LY) 3 sts, (LP) 3 sts, (BR) 3 sts, (LY) 12 sts, (BR) 21 sts, (LY) 9 sts, (BR) 3 sts, (LP) 3 sts, (LY) 3 sts, (LP) 3 sts, (BR) 3 sts, (LY) 9 sts, (BR) 3 sts, (WH) 12 sts, ch 3, turn.

Row 31: > Dc in 12 sts, (BR) 6 sts, (LY) 6 sts, (BR) 3 sts, (LP) 9 sts, (BR) 3 sts, (LY) 6 sts, (BR) 3 sts, (WH) 24 sts, (BR) 3 sts, (LY) 6 sts, (BR) 3 sts, (LP) 9 sts, (BR) 3 sts, (LY) 9 sts, (BR) 3 sts, (WH) 12 sts, ch 3, turn.

Row 32: < Dc in 14 sts, (BR) 3 sts, (LY) 6 sts, (BR) 3 sts, (LP) 6 sts, (BR) 3 sts, (LY) 26 sts, (BR) 3 sts, (WH) 30 sts, (BR) 3 sts, (LY) 6 sts, (BR) 3 sts, (LP) 3 sts, (BR) 3 sts, (LY) 9 sts, (BR) 3 sts, (WH) 15 sts, ch 3, turn.

Row 33: > Dc in 14 sts, (BR) 3 sts, (LY) 9 sts, (BR) 6 sts, (LY) 6 sts, (BR) 3 sts, (WH) 36 sts, (BR) 3 sts, (LY) 6 sts, (BR) 3 sts, (LP) 3 sts, (BR) 3 sts, (LY) 6 sts, (BR) 3 sts, (WH) 15 sts, ch 3, turn.

Row 34: < Dc in 17 sts, (BR) 3 sts, (LY) 3 sts, (BR) 6 sts, (LY) 6 sts, (BR) 3 sts, (WH) 42 sts, (BR) 3 sts, (LY) 15 sts, (BR) 3 sts, (WH) 18 sts, ch 3, turn.

Row 35: > Dc in 17 sts, (BR) 3 sts, (LY) 15 sts, (BR) 3 sts, (WH) 45 sts, (BR) 3 sts, (LY) 12 sts, (BR) 3 sts, (WH) 18 sts, ch 3, turn.

Row 36: < Dc in 17 sts, (BR) 3 sts, (LY) 9 sts, (BR) 3 sts, (WH) 51 sts, (BR) 3 sts, (LY) 9 sts, (BR) 3 sts, (WH) 21 sts, ch 3, turn.

Row 37: > Dc in 20 sts, (BR) 3 sts, (LY) 6 sts, (BR) 3 sts, (WH) 57 sts, (BR) 3 sts, (LY) 6 sts, (BR) 3 sts, (WH) 18 sts, ch 3, turn.

Row 38: < Dc in 20 sts, (BR) 6 sts, (WH) 63 sts, (BR) 4 sts, (WH) 24 sts, ch 3, turn.

Row 39-41: Dc in each stitch across, ch 3, turn. On the end of the last row, tie off, and weave in any yarn ends

Kitty - Full Design Chart

This Chart can be used for single crochet, tunisian st, or half double crochet with each square counting as one stitch, and can also be used for making a larger blanketsquare using 3 double crochet stitches for each square on the grid.
The color of the squares on the grid are the suggested colors for the yarn.

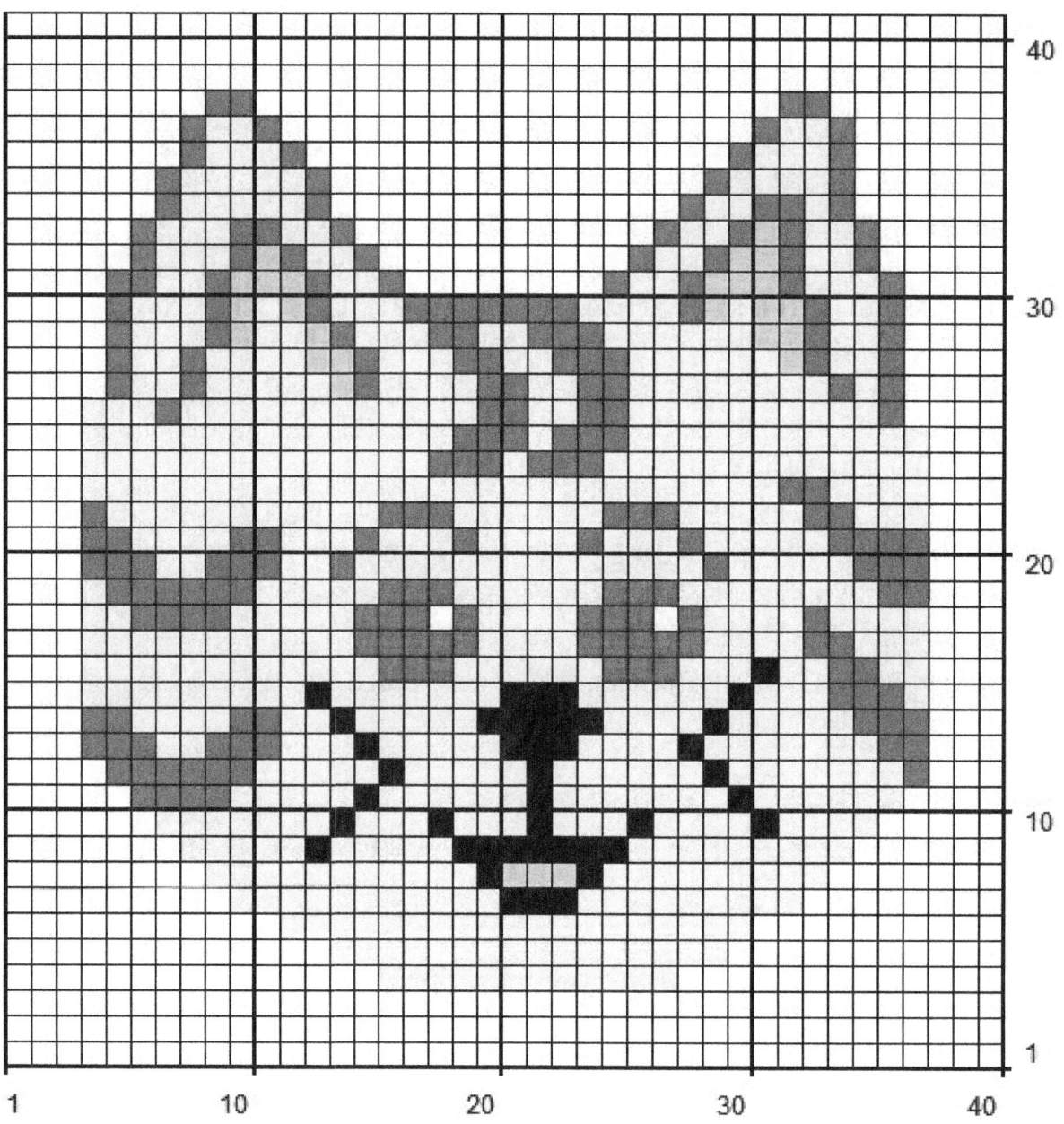

Kitty - Full Stitch Symbol Chart

Tunisian Stitch or Single Crochet Sitch
0 - chain   X - Single Crochet Stitch
Color background of each stitch is suggested yarn color.

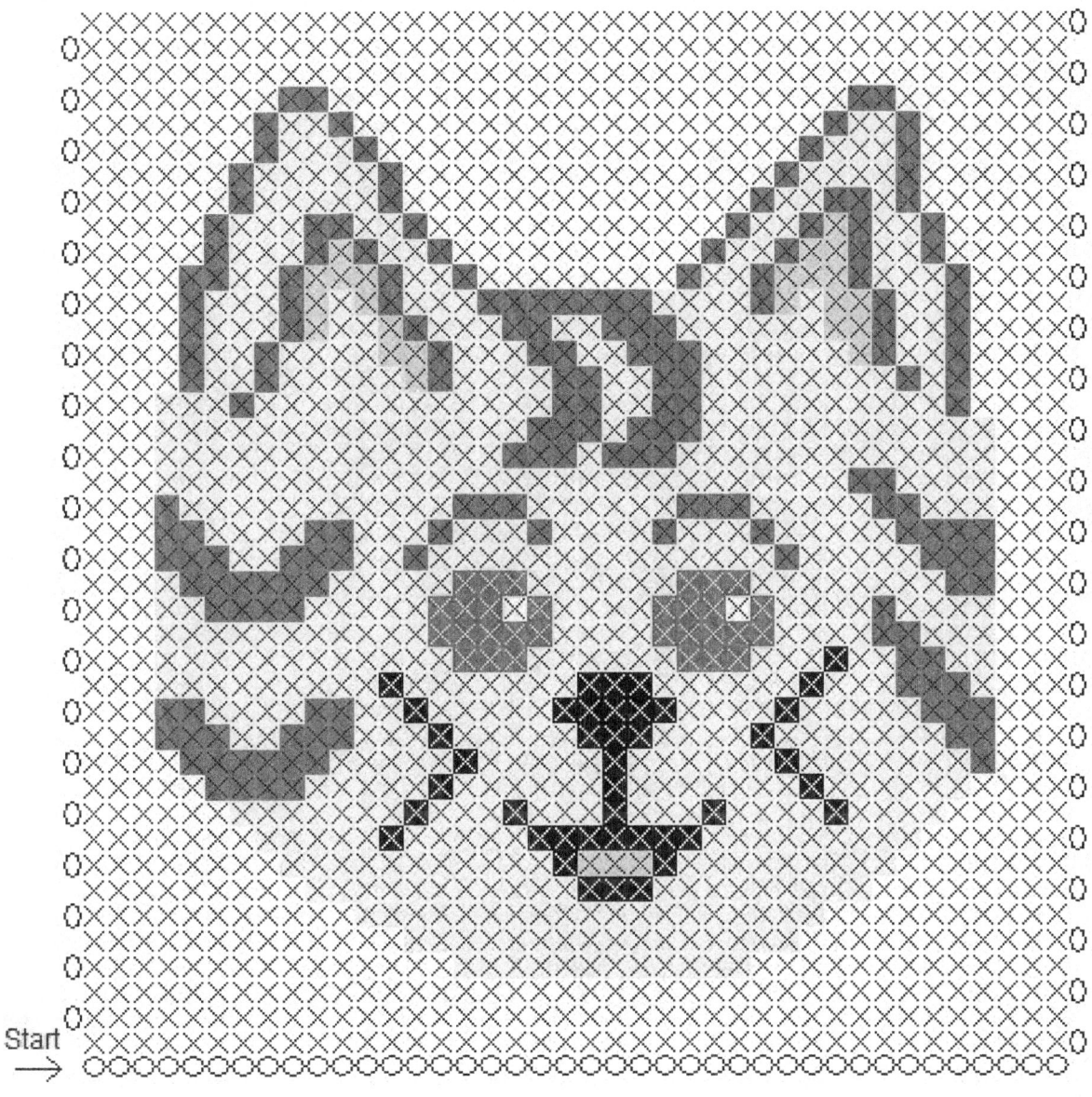

Chapter 17: Piggy Square Pattern

Large Double Crochet Finished With Border

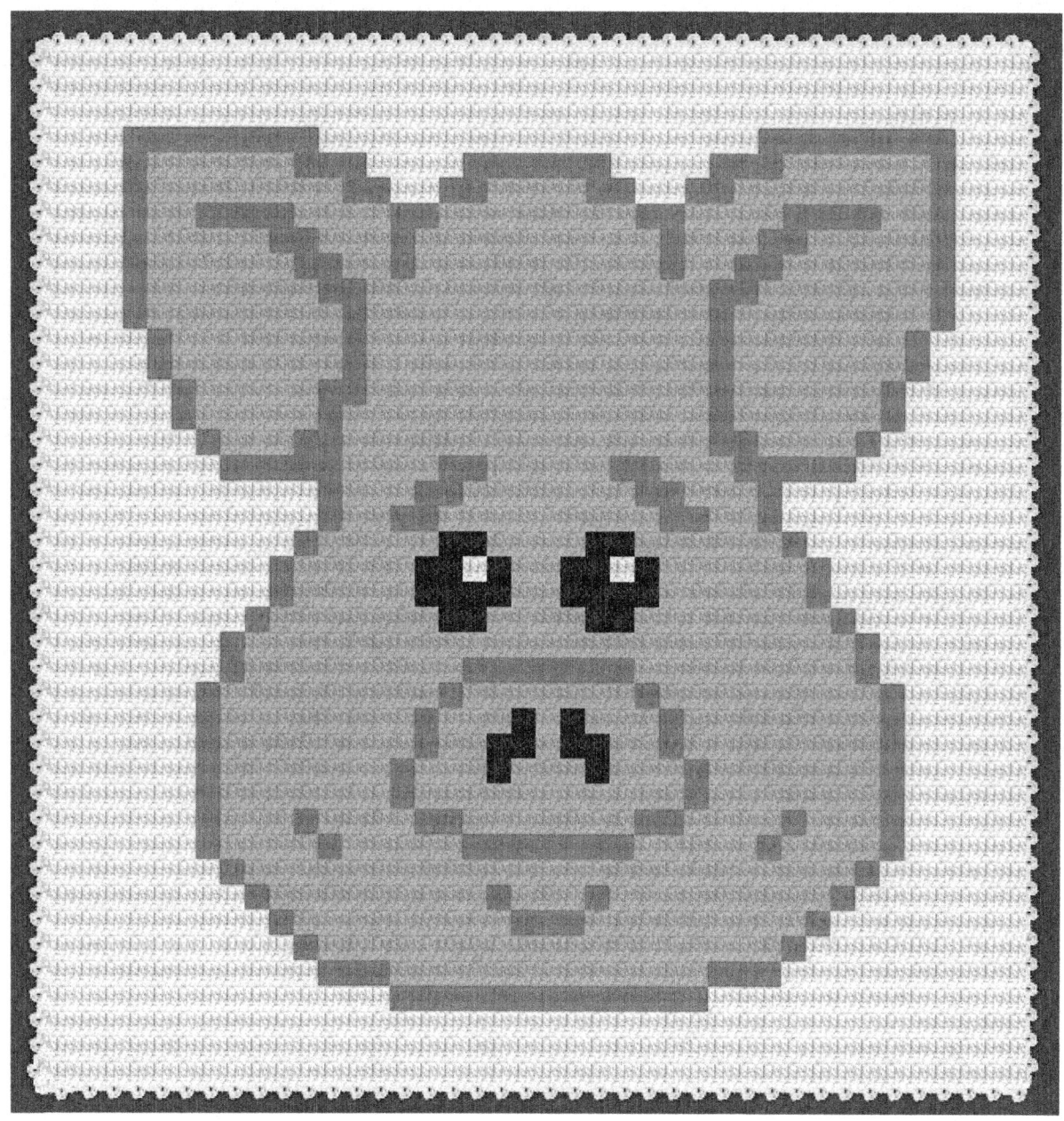

Supplies Needed:
Your Favorite Worsted Weight Yarn

Approximate yards

WH - White – 250
BK - Black - 10
PK - Pink - 230
DP - Dark Pink - 40

Tunisian Crochet Hook Size G with extension
Regular Crochet Hook Size G

Approximate Sizes:

10" wide by 10" length

Use Size 'G' Tunisian Crochet Hook (with extension)

for a Tunisian Crochet

'G' Hook for Single Crochet

To make the squares a bit bigger use Size 'I' Hook

and replace the single Crochet with Half Double Crochet or Double Crochet. The written row by row pattern is included for all three sizes.

The finished blanket can be made longer or wider by adding more rows on the top, bottom and sides equally. And/Or add a border.

Piggy Square - Written Row by Row In Half Double Crochet

Chain 40 +1 with White Yarn (or background color of your choice) (WH) (the beginning of every row will start with White (or your color choice) and end with a chain 2, which is the turning chain and the first HDC in the next row)

Row 1: >Half Double Crochet (HDC) in third chain (ch) from hook, HDC in the rest of the chs, ch 2, turn.

Row 2: < HDC in each stitch (st) across, ch 2, turn.

Row 3: > HDC in each (st) across, ch 2, turn.

Row 4: < HDC in 13 sts, (change yarn color to Dark Pink- DP) 13 sts. (change yarn color to White - WH) 14 sts, ch 2, turn.

Row 5: > HDC in 11 sts, (DP) 3 sts, (change yarn color to Pink- Pk) 13 sts, (DP) 3 sts, (WH) 10 sts, ch 2, turn.

Row 6: < HDC in 9 sts, (DP) 1 st, (PK) 19 sts, (DP) 1 st, (WH) 10 sts, ch 2, turn.

Row 7: > HDC in 9 sts, (DP) 1 st, (PK) 9 sts, (DP) 3 sts, (PK) 9 sts, (DP) 1 st, (WH) 8 sts, ch 2, turn.

Row 8: < HDC in 7 sts, (DP) 1 st, (PK) 9 sts, (DP) 1 st, (PK) 3 sts, (DP) 1 st, (PK) 9 sts, (DP) 1 st, (WH) 8 sts, ch 2, turn.

Row 9: > HDC in 7 sts, (DB) 1 st, (PK) 25 sts, (DP) 1 st, (WH) 6 sts, ch 2, turn.

Row 10: < HDC in 5 sts, (DP) 1 st, (Pk) 4 sts, (DP) 1 st, (PK) 5 sts, (DP) 7 sts, (PK) 5 sts, (DP) 1 st, (PK) 4 sts, (DP) 1 st, ch 2, turn.

Row 11: > HDC in 6 sts, (DP) 1 st, (PK) 3 sts, (DP) 1 st, (PK) 4 sts, (DP) 2 sts, (PK) 7 sts, (DP) 2 sts, (PK) 4 sts, (DP) 1 st, (PK) 1 st, (DP) 1 st, (WH) 5 sts, ch 2, turn.

Row 12: < HDC in 5 sts, (DP) 1 st, (PK) 7, (DP) 1 st (PK) 11 sts, (D) 1 st, (PK) 7 sts, (DP) 1 st, (WH) 6 sts, ch 2, turn.

Row 13: > HDC in 6 sts, (D) 1 st, (PK) 7 sts, (DP) 1 st, (PK) 3 sts, (change yarn to Black - BK) 1 st, (PK) 3 sts, (BK) 1 st, (PK) 3 sts, (DP) 1 sts, (PK) 7 sts, (DP) 1 st, (WH) 5 sts, ch 2, turn.

Row 14: < HDC in 5 sts, (DP) 1 st, (PK) 8 sts, (DP) 1 st, (PK) 2 sts, (BK) 2 sts, (PK) 1 st, (BK) 2 sts, (PK) 2 sts, (DP) 1 st, (PK) 8 sts, (DP) 1 st, (WH) 6 sts, ch 2, turn.

Row 15: > HDC in 6 sts, (DP) 1 st, (PK) 8 sts, (DP) 1 st, (PK) 3 sts, (BK) 1 st, (PK) 1 st, (BK) 1 st, (PK) 3 sts, (DP) 1 st, (PK) 8 sts, (DP) 1 st, (WH) 5 sts, ch 2, turn.

Row 16: < HDC in 5 sts, (DP) 1 st, (PK) 9 sts, (DP) 1 st, (PK) 7 sts, (DP) 1 st, (PK) 9 sts, (DP) 1 st, (WH) 6 sts, ch 2, turn.

Row 17: > HDC in 7 sts, (DP) 1 st, (PK) 9 sts, (DP) 7 sts, (PK) 9 sts, (DP) 1 st, (WH) 6 sts, ch 2, turn.

Row 18: < HDC in 6 sts, (DP) 1 st, (PK) 25 sts, (DP) 1 st, (WH) 7 sts, ch 2, turn.

Row 19: > HDC in 8 sts, (DP) 1 st, (PK) 7 sts, (BK) 2 sts, (PK) 4 sts, (BK) 2 sts, (PK) 8 sts, (DP) 1 st, (Wh) 7 sts, ch 2, turn.

Row 20: < HDC in 8 sts, (DP) 1 st, (PK) 6 sts, (BK) 4 sts, (PK) 2 sts, (BK) 4 sts, (PK) 5 sts, (DP) 1 st, (WH) 9 sts, ch 2, turn.

Row 21: > HDC in 9 sts, (DP) 1 st, (PK) 5 sts, (BK) 2 sts, (WH) 1 st, (BK) 1 st, (PK) 2 sts, (BK) 2 sts, (WH) 1 st, (BK) 1 st, (PK) 6 sts, (DP) 1 st, (WH) 8 sts, ch 2, turn.

Row 22: < HDC in 9 sts, (DP) 1 st, (PK) 6 sts, (BK) 2 sts, (PK) 4 sts, (BK) 2 sts, (PK) 5 sts, (DP) 1 st, (WH) 10 sts, ch 2, turn.

Row 23: > HDC in 11 sts, (DP) 1 st, (Pk) 2 sts, (DP) 2 sts, (PK) 9 sts, (DP) 2 sts, (PK) 2 sts, (DP) 1 st, (WH) 10 sts, ch 2, turn.

Row 24: < HDC in 10 sts, (DP) 1 st, (PK) 3 sts, (DP) 2 sts, (PK) 7 sts, (DP) 2 sts, (PK) 3 sts, (DP) 1 st, (WH) 10 st, ch 2, turn.

Row 25: > HDC in 7 sts, (DP) 5 sts, (PK) 4 sts, (DP) 2 sts, (PK) 5 sts, (DP) 2 sts, (PK) 3 sts, (DP) 5 sts, (WH) 7 sts, ch 2, turn.

Row 26: < HDC in 6 sts, (DP) 1 st, (PK) 4 sts, (DP) 2 sts, (PK) 15 sts, (DP) 2 sts, (PK) 3 sts, (DP) 1 st, (WH) 6 sts, ch 2, turn.

Row 27: > HDC in 5 sts, (DP) 1 st, (PK) 5 sts, (DP) 1 st, (PK) 15 sts, (DP) 1 st, (Pk) 6 sts, (DP) 1 st, (WH) 5 sts, ch 2, turn.

Row 28: < HDC in 5 sts, (DP) 1 st, (PK) 6 sts, (DP) 1 st, (PK) 14 sts, (DP) 2 sts, (PK) 5 sts, (DP) 1 st, (WH) 5 sts, ch 2, turn.

Row 29: > HDC in 4 sts, (DP) 1 st, (PK) 7 sts, (D) 1 st, (PK) 14 sts, (DP) 1 st, (PK) 7 sts, (DP) 1 st, (WH) 4 sts, ch 2, turn.

Row 30: < HDC in 4 sts, (DP) 1 st, (PK) 7 sts, (DP) 1 st, (PK) 14 sts, (DP) 1 st, (Pk) 7 sts, (DP) 1 st, (WH) 4 sts, ch 2, turn.

Row 31: > HDC in 3 sts, (DP) 1 st, (PK) 8 sts, (PK) 1 st, (PK) 14 sts, (DP) 1 st, (PK) 8 sts, (DP) 1 st, (WH) 3 sts, ch 2, turn.

Row 32: < HDC in 3 sts, (DP) 1 st, (PK) 7 sts, (DP) 2 sts, (PK) 14 sts, (DP) 2 sts, (PK) 7 sts, (DP) 1 st, (WH) 3 sts, ch 2, turn.

Row 33: > HDC in 3 sts, (DP) 1 st, (PK) 6 sts, (DP) 2 sts, (PK) 2 sts, (DP) 1 st, (PK) 10 sts, (DP) 1 st, (PK) 2 sts, (DP) 2 sts, (PK) 6 sts, (DP) 1 st, (WH) 3 sts, ch 2, turn.

Row 34: < HDC in 3 sts, (DP) 1 st, (PK) 5 sts, (DP) 2 sts, (PK) 3 sts, (DP) 1 st, (Pk) 10 sts, (DP) 1 st, (PK) 3 sts, (DP) 2 sts, (PK) 5 sts, (DP) 1 st, (WH) 3 sts, ch 2, turn.

Row 35: > HDC in 3 sts, (DP) 1 st, (PK) 2 sts, (DP) 4 sts, (PK) 4 sts, (DP) 2 sts, (PK) 8 sts, (DP) 2 sts, (PK) 4 sts, (DP) 4 sts, (PK) 2 sts, (DP) 1 st, (WH) 3 sts, ch 2, turn.

Row 36: < HDC in 3 sts, (DP) 1 st, (PK) 8 sts, (DP) 2 sts, (WH) 2 sts, (DP) 2 sts, (PK) 4 sts, (DP) 2 sts, (PK) 4 sts, (DP) 2 sts, (WH) 2 sts, (DP) 2 sts, (PK) 8 sts, (DP) 1 st, (WH) 3 sts, ch 2, turn.

Row 37: > HDC in 3 sts, (DP) 1 st, (PK) 6 sts, (DP) 3 sts, (WH) 4 sts, (DP) 6 sts, (WH) 4 sts, (DP) 3 sts, (PK) 6 sts, (DP) 1 st, (WH) 3 sts, ch 2, turn.

Row 38: < HDC in 3 sts, (DP) 8 sts, (WH) 18 sts, (DP) 8 sts, (WH) 3 sts, ch 2, turn.

Row 39-41: HDC in each stitch across, ch 2, turn. On the end of the last row, tie off, and weave in any yarn ends

Piggy Square - Written Row by Row In Single Crochet or Tunisian Stitch

Chain 40 +1 with White Yarn (or background color of your choice) (WH) (the beginning of every row will start with White (or your color choice) and end with a chain 1, which is the turning chain)

Row 1: > Single Crochet (Sc) in second chain (ch) from hook, sc in the rest of the chs, ch 1, turn.

Row 2: < Sc in each stitch (st) across, ch 1, turn.

Row 3: > Sc in each (st) across, ch 1, turn.

Row 4: < Sc in 13 sts, (change yarn color to Dark Pink- DP) 13 sts. (change yarn color to White - WH) 14 sts, ch 1, turn.

Row 5: > Sc in 11 sts, (DP) 3 sts, (change yarn color to Pink- Pk) 13 sts, (DP) 3 sts, (WH) 10 sts, ch 1, turn.

Row 6: < Sc in 9 sts, (DP) 1 st, (PK) 19 sts, (DP) 1 st, (WH) 10 sts, ch 1, turn.

Row 7: > Sc in 9 sts, (DP) 1 st, (PK) 9 sts, (DP) 3 sts, (PK) 9 sts, (DP) 1 st, (WH) 8 sts, ch 1, turn.

Row 8: < Sc in 7 sts, (DP) 1 st, (PK) 9 sts, (DP) 1 st, (PK) 3 sts, (DP) 1 st, (PK) 9 sts, (DP) 1 st, (WH) 8 sts, ch 1, turn.

Row 9: > Sc in 7 sts, (DB) 1 st, (PK) 25 sts, (DP) 1 st, (WH) 6 sts, ch 1, turn.

Row 10: < Sc in 5 sts, (DP) 1 st, (Pk) 4 sts, (DP) 1 st, (PK) 5 sts, (DP) 7 sts, (PK) 5 sts, (DP) 1 st, (PK) 4 sts, (DP) 1 st, ch 1, turn.

Row 11: > Sc in 6 sts, (DP) 1 st, (PK) 3 sts, (DP) 1 st, (PK) 4 sts, (DP) 2 sts, (PK) 7 sts, (DP) 2 sts, (PK) 4 sts, (DP) 1 st, (PK) 1 st, (DP) 1 st, (WH) 5 sts, ch 1, turn.

Row 12: < Sc in 5 sts, (DP) 1 st, (PK) 7, (DP) 1 st (PK) 11 sts, (D) 1 st, (PK) 7 sts, (DP) 1 st, (WH) 6 sts, ch 1, turn.

Row 13: > Sc in 6 sts, (D) 1 st, (PK) 7 sts, (DP) 1 st, (PK) 3 sts, (change yarn to Black - BK) 1 st, (PK) 3 sts, (BK) 1 st, (PK) 3 sts, (DP) 1 sts, (PK) 7 sts, (DP) 1 st, (WH) 5 sts, ch 1, turn.

Row 14: < Sc in 5 sts, (DP) 1 st, (PK) 8 sts, (DP) 1 st, (PK) 2 sts, (BK) 2 sts, (PK) 1 st, (BK) 2 sts, (PK) 2 sts, (DP) 1 st, (PK) 8 sts, (DP) 1 st, (WH) 6 sts, ch 1, turn.

Row 15: > Sc in 6 sts, (DP) 1 st, (PK) 8 sts, (DP) 1 st, (PK) 3 sts, (BK) 1 st, (PK) 1 st, (BK) 1 st, (PK) 3 sts, (DP) 1 st, (PK) 8 sts, (DP) 1 st, (WH) 5 sts, ch 1, turn.

Row 16: < Sc in 5 sts, (DP) 1 st, (PK) 9 sts, (DP) 1 st, (PK) 7 sts, (DP) 1 st, (PK) 9 sts, (DP) 1 st, (WH) 6 sts, ch 1, turn.

Row 17: > Sc in 7 sts, (DP) 1 st, (PK) 9 sts, (DP) 7 sts, (PK) 9 sts, (DP) 1 st, (WH) 6 sts, ch 1, turn.

Row 18: < Sc in 6 sts, (DP) 1 st, (PK) 25 sts, (DP) 1 st, (WH) 7 sts, ch 1, turn.

Row 19: > Sc in 8 sts, (DP) 1 st, (PK) 7 sts, (BK) 2 sts, (PK) 4 sts, (BK) 2 sts, (PK) 8 sts, (DP) 1 st, (Wh) 7 sts, ch 1, turn.

Row 20: < Sc in 8 sts, (DP) 1 st, (PK) 6 sts, (BK) 4 sts, (PK) 2 sts, (BK) 4 sts, (PK) 5 sts, (DP) 1 st, (WH) 9 sts, ch 1, turn.

Row 21: > Sc in 9 sts, (DP) 1 st, (PK) 5 sts, (BK) 2 sts, (WH) 1 st, (BK) 1 st, (PK) 2 sts, (BK) 2 sts, (WH) 1 st, (BK) 1 st, (PK) 6 sts, (DP) 1 st, (WH) 8 sts, ch 1, turn.

Row 22: < Sc in 9 sts, (DP) 1 st, (PK) 6 sts, (BK) 2 sts, (PK) 4 sts, (BK) 2 sts, (PK) 5 sts, (DP) 1 st, (WH) 10 sts, ch 1, turn.

Row 23: > Sc in 11 sts, (DP) 1 st, (Pk) 2 sts, (DP) 2 sts, (PK) 9 sts, (DP) 2 sts, (PK) 2 sts, (DP) 1 st, (WH) 10 sts, ch 1, turn.

Row 24: < Sc in 10 sts, (DP) 1 st, (PK) 3 sts, (DP) 2 sts, (PK) 7 sts, (DP) 2 sts, (PK) 3 sts, (DP) 1 st, (WH) 10 st, ch 1, turn.

Row 25: > Sc in 7 sts, (DP) 5 sts, (PK) 4 sts, (DP) 2 sts, (PK) 5 sts, (DP) 2 sts, (PK) 3 sts, (DP) 5 sts, (WH) 7 sts, ch 1, turn.

Row 26: < Sc in 6 sts, (DP) 1 st, (PK) 4 sts, (DP) 2 sts, (PK) 15 sts, (DP) 2 sts, (PK) 3 sts, (DP) 1 st, (WH) 6 sts, ch 1, turn.

Row 27: > Sc in 5 sts, (DP) 1 st, (PK) 5 sts, (DP) 1 st, (PK) 15 sts, (DP) 1 st, (Pk) 6 sts, (DP) 1 st, (WH) 5 sts, ch 1, turn.

Row 28: < Sc in 5 sts, (DP) 1 st, (PK) 6 sts, (DP) 1 st, (PK) 14 sts, (DP) 2 sts, (PK) 5 sts, (DP) 1 st, (WH) 5 sts, ch 1, turn.

Row 29: > Sc in 4 sts, (DP) 1 st, (PK) 7 sts, (D) 1 st, (PK) 14 sts, (DP) 1 st, (PK) 7 sts, (DP) 1 st, (WH) 4 sts, ch 1, turn.

Row 30: < Sc in 4 sts, (DP) 1 st, (PK) 7 sts, (DP) 1 st, (PK) 14 sts, (DP) 1 st, (Pk) 7 sts, (DP) 1 st, (WH) 4 sts, ch 1, turn.

Row 31: > Sc in 3 sts, (DP) 1 st, (PK) 8 sts, (PK) 1 st, (PK) 14 sts, (DP) 1 st, (PK) 8 sts, (DP) 1 st, (WH) 3 sts, ch 1, turn.

Row 32: < Sc in 3 sts, (DP) 1 st, (PK) 7 sts, (DP) 2 sts, (PK) 14 sts, (DP) 2 sts, (PK) 7 sts, (DP) 1 st, (WH) 3 sts, ch 1, turn.

Row 33: > Sc in 3 sts, (DP) 1 st, (PK) 6 sts, (DP) 2 sts, (PK) 2 sts, (DP) 1 st, (PK) 10 sts, (DP) 1 st, (PK) 2 sts, (DP) 2 sts, (PK) 6 sts, (DP) 1 st, (WH) 3 sts, ch 1, turn.

Row 34: < Sc in 3 sts, (DP) 1 st, (PK) 5 sts, (DP) 2 sts, (PK) 3 sts, (DP) 1 st, (Pk) 10 sts, (DP) 1 st, (PK) 3 sts, (DP) 2 sts, (PK) 5 sts, (DP) 1 st, (WH) 3 sts, ch 1, turn.

Row 35: > Sc in 3 sts, (DP) 1 st, (PK) 2 sts, (DP) 4 sts, (PK) 4 sts, (DP) 2 sts, (PK) 8 sts, (DP) 2 sts, (PK) 4 sts, (DP) 4 sts, (PK) 2 sts, (DP) 1 st, (WH) 3 sts, ch 1, turn.

Row 36: < Sc in 3 sts, (DP) 1 st, (PK) 8 sts, (DP) 2 sts, (WH) 2 sts, (DP) 2 sts, (PK) 4 sts, (DP) 2 sts, (PK) 4 sts, (DP) 2 sts, (WH) 2 sts, (DP) 2 sts, (PK) 8 sts, (DP) 1 st, (WH) 3 sts, ch 1, turn.

Row 37: > Sc in 3 sts, (DP) 1 st, (PK) 6 sts, (DP) 3 sts, (WH) 4 sts, (DP) 6 sts, (WH) 4 sts, (DP) 3 sts, (PK) 6 sts, (DP) 1 st, (WH) 3 sts, ch 1, turn.

Row 38: < Sc in 3 sts, (DP) 8 sts, (WH) 18 sts, (DP) 8 sts, (WH) 3 sts, ch 1, turn.

Row 39-41: Sc in each stitch across, ch 1, turn. On the end of the last row, tie off, and weave in any yarn ends

Piggy LARGE Square - Written Row by Row In Double Crochet - (3 stitches per grid square)

Chain 120 +3 with White Yarn (or background color of your choice) (WH) (the beginning of every row will start with White (or your color choice) and end with a chain 3, which is the turning chain and the first stitch on the next row)

Row 1: > Double Crochet (Dc) in fourth chain (ch) from hook, Dc in the rest of the chs, ch 3, turn. (120 Dcs including the beginning chain 3)

Row 2: < Dc in each stitch (st) across, ch 3, turn.

Row 3: > Dc in each (st) across, ch 3, turn.

Row 4: < Dc in 38 sts, (change yarn color to Dark Pink- DP) 39 sts. (change yarn color to White - WH) 42 sts, ch 3, turn.

Row 5: > Dc in 32 sts, (DP) 9 sts, (change yarn color to Pink- Pk) 39 sts, (DP) 9 sts, (WH) 30 sts, ch 3, turn.

Row 6: < Dc in 26 sts, (DP) 3 sts, (PK) 57 sts, (DP) 3 sts, (WH) 30 sts, ch 3, turn.

Row 7: > Dc in 26 sts, (DP) 3 sts, (PK) 27 sts, (DP) 9 sts, (PK) 27 sts, (DP) 3 sts, (WH) 24 sts, ch 3, turn.

Row 8: < Dc in 20 sts, (DP) 3 sts, (PK) 27 sts, (DP) 3 sts, (PK) 9 sts, (DP) 3 sts, (PK) 27 sts, (DP) 3 sts, (WH) 24 sts, ch 3, turn.

Row 9: > Dc in 20 sts, (DB) 3 sts, (PK) 75 sts, (DP) 3 sts, (WH) 18 sts, ch 3, turn.

Row 10: < Dc in 14 sts, (DP) 3 sts, (Pk) 12 sts, (DP) 3 sts, (PK) 15 sts, (DP) 21 sts, (PK) 15 sts, (DP) 3 sts, (PK) 12 sts, (DP) 3 sts, ch 3, turn.

Row 11: > Dc in 17 sts, (DP) 3 sts, (PK) 9 sts, (DP) 3 sts, (PK) 12 sts, (DP) 6 sts, (PK) 21 sts, (DP) 6 sts, (PK) 12 sts, (DP) 3 sts, (PK) 3 sts, (DP) 3 sts, (WH) 15 sts, ch 3, turn.

Row 12: < Dc in 15 sts, (DP) 3 sts, (PK) 21, (DP) 3 st (PK) 33 sts, (D) 3 sts, (PK) 21 sts, (DP) 3 sts, (WH) 18 sts, ch 3, turn.

Row 13: > Dc in 17 sts, (DP) 3 sts, (PK) 21 sts, (DP) 3 sts, (PK) 9 sts, (change yarn to Black - BK) 3 sts, (PK) 9 sts, (BK) 3 sts, (PK) 9 sts, (DP) 3 sts, (PK) 21 sts, (DP) 3 sts, (WH) 15 sts, ch 3, turn.

Row 14: < Dc in 15 sts, (DP) 3 sts, (PK) 24 sts, (DP) 3 sts, (PK) 6 sts, (BK) 6 sts, (PK) 3 sts, (BK) 6 sts, (PK) 6 sts, (DP) 3 sts, (PK) 24 sts, (DP) 3 sts, (WH) 18 sts, ch 3, turn.

Row 15: > Dc in 17 sts, (DP) 3 sts, (PK) 24 sts, (DP) 3 sts, (PK) 9 sts, (BK) 3 sts, (PK) 3 sts, (BK) 3 sts, (PK) 9 sts, (DP) 3 sts, (PK) 24 sts, (DP) 3 sts, (WH) 15 sts, ch 3, turn.

Row 16: < Dc in 15 sts, (DP) 3 sts, (PK) 27 sts, (DP) 3 sts, (PK) 21 sts, (DP) 3 sts, (PK) 27 sts, (DP) 3 sts, (WH) 6 sts, ch 3, turn.

Row 17: > Dc in 21 sts, (DP) 3 sts, (PK) 24 sts, (DP) 21 sts, (PK) 27 sts, (DP) 3 sts, (WH) 18 sts, ch 3, turn.

Row 18: < Dc in 17 sts, (DP) 3 sts, (PK) 75 sts, (DP) 3 sts, (WH) 21 sts, ch 3, turn.

Row 19: > Dc in 23 sts, (DP) 3 sts, (PK) 21 sts, (BK) 6 sts, (PK) 12 sts, (BK) 6 sts, (PK) 24 sts, (DP) 3 sts, (Wh) 21 sts, ch 3, turn.

Row 20: < Dc in 23 sts, (DP) 3 sts, (PK) 18 sts, (BK) 12 sts, (PK) 6 sts, (BK) 12 sts, (PK) 15 sts, (DP) 3 sts, (WH) 27 sts, ch 3, turn.

Row 21: > Dc in 26 sts, (DP) 3 sts, (PK) 15 sts, (BK) 6 sts, (WH) 3 sts, (BK) 3 sts, (PK) 6 sts, (BK) 6 sts, (WH) 3 sts, (BK) 3 sts, (PK) 18 sts, (DP) 3 sts, (WH) 24 sts, ch 3, turn.

Row 22: < Dc in 26 sts, (DP) 3 sts, (PK) 18 sts, (BK) 6 sts, (PK) 12 sts, (BK) 6 sts, (PK) 15 sts, (DP) 3 sts, (WH) 30 sts, ch 3, turn.

Row 23: > Dc in 32 sts, (DP) 3 sts, (Pk) 6 sts, (DP) 6 sts, (PK) 27 sts, (DP) 6 sts, (PK) 6 sts, (DP) 3 sts, (WH) 30 sts, ch 3, turn.

Row 24: < Dc in 30 sts, (DP) 3 sts, (PK) 9 sts, (DP) 6 sts, (PK) 21 sts, (DP) 6 sts, (PK) 9 sts, (DP) 3 sts, (WH) 30 sts, ch 3, turn.

Row 25: > Dc in 20 sts, (DP) 15 sts, (PK) 12 sts, (DP) 6 sts, (PK) 15 sts, (DP) 6 sts, (PK) 9 sts, (DP) 15 sts, (WH) 21 sts, ch 3, turn.

Row 26: < Dc in 17 sts, (DP) 3 sts, (PK) 12 sts, (DP) 6 sts, (PK) 45 sts, (DP) 6 sts, (PK) 9 sts, (DP) 3 sts, (WH) 18 sts, ch 3, turn.

Row 27: > Dc in 14 sts, (DP) 3 sts, (PK) 15 sts, (DP) 3 sts, (PK) 45 sts, (DP) 3 sts, (Pk) 18 sts, (DP) 3 sts, (WH) 15 sts, ch 3, turn.

Row 28: < Dc in 14 sts, (DP) 3 sts, (PK) 18 sts, (DP) 3 sts, (PK) 42 sts, (DP) 6 sts, (PK) 15 sts, (DP) 3 sts, (WH) 15 sts, ch 3, turn.

Row 29: > Dc in 11 sts, (DP) 3 sts, (PK) 21 sts, (D) 3 sts, (PK) 42 sts, (DP) 3 sts, (PK) 21 sts, (DP) 3 sts, (WH) 12 sts, ch 3, turn.

Row 30: < Dc in 12 sts, (DP) 3 sts, (PK) 21 sts, (DP) 3 sts, (PK) 42 sts, (DP) 3 sts, (Pk) 21 sts, (DP) 3 sts, (WH) 12 sts, ch 3, turn.

Row 31: > Dc in 8 sts, (DP) 3 sts, (PK) 24 sts, (PK) 3 sts, (PK) 42 sts, (DP) 3 sts, (PK) 24 sts, (DP) 3 sts, (WH) 9 sts, ch 3, turn.

Row 32: < Dc in 8 sts, (DP) 3 sts, (PK) 21 sts, (DP) 6 sts, (PK) 42 sts, (DP) 6 sts, (PK) 21 sts, (DP) 3 sts, (WH) 9 sts, ch 3, turn.

Row 33: > Dc in 8 sts, (DP) 3 sts, (PK) 18 sts, (DP) 6 sts, (PK) 6 sts, (DP) 3 sts, (PK) 30 sts, (DP) 3 sts, (PK) 6 sts, (DP) 6 sts, (PK)18 sts, (DP) 3 sts, (WH) 9 sts, ch 3, turn.

Row 34: < Dc in 8 sts, (DP) 3 sts, (PK) 15 sts, (DP) 6 sts, (PK) 9 sts, (DP) 3 sts, (Pk) 30 sts, (DP) 3 sts, (PK) 9 sts, (DP) 6 sts, (PK)15 sts, (DP) 3 sts, (WH) 9 sts, ch 3, turn.

Row 35: > Dc in 8 sts, (DP) 3 sts, (PK) 6 sts, (DP) 12 sts, (PK) 12 sts, (DP) 6 sts, (PK) 24 sts, (DP) 6 sts, (PK) 12 sts, (DP) 12 sts, (PK) 6 sts, (DP) 3 sts, (WH) 9 sts, ch 3, turn.

Row 36: < Dc in 8 sts, (DP) 3 sts, (PK) 24 sts, (DP) 6 sts, (WH) 6 sts, (DP) 6 sts, (PK) 12 sts, (DP) 6 sts, (PK) 12 sts, (DP) 6 sts, (WH) 6 sts, (DP) 6 sts, (PK) 24 sts, (DP) 3 sts, (WH) 9 sts, ch 3, turn.

Row 37: > Dc in 8 sts, (DP) 3 sts, (PK) 18 sts, (DP) 9 sts, (WH) 12 sts, (DP) 18 sts, (WH) 12 sts, (DP) 9 sts, (PK) 18 sts, (DP) 3 sts, (WH) 9 sts, ch 3, turn.

Row 38: < Dc in 8 sts, (DP) 24 sts, (WH) 54 sts, (DP) 24 sts, (WH) 9 sts, ch 3, turn.

Row 39-41: Dc in each stitch across, ch 3, turn. On the end of the last row, tie off, and weave in any yarn ends

Piggy - Full Design Chart

This Chart can be used for single crochet, tunisian st, or half double crochet with each square counting as one stitch, and can also be used for making a larger blanketsquare using 3 double crochet stitches for each square on the grid.
The color of the squares on the grid are the suggested colors for the yarn.

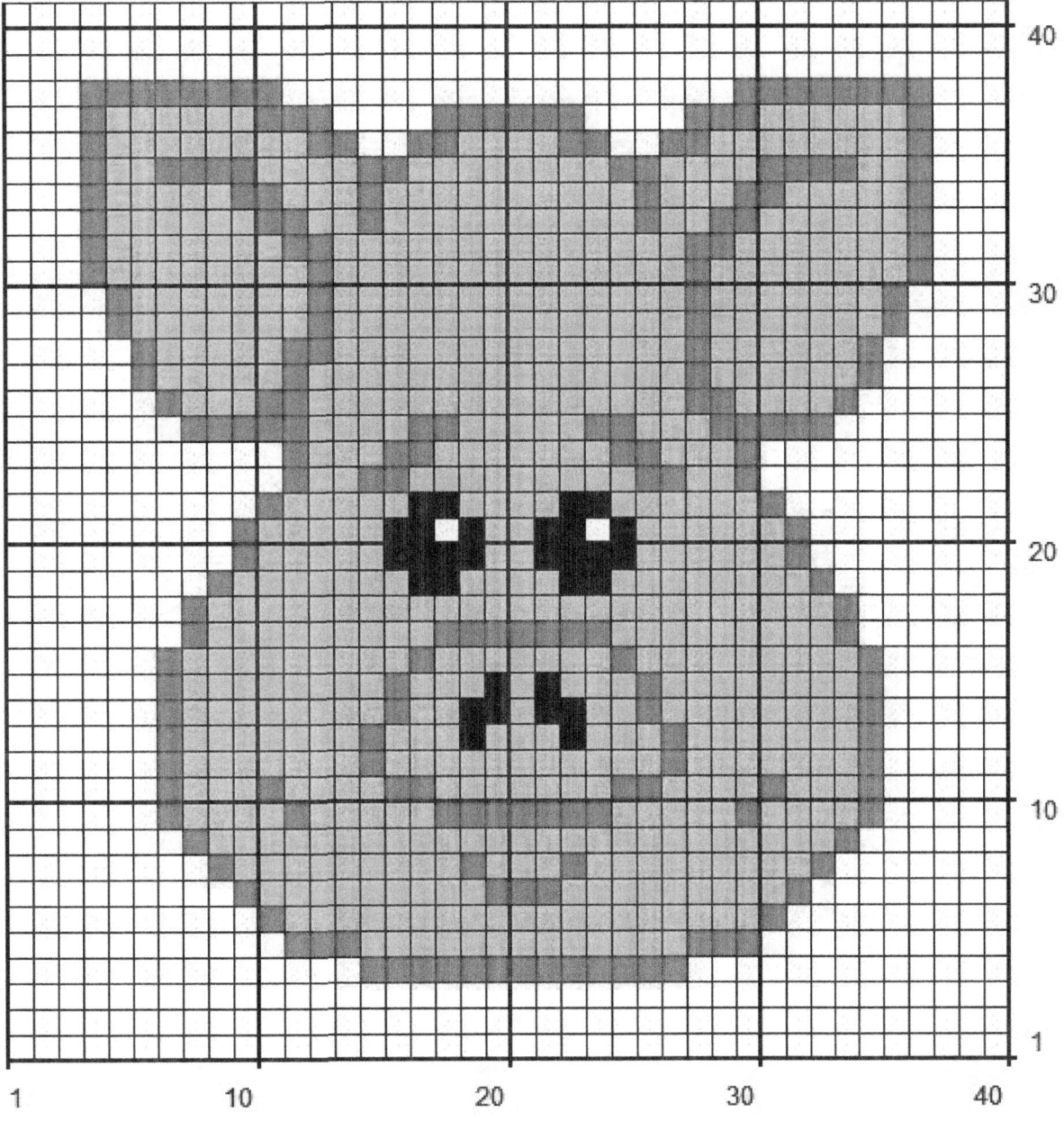

Piggy - Full Stitch Symbol Chart

Tunisian Stitch or Single Crochet Sitch
0 - chain   X - Single Crochet Stitch
Color background of each stitch is suggested yarn color.

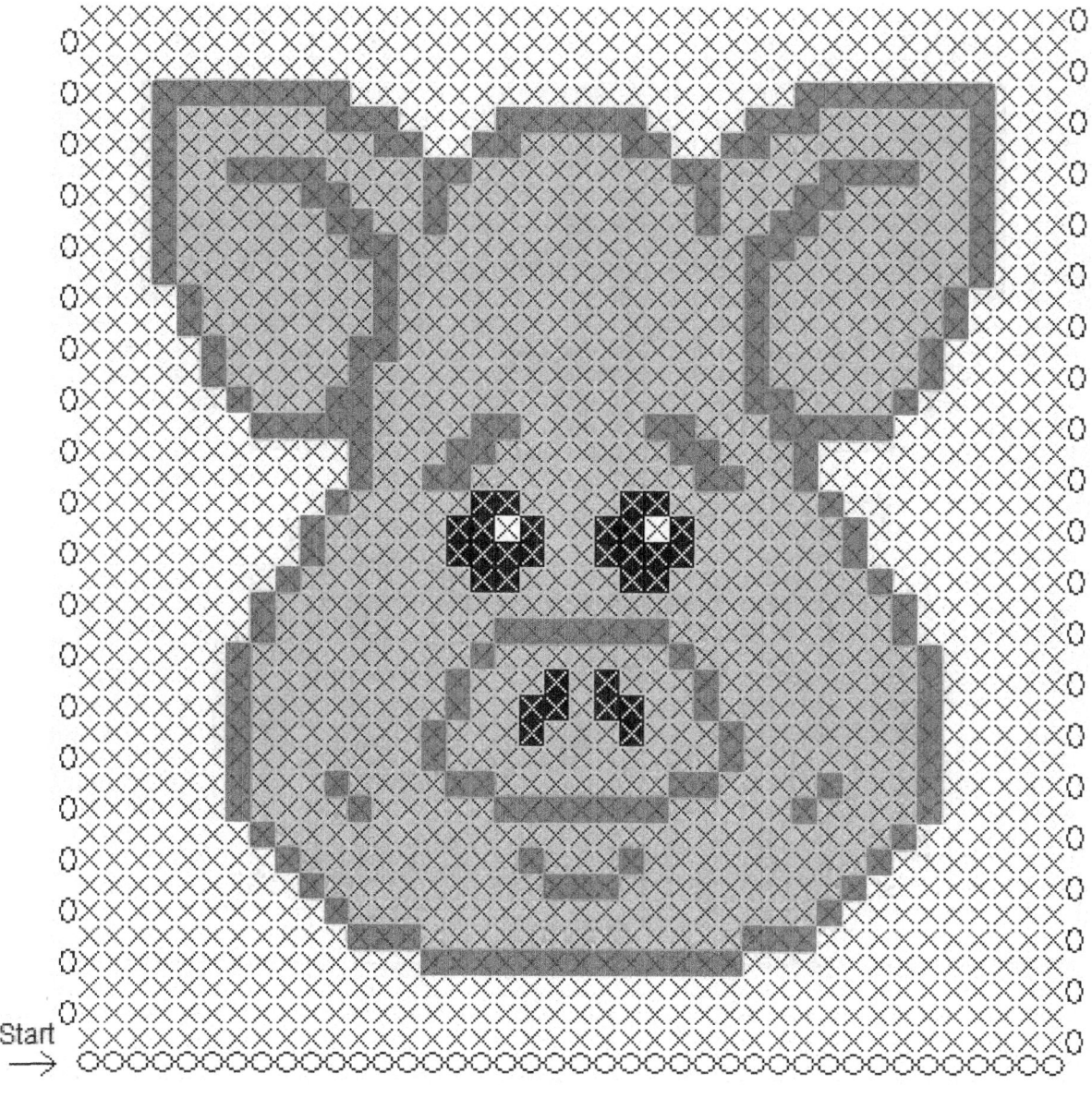

Chapter 18: Cow Square Pattern

Large Double Crochet Finished With Border

Supplies Needed:
Your Favorite Worsted Weight Yarn

Approximate yards

WH - White – 270

BK - Black - 130

BR - Brown - 10

Tunisian Crochet Hook Size G with extension

Regular Crochet Hook Size G

Approximate Sizes:

10" wide by 10" length

Use Size 'G' Tunisian Crochet Hook (with extension)

for a Tunisian Crochet

'G' Hook for Single Crochet

To make the squares a bit bigger use Size 'I' Hook

and replace the single Crochet with Half Double Crochet or Double Crochet. The written row by row pattern is included for all three sizes.

The finished blanket can be made longer or wider by adding more rows on the top, bottom and sides equally. And/Or add a border.

Cow Square - Written Row by Row In Half Double Crochet

Chain 40 +2 with White Yarn (or background color of your choice) (WH) (the beginning of every row will start with White (or your color choice) and end with a chain 2, which is the turning chain and first HDC in next row)

Row 1: > Half Double Crochet (HDC) in third chain (ch) from hook, HDC in the rest of the chs, ch 2, turn.

Row 2: < HDC in each stitch (st) across, ch 2, turn.

Row 3: > HDC in each st across, ch 2, turn.

Row 4: < HDC in 10 sts, (change yarn color to Black - BK) 6 sts, (change yarn color to White-WH) 24 sts, ch 2, turn.

Row 5: > HDC in 22 sts, (BK) 2 sts, (WH) 6 sts, (BK) 2 sts, (WH) 8 sts, ch 2, turn.

Row 6: < HDC in 7 sts, (BK) 1 st, (WH) 10 sts, (BK) 1 st, (WH) 21 sts, ch 2, turn.

Row 7: > HDC in 20 sts, (BK) 1 st, (WH) 7 sts, (BK) 5 sts, (WH) 7 sts, ch 2, turn.

Row 8: < HDC in 6 sts, (BK) 1 st, (WH) 5 sts, (BK) 1 st, (WH) 6 sts, (BK) 1 st, (WH) 20 sts, ch 2, turn.

Row 9: > HDC in 20 sts, (BK) 1 st, (WH) 14 sts, (BK) 1 st, (WH) 5 sts, ch 2, turn.

Row 10: < HDC in 4 sts, (BK) 2 sts, (WH) 14 sts, (BK) 3 sts, (WH) 17 sts, ch 2, turn.

Row 11: > HDC in 14 sts, (BK) 4 sts, (WH) 1 st, (BK) 1 st, (WH) 5 sts, (BK) 2 sts, (WH) 8 sts, (BK) 1 st, (WH) 4 sts, ch 2, turn.

Row 12: < HDC in 4 sts, (BK) 1 st, (WH) 3 sts, (BK) 2 sts, (WH) 3 sts, (BK) 2 sts, (WH) 5 sts, (BK) 3 sts, (WH) 12 sts, ch 2, turn.

Row 13: > HDC in 4 sts, (BK) 5 sts, (WH) 2 sts, (BK) 2 sts, (WH) 6 sts, (BK) 2 sts, (WH) 4 sts, (BK) 2 sts, (WH) 3 sts, (BK) 2 sts, (WH) 3 sts, (BK) 1 st, (WH) 4 sts, ch 2, turn.

Row 14: < HDC in 4 sts, (BK) 1 st, (WH) 3 sts, (BK) 2 sts, (WH) 9 sts, (BK) 1 st, (WH) 8 sts, (BK) 1 st, (WH) 1 st, (BK) 2 sts, (WH) 3 sts, (BK) 1 st, (WH) 4 sts, ch 2, turn.

Row 15: < HDC in 4 sts, (BK) 1 st, (WH) 7 sts, (BK) 1 st, (WH) 2 sts, (BK) 1 st, (WH) 2 sts, (BK) 2 sts, (WH) 9 sts, (BK) 2 sts, (WH) 3 sts, (BK) 2 sts, (WH) 4 sts, ch 2, turn.

Row 16: > HDC in 5 sts, (BK) 1 st, (WH) 4 sts, (BK) 1 st, (WH) 5 sts, (BK) 3 sts, (WH) 2 sts, (BK) 2 sts, (WH) 2 sts, (BK) 2 sts, (WH) 2 sts, (BK) 1 st, (WH) 2 sts, (BK) 1 sts, (WH) 2 sts, (BK) 1 st, (WH) 4 sts, ch 2, turn.

Row 17: < HDC in 4 sts, (BK) 2 sts, (WH) 2 sts, (BK) 2 sts, (WH) 6 sts, (BK) 2 sts, (BK) 6 sts, (WH) 2 sts, (BK) 2 sts, (WH) 4 sts, (BK) 1 st, (WH) 5 sts, ch 2, turn.

Row 18: > HDC in 5 sts, (BK) 2 sts, (WH) 4 sts, (BK) 1 st, (WH) 1 st, (BK) 7 sts, (WH) 3 sts, (BK) 1 st, (WH) 9 sts, (BK) 2 sts, (WH) 5 sts, ch 2, turn.

Row 19: < HDC in 6 sts, (BK) 2 sts, (WH) 6 sts, (BK) 2 sts, (WH) 8 sts, (BK) 3 sts, (WH) 1 st, (BK) 1 st, (WH) 4 st, (BK) 1 st, (WH) 6 sts, ch 2, turn.

Row 20: > HDC in 6 sts, (BK) 1 st, (WH) 5 sts, (BK) 3 sts, (WH) 2 sts, (BR) 2 sts, (WH) 6 sts, (BK) 8sts, (WH) 7 sts, ch 2, turn.

Row 21: < HDC in 8 sts, (BK) 3 sts, (WH) 9 sts, (BR) 4 sts, (WH) 1 st, (BK) 3 sts, (WH) 4 sts, (BK) 2 sts, (WH) 6 sts, ch 2, turn.

Row 22: > HDC in 7 sts, (BK) 2 sts, (WH) 3 sts, (BK) 3 sts, (WH) 1 st, (BR) 2 sts, (WH) 1 st, (BR) 1 st, (WH) 9 sts, (BK) 1 st, (WH) 2 sts, (BK) 2 sts, (WH) 6 sts, ch 2, turn.

Row 23: < HDC in 5 sts, (BK) 1 st, (WH) 4 sts, (BK) 2 sts, (WH) 2 sts, (BR) 2 sts, (WH) 5 sts, (BR) 2 sts, (WH) 2 sts, (BK) 3 sts, (WH) 3 sts, (BK) 1 st, (WH) 8 sts, ch 2, turn.

Row 24: > HDC in 7 sts, (BK) 2 sts, (WH) 3 sts, (BK) 4 sts, (WH) 7 sts, (BR) 4 sts, (WH) 1 st, (BK) 1 st, (WH) 3 sts, (BK) 3 sts, (WH) 5 sts, ch 2, turn.

Row 25: < HDC in 8 sts, (BK) 1 st, (WH) 2 sts, (BK) 1 st, (WH) 1 st, (BR) 1 st, (WH) 1 st, (BR) 2 sts, (WH) 3 sts, (BK) 7 sts, (WH) 6 sts, (BK) 1 st, (WH) 6 sts, ch 2, turn.

Row 26: > HDC in 5 sts, (BK) 1 st, (WH) 8 sts, (BK) 6 sts, (WH) 4sts, (BR) 2 sts, (WH) 2sts, (BK) 1 st,(WH) 1 st, (BK) 1 st, (WH) 9 sts, ch 2, turn.

Row 27: < HDC in 10 sts, (BK) 2 sts, (WH) 9 sts, (BK) 5 sts, (WH) 10 st, (BK) 1 st, (WH) 4 sts, ch 2, turn.

Row 28: > HDC in 4 sts, (BK) 1 st, (WH) 22 sts, (BK) 1 st, (WH) 12 sts, ch 2, turn.

Row 29: < HDC in 12 sts, (BK) 1 st, (WH) 5 sts, (BK) 5 sts, (WH) 5 sts, (BK) 3 sts, (WH) 4 sts, (BK) 1 st, (WH) 4 sts, ch 2, turn.

Row 30: > HDC in 4 sts, (BK) 1 st, (WH) 3 sts, (BK) 1 st, (WH) 2 sts, (BK) 2 sts, (WH) 3 sts, (BK) 7 sts, (WH) 3 sts, (BK) 1 st, (WH) 13 sts, ch 2, turn.

Row 31: < HDC in 13 sts, (BK) 1 st, (WH) 3 sts, (BK) 11 sts, (WH) 4 sts, (BK) 1 st, (WH) 2 sts, (BK) 1 st, (WH) 4 sts, ch 2, turn.

Row 32: > HDC in 5 sts, (BK) 1 st, (WH) 2 sts, (BK) 1 st, (WH) 4 sts, (BK) 12 sts, (WH) 4 sts, (BK) 1 st, (WH) 12 sts, ch 2, turn.

Row 33: < HDC in 12 sts, (BK) 1 st, (WH) 4 sts, (BK) 1 st, (WH) 1 st, (BK) 7 sts, (WH) 5 sts, (BK) 1 st, (WH) 1 st, (BK) 1 st, (WH) 6 sts, ch 2, turn.

Row 34: > HDC in 7 sts, (BK) 2 sts, (WH) 13 sts, (BK) 1 st, (WH) 4 sts, (BK) 1 st, (WH) 12 sts, ch 2, turn.

Row 35: < HDC in 13 sts, (BK) 1 st, (WH) 4 sts, (BK) 1 st, (WH) 21 sts, ch 2, turn.

Row 36: > HDC in 20 sts, (BK) 2 sts, (WH) 4 sts, (BK) 1 st, (WH) 14 sts, ch 2, turn.

Row 37: < HDC in 15 sts, (BK) 1 st, (WH) 5 sts, (BK) 1 st, (WH) 18 sts, ch 2, turn.

Row 38: > HDC in 19 sts, (BK) 5 sts, (WH) 16 sts, ch 2, turn.

Row 39-41: HDC in each stitch across, ch 2, turn. On the end of the last row, tie off, and weave in any yarn ends

Cow Square - Written Row by Row In Single Crochet or Tunisian Stitch

Chain 40 +3 with White Yarn (or background color of your choice) (WH) (the beginning of every row will start with White (or your color choice) and end with a chain 3, which is the turning chain)

Row 1: > Single Crochet (Sc) in second chain (ch) from hook, sc in the rest of the chs, ch 1, turn.

Row 2: < Sc in each stitch (st) across, ch 1, turn.

Row 3: > Sc in each st across, ch 1, turn.

Row 4: < Sc in 10 sts, (change yarn color to Black - BK) 6 sts, (change yarn color to White-WH) 24 sts, ch 1, turn.

Row 5: > Sc in 22 sts, (BK) 2 sts, (WH) 6 sts, (BK) 2 sts, (WH) 8 sts, ch 1, turn.

Row 6: < Sc in 7 sts, (BK) 1 st, (WH) 10 sts, (BK) 1 st, (WH) 21 sts, ch 1, turn.

Row 7: > Sc in 20 sts, (BK) 1 st, (WH) 7 sts, (BK) 5 sts, (WH) 7 sts, ch 1, turn.

Row 8: < Sc in 6 sts, (BK) 1 st, (WH) 5 sts, (BK) 1 st, (WH) 6 sts, (BK) 1 st, (WH) 20 sts, ch 1, turn.

Row 9: > Sc in 20 sts, (BK) 1 st, (WH) 14 sts, (BK) 1 st, (WH) 5 sts, ch 1, turn.

Row 10: < Sc in 4 sts, (BK) 2 sts, (WH) 14 sts, (BK) 3 sts, (WH) 17 sts, ch 1, turn.

Row 11: > Sc in 14 sts, (BK) 4 sts, (WH) 1 st, (BK) 1 st, (WH) 5 sts, (BK) 2 sts, (WH) 8 sts, (BK) 1 st, (WH) 4 sts, ch 1, turn.

Row 12: < Sc in 4 sts, (BK) 1 st, (WH) 3 sts, (BK) 2 sts, (WH) 3 sts, (BK) 2 sts, (WH) 5 sts, (BK) 3 sts, (WH) 12 sts, ch 1, turn.

Row 13: > Sc in 4 sts, (BK) 5 sts, (WH) 2 sts, (BK) 2 sts, (WH) 6 sts, (BK) 2 sts, (WH) 4 sts, (BK) 2 sts, (WH) 3 sts, (BK) 2 sts, (WH) 3 sts, (BK) 1 st, (WH) 4 sts, ch 1, turn.

Row 14: < Sc in 4 sts, (BK) 1 st, (WH) 3 sts, (BK) 2 sts, (WH) 9 sts, (BK) 1 st, (WH) 8 sts, (BK) 1 st, (WH) 1 st, (BK) 2 sts, (WH) 3 sts, (BK) 1 st, (WH) 4 sts, ch 1, turn.

Row 15: < Sc in 4 sts, (BK) 1 st, (WH) 7 sts, (BK) 1 st, (WH) 2 sts, (BK) 1 st, (WH) 2 sts, (BK) 2 sts, (WH) 9 sts, (BK) 2 sts, (WH) 3 sts,

(BK) 2 sts, (WH) 4 sts, ch 1, turn.

Row 16: > Sc in 5 sts, (BK) 1 st, (WH) 4 sts, (BK) 1 st, (WH) 5 sts, (BK) 3 sts, (WH) 2 sts, (BK) 2 sts, (WH) 2 sts, (BK) 2 sts, (WH) 2 sts, (BK) 1 st, (WH) 2 sts, (BK) 1 sts, (WH) 2 sts, (BK) 1 st, (WH) 4 sts, ch 1, turn.

Row 17: < Sc in 4 sts, (BK) 2 sts, (WH) 2 sts, (BK) 2 sts, (WH) 6 sts, (BK) 2 sts, (BK) 6 sts, (WH) 2 sts, (BK) 2 sts, (WH) 4 sts, (BK) 1 st, (WH) 5 sts, ch 1, turn.

Row 18: > Sc in 5 sts, (BK) 2 sts, (WH) 4 sts, (BK) 1 st, (WH) 1 st, (BK) 7 sts, (WH) 3 sts, (BK) 1 st, (WH) 9 sts, (BK) 2 sts, (WH) 5 sts, ch 1, turn.

Row 19: < Sc in 6 sts, (BK) 2 sts, (WH) 6 sts, (BK) 2 sts, (WH) 8 sts, (BK) 3 sts, (WH) 1 st, (BK) 1 st, (WH) 4 st, (BK) 1 st, (WH) 6 sts, ch 1, turn.

Row 20: > Sc in 6 sts, (BK) 1 st, (WH) 5 sts, (BK) 3 sts, (WH) 2 sts, (BR) 2 sts, (WH) 6 sts, (BK) 8sts, (WH) 7 sts, ch 1, turn.

Row 21: < Sc in 8 sts, (BK) 3 sts, (WH) 9 sts, (BR) 4 sts, (WH) 1 st, (BK) 3 sts, (WH) 4 sts, (BK) 2 sts, (WH) 6 sts, ch 1, turn.

Row 22: > Sc in 7 sts, (BK) 2 sts, (WH) 3 sts, (BK) 3 sts, (WH) 1 st, (BR) 2 sts, (WH) 1 st, (BR) 1 st, (WH) 9 sts, (BK) 1 st, (WH) 2 sts, (BK) 2 sts, (WH) 6 sts, ch 1, turn.

Row 23: < Sc in 5 sts, (BK) 1 st, (WH) 4 sts, (BK) 2 sts, (WH) 2 sts, (BR) 2 sts, (WH) 5 sts, (BR) 2 sts, (WH) 2 sts, (BK) 3 sts, (WH) 3 sts, (BK) 1 st, (WH) 8 sts, ch 1, turn.

Row 24: > Sc in 7 sts, (BK) 2 sts, (WH) 3 sts, (BK) 4 sts, (WH) 7 sts, (BR) 4 sts, (WH) 1 st, (BK) 1 st, (WH) 3 sts, (BK) 3 sts, (WH) 5 sts, ch 1, turn.

Row 25: < Sc in 8 sts, (BK) 1 st, (WH) 2 sts, (BK) 1 st, (WH) 1 st, (BR) 1 st, (WH) 1 st, (BR) 2 sts, (WH) 3 sts, (BK) 7 sts, (WH) 6 sts, (BK) 1 st, (WH) 6 sts, ch 1, turn.

Row 26: > Sc in 5 sts, (BK) 1 st, (WH) 8 sts, (BK) 6 sts, (WH) 4sts, (BR) 2 sts, (WH) 2sts, (BK) 1 st,(WH) 1 st, (BK) 1 st, (WH) 9 sts, ch 1, turn.

Row 27: < Sc in 10 sts, (BK) 2 sts, (WH) 9 sts, (BK) 5 sts, (WH) 10 st, (BK) 1 st, (WH) 4 sts, ch 1, turn.

Row 28: > Sc in 4 sts, (BK) 1 st, (WH) 22 sts, (BK) 1 st, (WH) 12 sts, ch 1, turn.

Row 29: < Sc in 12 sts, (BK) 1 st, (WH) 5 sts, (BK) 5 sts, (WH) 5 sts, (BK) 3 sts, (WH) 4 sts, (BK) 1 st, (WH) 4 sts, ch 1, turn.

Row 30: > Sc in 4 sts, (BK) 1 st, (WH) 3 sts, (BK) 1 st, (WH) 2 sts, (BK) 2 sts, (WH) 3 sts, (BK) 7 sts, (WH) 3 sts, (BK) 1 st, (WH) 13 sts, ch 1, turn.

Row 31: < Sc in 13 sts, (BK) 1 st, (WH) 3 sts, (BK) 11 sts, (WH) 4 sts, (BK) 1 st, (WH) 2 sts, (BK) 1 st, (WH) 4 sts, ch 1, turn.

Row 32: > Sc in 5 sts, (BK) 1 st, (WH) 2 sts, (BK) 1 st, (WH) 4 sts, (BK) 12 sts, (WH) 4 sts, (BK) 1 st, (WH) 12 sts, ch 1, turn.

Row 33: < Sc in 12 sts, (BK) 1 st, (WH) 4 sts, (BK) 1 st, (WH) 1 st, (BK) 7 sts, (WH) 5 sts, (BK) 1 st, (WH) 1 st, (BK) 1 st, (WH) 6 sts, ch 1, turn.

Row 34: > Sc in 7 sts, (BK) 2 sts, (WH) 13 sts, (BK) 1 st, (WH) 4 sts, (BK) 1 st, (WH) 12 sts, ch 1, turn.

Row 35: < Sc in 13 sts, (BK) 1 st, (WH) 4 sts, (BK) 1 st, (WH) 21 sts, ch 1, turn.

Row 36: > Sc in 20 sts, (BK) 2 sts, (WH) 4 sts, (BK) 1 st, (WH) 14 sts, ch 1, turn.

Row 37: < Sc in 15 sts, (BK) 1 st, (WH) 5 sts, (BK) 1 st, (WH) 18 sts, ch 1, turn.

Row 38: > Sc in 19 sts, (BK) 5 sts, (WH) 16 sts, ch 1, turn.

Row 39-41: Sc in each stitch across, ch 1, turn. On the end of the last row, tie off, and weave in any yarn ends

Cow LARGE Square - Written Row by Row In Double Crochet - (3 stitches per grid square)

Chain 120 +3 with White Yarn (or background color of your choice) (WH) (the beginning of every row will start with White (or your color choice) and end with a chain 3, which is the turning chain and the first stitch on the next row)

Row 1: > Double Crochet (Dc) in fourth chain (ch) from hook, Dc in the rest of the chs, ch 3, turn. (120 Dcs counting the beginning chain 3)

Row 2: < Dc in each stitch (st) across, ch 3, turn.

Row 3: > Dc in each st across, ch 3, turn.

Row 4: < Dc in 29 sts, (change yarn color to Black - BK) 18 sts, (change yarn color to White-WH) 72 sts, ch 3, turn.

Row 5: > Dc in 65 sts, (BK) 6 sts, (WH) 18 sts, (BK) 6 sts, (WH) 24 sts, ch 3, turn.

Row 6: < Dc in 20 sts, (BK) 3 sts, (WH) 30 sts, (BK) 13 sts, (WH) 63 sts, ch 3, turn.

Row 7: > Dc in 59 sts, (BK) 3 sts, (WH) 21 sts, (BK) 15 sts, (WH) 21 sts, ch 3, turn.

Row 8: < Dc in 17 sts, (BK) 3 sts, (WH) 15 sts, (BK) 3sts, (WH) 18 sts, (BK) 3 sts, (WH) 60 sts, ch 3, turn.

Row 9: > Dc in 59 sts, (BK) 3 sts, (WH) 42 sts, (BK) 3 sts, (WH) 15 sts, ch 3, turn.

Row 10: < Dc in 11 sts, (BK) 6 sts, (WH) 32 sts, (BK) 9 sts, (WH) 51 sts, ch 3, turn.

Row 11: > Dc in 41 sts, (BK) 12 sts, (WH) 3 sts, (BK) 3 sts, (WH) 15 sts, (BK) 6 sts, (WH) 24 sts, (BK) 3 sts, (WH) 12 sts, ch 3, turn.

Row 12: < Dc in 11 sts, (BK) 3 sts, (WH) 9 sts, (BK) 6 sts, (WH) 9 sts, (BK) 6 sts, (WH) 15 sts, (BK) 9 sts, (WH) 36 sts, ch 3, turn.

Row 13: > Dc in 11 sts, (BK) 15 sts, (WH) 6 sts, (BK) 6 sts, (WH) 18 sts, (BK) 26 sts, (WH) 12 sts, (BK) 6 sts, (WH) 9 sts, (BK) 6 sts, (WH) 9 sts, (BK) 3 sts, (WH) 12 sts, ch 3, turn.

Row 14: < Dc in 11 sts, (BK) 3 sts, (WH) 9 sts, (BK) 6 sts, (WH) 18 sts, (BK) 3 sts, (WH) 24 sts, (BK) 3 sts, (WH) 3 sts, (BK) 6 sts, (WH) 9 sts, (BK) 3 sts, (WH) 12 sts, ch 3, turn.

Row 15: < Dc in 11 sts, (BK) 3 sts, (WH) 21 sts, (BK) 3 sts, (WH) 6 sts, (BK) 3 sts, (WH) 6 sts, (BK) 6 sts, (WH) 27 sts, (BK) 6 sts, (WH) 9 sts, (BK) 6 sts, (WH) 12 sts, ch 3, turn.

Row 16: > Dc in 14 sts, (BK) 3 sts, (WH) 12 sts, (BK) 3 sts, (WH) 15 sts, (BK) 9 sts, (WH) 6 sts, (BK) 6 sts, (WH) 6 sts, (BK) 6 sts, (WH) 6 sts, (BK) 3 sts, (WH) 6 sts, (BK) 33 sts, (WH) 6 sts, (BK) 3 sts, (WH) 12 sts, ch 3, turn.

Row 17: < Dc in 11 sts, (BK) 6 sts, (WH) 6 sts, (BK) 6 sts, (WH) 18 sts, (BK) 6 sts, (BK) 18 sts, (WH) 6 sts, (BK) 6 sts, (WH) 12 sts, (BK) 3 sts, (WH) 15 sts, ch 3, turn.

Row 18: > Dc in 15 sts, (BK) 6 sts, (WH) 12 sts, (BK) 3 sts, (WH) 3 sts, (BK) 21 sts, (WH) 9 sts, (BK) 3 sts, (WH) 27 sts, (BK) 6 sts, (WH) 15 sts, ch 3, turn.

Row 19: < Dc in 17 sts, (BK) 6 sts, (WH) 18 sts, (BK) 6 sts, (WH) 24 sts, (BK) 9 sts, (WH) 3 sts, (BK) 3 sts, (WH) 12 sts, (BK) 3 sts, (WH) 18 sts, ch 3, turn.

Row 20: > Dc in 17 sts, (BK) 3 sts, (WH) 15 sts, (BK) 9 sts, (WH) 6 sts, (BR) 6 sts, (WH) 18 sts, (BK) 24 sts, (WH) 21 sts, ch 3, turn.

Row 21: < Dc in 23 sts, (BK) 9 sts, (WH) 27 sts, (BR) 12 sts, (WH) 3 sts, (BK) 9 sts, (WH) 12 sts, (BK) 6 sts, (WH) 18 sts, ch 3, turn.

Row 22: > Dc in 20 sts, (BK) 6 sts, (WH) 9 sts, (BK) 9 sts, (WH) 3 sts, (BR) 6 sts, (WH) 3 sts, (BR) 3 sts, (WH) 27 sts, (BK) 3 sts, (WH) 6 sts, (BK) 6 sts, (WH) 18 sts, ch 3, turn.

Row 23: < Dc in 14 sts, (BK) 3 sts, (WH) 12 sts, (BK) 6 sts, (WH) 6 sts, (BR) 6 sts, (WH) 15 sts, (BR) 6 sts, (WH) 6 sts, (BK) 9 sts, (WH) 9 sts, (BK) 3 sts, (WH) 24 sts, ch 3, turn.

Row 24: > Dc in 20 sts, (BK) 4 sts, (WH) 6 sts, (BK) 12 sts, (WH) 21 sts, (BR) 12 sts, (WH) 3 sts, (BK) 3 sts, (WH) 9 sts, (BK) 9 sts, (WH) 15 sts, ch 3, turn.

Row 25: < Dc in 23 sts, (BK) 3 sts, (WH) 6 sts, (BK) 3 sts, (WH) 3 sts, (BR) 3 sts, (WH) 3 sts, (BR) 6 sts, (WH) 9 sts, (BK) 21 sts, (WH) 18 sts, (BK) 3 sts, (WH) 18 sts, ch 3, turn.

Row 26: > Dc in 14 sts, (BK) 3 sts, (WH) 24 sts, (BK) 18 sts, (WH) 12 sts, (BR) 6 sts, (WH) 6 sts, (BK) 3 sts, (WH) 3 sts, (BK) 3 sts, (WH) 27 sts, ch 3, turn.

Row 27: < Dc in 29 sts, (BK) 4 sts, (WH) 27 sts, (BK) 15 sts, (WH) 30 sts, (BK) 3 sts, (WH) 12 sts, ch 3, turn.

Row 28: > Dc in 11 sts, (BK) 3 sts, (WH) 66 sts, (BK) 3 sts, (WH) 36 sts, ch 3, turn.

Row 29: < Dc in 35 sts, (BK) 3 sts, (WH) 15 sts, (BK) 15 sts, (WH) 15 sts, (BK) 9 sts, (WH) 12 sts, (BK) 3 sts, (WH) 12 sts, ch 3, turn.

Row 30: > Dc in 12 sts, (BK) 3 sts, (WH) 9 sts, (BK) 3 sts, (WH) 6 sts, (BK) 6 sts, (WH) 9 sts, (BK) 21 sts, (WH) 9 sts, (BK) 3 sts, (WH) 39 sts, ch 3, turn.

Row 31: < Dc in 38 sts, (BK) 3 sts, (WH) 9 sts, (BK) 33 sts, (WH) 12 sts, (BK) 3 sts, (WH) 6 sts, (BK) 3 sts, (WH) 12 sts, ch 3, turn.

Row 32: > Dc in 15 sts, (BK) 3 sts, (WH) 6 sts, (BK) 3 sts, (WH) 12 sts, (BK) 36 sts, (WH) 12 sts, (BK) 3 sts, (WH) 36 sts, ch 3, turn.

Row 33: < Dc in 35 sts, (BK) 3 sts, (WH) 12 sts, (BK) 3 sts, (WH) 3 sts, (BK) 21 sts, (WH) 15 sts, (BK) 3 sts, (WH) 3 sts, (BK) 3 sts, (WH) 18 sts, ch 3, turn.

Row 34: > Dc in 20 sts, (BK) 6 sts, (WH) 39 sts, (BK) 3 sts, (WH) 12 sts, (BK) 3 sts, (WH) 36 sts, ch 3, turn.

Row 35: < Dc in 38 sts, (BK) 3 sts, (WH) 12 sts, (BK) 3 sts, (WH) 63 sts, ch 3, turn.

Row 36: > Dc in 59 sts, (BK) 6 sts, (WH) 12 sts, (BK) 3 sts, (WH) 42 sts, ch 3, turn.

Row 37: < Dc in 44 sts, (BK) 3 sts, (WH) 15 sts, (BK) 3 sts, (WH) 54 sts, ch 3, turn.

Row 38: > Dc in 56 sts, (BK) 15 sts, (WH) 48 sts, ch 3, turn.

Row 39-41: Dc in each stitch across, ch 3, turn. On the end of the last row, tie off, and weave in any yarn ends

Cow - Full Design Chart

This Chart can be used for single crochet, tunisian st, or half double crochet with each square counting as one stitch, and can also be used for making a larger blanketsquare using 3 double crochet stitches for each square on the grid.
The color of the squares on the grid are the suggested colors for the yarn.

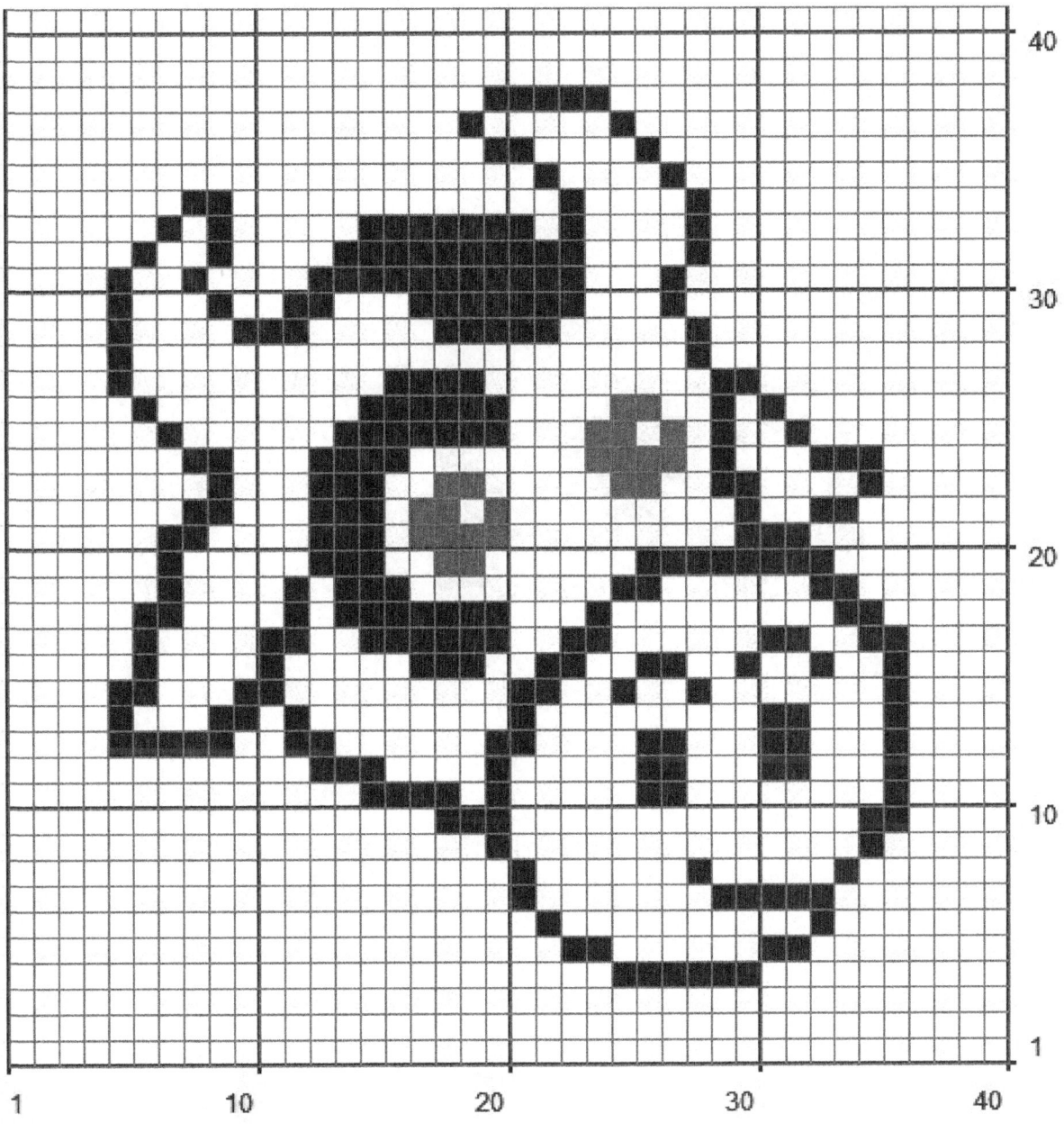

Cow - Full Design Chart

Tunisian Stitch or Single Crochet Sitch
0 - chain X - Single Crochet Stitch
Color background of each stitch is suggested yarn color.

Chapter 19: Mouse Square Pattern
Large Double Crochet Finished With Border

Supplies Needed:
Your Favorite Worsted Weight Yarn

Approximate yards

WH - White – 250

BK - Black - 90

GY - Gray -200

PK - Pink - 60

Tunisian Crochet Hook Size G with extension

Regular Crochet Hook Size G

Approximate Sizes:

10" wide by 10" length

Use Size 'G' Tunisian Crochet Hook (with extension)

for a Tunisian Crochet

'G' Hook for Single Crochet

To make the squares a bit bigger use Size 'I' Hook

and replace the single Crochet with Half Double Crochet or Double Crochet. The written row by row pattern is included for all three sizes.

The finished blanket can be made longer or wider by adding more rows on the top, bottom and sides equally. And/Or add a border.

Mouse Square - Written Row by Row In Half Double Crochet

Chain 40 +2 with White Yarn (or background color of your choice) (WH) (the beginning of every row will start with White (or your color choice) and end with a chain 2, which is the turning chain and first HDC on the next row)

Row 1: > Half Double Crochet (HDC) in third chain (ch) from hook, HDC in the rest of the chs, ch 2, turn.

Row 2: < HDC in each stitch (st) across, ch 2, turn.

Row 3-4: > HDC in each (st) across, ch 2, turn.

Row 5: < HDC in 17 sts, (change yarn color to dark Gray - DG) 6 sts, (change yarn color to White-WH) 17 sts, ch 2, turn.

Row 6: > HDC in 16 sts, (DG) 2 sts, (change yarn color to light Gray - LG) 4 sts, (DG) 2 sts, (WH) 16 sts, ch 2, turn.

Row 7: < HDC in 15 sts, (DG) 2 sts, (LG) 6 sts, (DG) 2 sts, (WH) 15 sts, ch 2, turn.

Row 8: > HDC in 13 sts, (DG) 3 sts, (LG) 8 sts, (DG) 3 sts, (WH) 13 sts, ch 2, turn.

Row 9: < HDC in 12 sts, (DG) 2 sts, (LG) 12 sts, (DG) 2 sts, (WH) 12 sts, ch 2, turn.

Row 10: > HDC in 11 sts, (DG) 2 sts, (LG) 5 sts, (change yarn color to Black- BK) 4 sts, (LG) 4 sts, (DG) 2 sts, (WH) 11 sts, ch 2, turn.

Row 11: < HDC in 10 sts, (DG) 2 sts, (LG) 4 st, (BK) 3 sts, (LG) 2 sts, (BK) 3 sts, (LG) 4 sts, (DG) 2 sts, (WH) 10 sts, ch 2, turn.

Row 12: > HDC in 9 sts, (DG) 2 sts, (LG) 4 sts, (BK) 2 sts, (LG) 6 sts, (BK) 2 sts, (LG) 4 sts, (DG) 2 sts, (WH) 9 st, ch 2, turn.

Row 13: < HDC in 9 sts, (DG) 1 st, (LG) 1 st, (DG) 1 st, (LG) 3 sts, (BK) 1 st, (LG) 3 sts, (DG) 2 sts, (LG) 3 sts, (BK) 1 st, (LG) 2 sts, (DG) 1 st, (LG) 2 sts, (DG) 1 st, (WH) 9 sts, ch 2, turn.

Row 14: > HDC in 8 sts, (DG) 1 st, (LG) 4 sts, (DG) 1 st, (LG) 4 sts, (DG) 4 sts, (LG) 5 sts, (DG) 1 st, (LG) 3 sts, (DG) 1 st, (WH) 8 sts, ch 2, turn.

Row 15: < HDC in 8 sts, (DG) 1 st, (LG) 4 sts, (DG) 1 st, (LG) 4 sts, (DG) 4 sts, (LG) 3 sts, (DG) 1 st, (LG) 5 sts, (DG) 1 st, (WH) 8 sts, ch 2, turn.

Row 16: > HDC in 8 sts, (DG) 1 st, (LG) 4 sts, (DG) 1 st, (LG) 13 sts, (DG) 1 st, (LG) 3 sts, (DG) 1 st, (WH) 8 sts, ch 2, turn.

Row 17: < HDC in 8 sts, (DG) 1 st, (LG) 2 sts, (DG) 1 st, (LG) 4 sts, (BK) 2 sts, (LG) 4 sts, (BK) 2 sts, (LG) 3 sts, (DG) 1 st, (LG) 3 sts, (DG) 1 st, (WH) 8 sts, ch 2, turn.

Row 18: > HDC in 8 sts, (DG) 1 st, (LG) 6 sts, (BK) 4 sts, (LG) 2 sts, (BK) 4 sts, (LG) 6 sts, (DG) 1 st, (WH) 8 sts, ch 2, turn.

Row 19: < HDC in 9 sts, (DG) 1 st, (LG) 5 sts, (BK) 1 st, (WH) 1 st, (BK) 2 sts, (LG) 2 sts, (BK) 1 st,(WH) 1 st, (BK) 2 sts, (LG) 5 sts, (DG) 1 st, (WH) 9 sts, ch 2, turn.

Row 20: > HDC in 10 sts, (DG) 1 st, (LG) 5 sts, (BK) 2 sts, (LG) 4 sts, (BK) 2 sts, (LG) 5 sts, (DG) 1 st, (WH) 10 sts, ch 2, turn.

Row 21: < HDC 11 sts, (DG) 1 st, (LG) 16 sts, (DG) 1 st, (WH) 11 sts, ch 2, turn.

Row 22: > HDC 8 sts, (DG) 4 sts, (LG) 2 sts, (BK) 1 sts, (LG) 3 sts, (BK) 1 st, (LG) 2 sts, (BK) 1 st, (LG) 3 st, (BK) 1 st, (LG) 2 sts, (DG) 4 sts, (WH) 8 sts, ch 2, turn.

Row 23: < HDC in 7 sts, (DG) 1 sts, (LG) 4 sts, (DG) 1 st, (LG) 2 sts, (BK) 3 sts, (LG) 4 sts, (BK) 3 sts, (GG) 2 sts, (DG) 1 st, (LG) 4 st, (DG) 1 st, (WH) 7 sts, ch 2, turn.

Row 24: > HDC in 6 sts, (DG) 1 st, (LG) 26 sts, (DG) 1 st, (WH) 6 sts, ch 2, turn.

Row 25: < HDC in 5 sts, (DG) 1 st, (LG) 6 sts, (change yarn color to Pink - PK) 1 st, (LG) 13 sts, (PK) 1 st, (LG) 7 sts, (DG) 1 st, (WH) 5 sts, ch 2, turn.

Row 26: > HDC in 4 sts, (DG) 1 st, (LG) 6 sts, (PK) 3 sts, (LG) 13 sts, (PK) 3 sts, (LG) 5 sts, (DG) 1 st, (WH) 4 sts, ch 2, turn.

Row 27: < HDC in 3 sts, (DG) 1 st, (LG) 4 sts, (PK) 6 sts, (LG) 3 sts, (DG) 1 st, (LG) 3 sts, (DG) 1 st, (LG) 3 sts, (PK) 6 sts, (LG) 5 sts, (DG) 1 st, (WH) 3 sts, ch 2, turn.

Row 28: > HDC in 3 sts, (DG) 1 st, (LG) 4 sts, (PK) 7 sts, (LG) 2 sts, (DG) 1 st, (WH) 1 st, (DG) 3 sts, (W) 1 st, (DG) 1 st, (LG) 2 sts, (PK) 7 sts, (LG) 3 sts, (DG) 1 st, (WH) 3 sts, ch 2, turn.

Row 29: < HDC in 3 sts, (DG) 1 st, (LG) 3 sts, (PK) 7 sts, (LG) 2 sts, (DG) 1 st, (WH) 5 sts, (DG) 1 st, (LG) 2 sts, (PK) 7 sts, (LG) 4 sts, (DG) 1 st, (WH) 3 sts, ch 2, turn.

Row 30: > HDC in 3 sts, (DG) 1 st, (LG) 4 sts, (PK) 7 sts, (LG) 2 sts, (DG) 1 st, (WH) 5 sts, (DG) 1 st, (LG) 2 sts, (PK) 7 sts, (LG) 3 sts, (DG) 1 st, (WH) 3 sts, ch 2, turn.

Row 31: < HDC in 4 sts, (DG) 1 st, (LG) 2 sts, (PK) 7 sts, (LG) 1 st, (DG) 1 st, (WH) 7 sts, (DG) 2 sts, (LG) 1 st, (PK) 7 sts, (LG) 3 sts, (DG) 1 st, (WH) 4 sts, ch 2, turn.

Row 32: > HDC in 4 sts, (DG) 1 st, (LG) 4 sts, (PK) 5 sts, (LG) 2 sts, (DG) 1 st, (WH) 7 sts, (DG) 1 st, (LG) 2 sts, (PK) 5 sts, (LG) 3 sts, (DG) 1 st, (WH) 4 sts, ch 2, turn.

Row 33: < HDC in 5 sts, (DG) 1 st, (LG) 4 sts, (PK) 2 sts, (LG) 3 sts, (DG) 1 st, (WH) 7 sts, (DG) 1 st, (LG) 3 sts, (PK) 2 sts, (LG) 5 sts, (DG) 1 st, (WH) 5 sts, ch 2, turn.

Row 34: > HDC in 5 sts, (DG) 1 st, (LG) 10 sts, (DG) 1 st, (WH) 7 sts, (DG) 1 st, (LG) 9 sts, (DG) 1 st, (WH) 5 sts, ch 2, turn.

Row 35: < HDC in 6 sts, (DG) 1 st, (LG)8 sts, (DG) 1 st, (WH) 9 sts, (DG) 1 st, (LG) 8 sts, (DG) 1 st, (WH) 6 sts, ch 2, turn.

Row 36: > HDC in 7 sts, (DG) 2 sts, (LG) 4 sts, (DG) 2 sts, (WH) 11 sts, (DG) 2 sts, (LG) 3 sts, (DG) 2 sts, (WH) 7 sts, ch 2, turn.

Row 37: < HDC in 8 sts, (DG) 4 sts, (WH) 15 sts, (DB) 5 sts, (WH) 8 sts, ch 2, turn.

Row 38 - 41: HDC in each stitch across, ch 2, turn. On the end of the last row, tie off, and weave in any yarn ends

Mouse Square - Written Row by Row In Single Crochet or Tunisian Stitch

Chain 40 +1 with White Yarn (or background color of your choice) (WH) (the beginning of every row will start with White (or your color choice) and end with a chain 1, which is the turning chain)

Row 1: > Single Crochet (Sc) in second chain (ch) from hook, sc in the rest of the chs, ch 1, turn.

Row 2: < Sc in each stitch (st) across, ch 1, turn.

Row 3-4: > Sc in each (st) across, ch 1, turn.

Row 5: < Sc in 17 sts, (change yarn color to dark Gray - DG) 6 sts, (change yarn color to White-WH) 17 sts, ch 1, turn.

Row 6: > Sc in 16 sts, (DG) 2 sts, (change yarn color to light Gray - LG) 4 sts, (DG) 2 sts, (WH) 16 sts, ch 1, turn.

Row 7: < Sc in 15 sts, (DG) 2 sts, (LG) 6 sts, (DG) 2 sts, (WH) 15 sts, ch 1, turn.

Row 8: > Sc in 13 sts, (DG) 3 sts, (LG) 8 sts, (DG) 3 sts, (WH) 13 sts, ch 1, turn.

Row 9: < Sc in 12 sts, (DG) 2 sts, (LG) 12 sts, (DG) 2 sts, (WH) 12 sts, ch 1, turn.

Row 10: > Sc in 11 sts, (DG) 2 sts, (LG) 5 sts, (change yarn color to Black- BK) 4 sts, (LG) 4 sts, (DG) 2 sts, (WH) 11 sts, ch 1, turn.

Row 11: < Sc in 10 sts, (DG) 2 sts, (LG) 4 st, (BK) 3 sts, (LG) 2 sts, (BK) 3 sts, (LG) 4 sts, (DG) 2 sts, (WH) 10 sts, ch 1, turn.

Row 12: > Sc in 9 sts, (DG) 2 sts, (LG) 4 sts, (BK) 2 sts, (LG) 6 sts, (BK) 2 sts, (LG) 4 sts, (DG) 2 sts, (WH) 9 st, ch 1, turn.

Row 13: < Sc in 9 sts, (DG) 1 st, (LG) 1 st, (DG) 1 st, (LG) 3 sts, (BK) 1 st, (LG) 3 sts, (DG) 2 sts, (LG) 3 sts, (BK) 1 st, (LG) 2 sts, (DG) 1 st, (LG) 2 sts, (DG) 1 st, (WH) 9 sts, ch 1, turn.

Row 14: > Sc in 8 sts, (DG) 1 st, (LG) 4 sts, (DG) 1 st, (LG) 4 sts, (DG) 4 sts, (LG) 5 sts, (DG) 1 st, (LG) 3 sts, (DG) 1 st, (WH) 8 sts, ch 1, turn.

Row 15: < Sc in 8 sts, (DG) 1 st, (LG) 4 sts, (DG) 1 st, (LG) 4 sts, (DG) 4 sts, (LG) 3 sts, (DG) 1 st, (LG) 5 sts, (DG) 1 st, (WH) 8 sts, ch 1, turn.

Row 16: > Sc in 8 sts, (DG) 1 st, (LG) 4 sts, (DG) 1 st, (LG) 13 sts, (DG) 1 st, (LG) 3 sts, (DG) 1 st, (WH) 8 sts, ch 1, turn.

Row 17: < Sc in 8 sts, (DG) 1 st, (LG) 2 sts, (DG) 1 st, (LG) 4 sts, (BK) 2 sts, (LG) 4 sts, (BK) 2 sts, (LG) 3 sts, (DG) 1 st, (LG) 3 sts, (DG) 1 st, (WH) 8 sts, ch 1, turn.

Row 18: > Sc in 8 sts, (DG) 1 st, (LG) 6 sts, (BK) 4 sts, (LG) 2 sts, (BK) 4 sts, (LG) 6 sts, (DG) 1 st, (WH) 8 sts, ch 1, turn.

Row 19: < Sc in 9 sts, (DG) 1 st, (LG) 5 sts, (BK) 1 st, (WH) 1 st, (BK) 2 sts, (LG) 2 sts, (BK) 1 st,(WH) 1 st, (BK) 2 sts, (LG) 5 sts, (DG) 1 st, (WH) 9 sts, ch 1, turn.

Row 20: > Sc in 10 sts, (DG) 1 st, (LG) 5 sts, (BK) 2 sts, (LG) 4 sts, (BK) 2 sts, (LG) 5 sts, (DG) 1 st, (WH) 10 sts, ch 1, turn.

Row 21: < Sc 11 sts, (DG) 1 st, (LG) 16 sts, (DG) 1 st, (WH) 11 sts, ch 1, turn.

Row 22: > Sc 8 sts, (DG) 4 sts, (LG) 2 sts, (BK) 1 sts, (LG) 3 sts, (BK) 1 st, (LG) 2 sts, (BK) 1 st, (LG) 3 st, (BK) 1 st, (LG) 2 sts, (DG) 4 sts, (WH) 8 sts, ch 1, turn.

Row 23: < Sc in 7 sts, (DG) 1 sts, (LG) 4 sts, (DG) 1 st, (LG) 2 sts, (BK) 3 sts, (LG) 4 sts, (BK) 3 sts, (GG) 2 sts, (DG) 1 st, (LG) 4 st, (DG) 1 st, (WH) 7 sts, ch 1, turn.

Row 24: > Sc in 6 sts, (DG) 1 st, (LG) 26 sts, (DG) 1 st, (WH) 6 sts, ch 1, turn.

Row 25: < Sc in 5 sts, (DG) 1 st, (LG) 6 sts, (change yarn color to Pink - PK) 1 st, (LG) 13 sts, (PK) 1 st, (LG) 7 sts, (DG) 1 st, (WH) 5 sts, ch 1, turn.

Row 26: > Sc in 4 sts, (DG) 1 st, (LG) 6 sts, (PK) 3 sts, (LG) 13 sts, (PK) 3 sts, (LG) 5 sts, (DG) 1 st, (WH) 4 sts, ch 1, turn.

Row 27: < Sc in 3 sts, (DG) 1 st, (LG) 4 sts, (PK) 6 sts, (LG) 3 sts, (DG) 1 st, (LG) 3 sts, (DG) 1 st, (LG) 3 sts, (PK) 6 sts, (LG) 5 sts, (DG) 1 st, (WH) 3 sts, ch 1, turn.

Row 28: > Sc in 3 sts, (DG) 1 st, (LG) 4 sts, (PK) 7 sts, (LG) 2 sts, (DG) 1 st, (WH) 1 st, (DG) 3 sts, (W) 1 st, (DG) 1 st, (LG) 2 sts, (PK) 7 sts, (LG) 3 sts, (DG) 1 st, (WH) 3 sts, ch 1, turn.

Row 29: < Sc in 3 sts, (DG) 1 st, (LG) 3 sts, (PK) 7 sts, (LG) 2 sts, (DG) 1 st, (WH) 5 sts, (DG) 1 st, (LG) 2 sts, (PK) 7 sts, (LG) 4 sts, (DG) 1 st, (WH) 3 sts, c 1, turn.

Row 30: > Sc in 3 sts, (DG) 1 st, (LG) 4 sts, (PK) 7 sts, (LG) 2 sts, (DG) 1 st, (WH) 5 sts, (DG) 1 st, (LG) 2 sts, (PK) 7 sts, (LG) 3 sts, (DG) 1 st, (WH) 3 sts, ch 1, turn.

Row 31: < Sc in 4 sts, (DG) 1 st, (LG) 2 sts, (PK) 7 sts, (LG) 1 st, (DG) 1 st, (WH) 7 sts, (DG) 2 sts, (LG) 1 st, (PK) 7 sts, (LG) 3 sts, (DG) 1 st, (WH) 4 sts, ch 1, turn.

Row 32: > Sc in 4 sts, (DG) 1 st, (LG) 4 sts, (PK) 5 sts, (LG) 2 sts, (DG) 1 st, (WH) 7 sts, (DG) 1 st, (LG) 2 sts, (PK) 5 sts, (LG) 3 sts, (DG) 1 st, (WH) 4 sts, ch 1, turn.

Row 33: < Sc in 5 sts, (DG) 1 st, (LG) 4 sts, (PK) 2 sts, (LG) 3 sts, (DG) 1 st, (WH) 7 sts, (DG) 1 st, (LG) 3 sts, (PK) 2 sts, (LG) 5 sts, (DG) 1 st, (WH) 5 sts, ch 1, turn.

Row 34: > Sc in 5 sts, (DG) 1 st, (LG) 10 sts, (DG) 1 st, (WH) 7 sts, (DG) 1 st, (LG) 9 sts, (DG) 1 st, (WH) 5 sts, ch 1, turn.

Row 35: < Sc in 6 sts, (DG) 1 st, (LG) 8 sts, (DG) 1 st, (WH) 9 sts, (DG) 1 st, (LG) 8 sts, (DG) 1 st, (WH) 6 sts, ch 1, turn.

Row 36: > Sc in 7 sts, (DG) 2 sts, (LG) 4 sts, (DG) 2 sts, (WH) 11 sts, (DG) 2 sts, (LG) 3 sts, (DG) 2 sts, (WH) 7 sts, ch 1, turn.

Row 37: < Sc in 8 sts, (DG) 4 sts, (WH) 15 sts, (DB) 5 sts, (WH) 8 sts, ch 1, turn.

Row 38 - 41: Sc in each stitch across, ch 1, turn. On the end of the last row, tie off, and weave in any yarn ends

Mouse LARGE Square - Written Row by Row In Double Crochet - (3 stitches per grid square)

Chain 120 +3 with White Yarn (or background color of your choice) (WH) (the beginning of every row will start with White (or your color choice) and end with a chain 3, which is the turning chain and the first stitch on the next row)

Row 1: > Double Crochet (DC) in fourth chain (ch) from hook, DC in the rest of the chs, ch 3, turn. (120 DCs also counting the chain 3 at the beginning)

Row 2: < DC in each stitch (st) across, ch 3, turn.

Row 3-4: > DC in each (st) across, ch 3, turn.

Row 5: < DC in 50 sts, (change yarn color to dark Gray - DG) 18 sts, (change yarn color to White-WH) 51 sts, ch 3, turn.

Row 6: > DC in 47 sts, (DG) 6 sts, (change yarn color to light Gray - LG) 12 sts, (DG) 6 sts, (WH) 48 sts, ch 3, turn.

Row 7: < DC in 44 sts, (DG) 6 sts, (LG) 18 sts, (DG) 6 sts, (WH) 45 sts, ch 3, turn.

Row 8: > DC in 38 sts, (DG) 9 sts, (LG) 24 sts, (DG) 9 sts, (WH) 39 sts, ch 3, turn.

Row 9: < DC in 35 sts, (DG) 6 sts, (LG) 36 sts, (DG) 6 sts, (WH) 36 sts, ch 3, turn.

Row 10: > DC in 32 sts, (DG) 6 sts, (LG) 15 sts, (change yarn color to Black- BK) 12 sts, (LG) 12 sts, (DG) 6 sts, (WH) 33 sts, ch 3, turn.

Row 11: < DC in 29 sts, (DG) 6 sts, (LG) 12 sts, (BK) 9 sts, (LG) 6 sts, (BK) 9 sts, (LG) 12 sts, (DG) 6 sts, (WH) 30 sts, ch 3, turn.

Row 12: > DC in 26 sts, (DG) 6 sts, (LG) 12 sts, (BK) 6 sts, (LG) 18 sts, (BK) 6 sts, (LG) 12 sts, (DG) 6 sts, (WH) 27 sts, ch 3, turn.

Row 13: < DC in 26 sts, (DG) 3 sts, (LG) 3 sts, (DG) 3 sts, (LG) 9 sts, (BK) 3 sts, (LG) 9 sts, (DG) 6 sts, (LG) 9 sts, (BK) 3 sts, (LG) 6 sts, (DG) 3 sts, (LG) 6 sts, (DG) 3 sts, (WH) 27 sts, ch 3, turn.

Row 14: > DC in 23 sts, (DG) 3 sts, (LG) 12 sts, (DG) 3 sts, (LG) 12 sts, (DG) 12 sts, (LG) 15 sts, (DG) 3 sts, (LG) 9 sts, (DG) 3 sts, (WH)

24 sts, ch 3, turn.

Row 15: < DC in 23 sts, (DG) 3 sts, (LG) 12 sts, (DG) 3 sts, (LG) 12 sts, (DG) 12 sts, (LG) 9 sts, (DG) 3 sts, (LG) 15 sts, (DG) 3 sts, (WH) 24 sts, ch 3, turn.

Row 16: > DC in 23 sts, (DG) 3 sts, (LG) 12 sts, (DG) 3 sts, (LG) 39 sts, (DG) 3 sts, (LG) 9 sts, (DG) 3 sts, (WH) 24 sts, ch 3, turn.

Row 17: < DC in 23 sts, (DG) 3 sts, (LG) 6 sts, (DG) 3 sts, (LG) 12 sts, (BK) 6 sts, (LG) 12 sts, (BK) 6 sts, (LG) 9 sts, (DG) 3 sts, (LG) 9 sts, (DG) 3 sts, (WH) 24 sts, ch 3, turn.

Row 18: > DC in 23 sts, (DG) 3 sts, (LG) 18 sts, (BK) 12 sts, (LG) 6 sts, (BK) 12 sts, (LG) 18 sts, (DG) 3 sts, (WH) 24 sts, ch 3, turn.

Row 19: < DC in 26 sts, (DG) 3 sts, (LG) 15 sts, (BK) 3 sts, (WH) 3 sts, (BK) 6 sts, (LG) 6 sts, (BK) 3 sts,(WH) 3 sts, (BK) 6 sts, (LG) 15 sts, (DG) 3 sts, (WH) 27 sts, ch 3, turn.

Row 20: > DC in 29 sts, (DG) 3 sts, (LG) 15 sts, (BK) 6 sts, (LG) 12 sts, (BK) 6 sts, (LG) 15 sts, (DG) 3 sts, (WH) 30 sts, ch 3, turn.

Row 21: < DC 32 sts, (DG) 3 sts, (LG) 48 sts, (DG) 3 sts, (WH) 33 sts, ch 3, turn.

Row 22: > DC 23 sts, (DG) 12 sts, (LG) 6 sts, (BK) 3 sts, (LG) 9 sts, (BK) 3 sts, (LG) 6 sts, (BK) 3 sts, (LG) 9 sts, (BK) 3 sts, (LG) 6 sts, (DG) 12 sts, (WH) 24 sts, ch 3, turn.

Row 23: < DC in 20 sts, (DG) 3 sts, (LG) 12 sts, (DG) 3 sts, (LG) 6 sts, (BK) 9 sts, (LG) 12 sts, (BK) 9 sts, (GG) 6 sts, (DG) 3 sts, (LG) 12 sts, (DG) 3 sts, (WH) 21 sts, ch 3, turn.

Row 24: > DC in 17 sts, (DG) 3 sts, (LG) 78 sts, (DG) 3 sts, (WH) 18 sts, ch 3, turn.

Row 25: < DC in 14 sts, (DG) 3 sts, (LG) 18 sts, (change yarn color to Pink - PK) 3 sts, (LG) 39 sts, (PK) 3 sts, (LG) 32 sts, (DG) 4 sts, (WH) 15 sts, ch 3, turn.

Row 26: > DC in 11 sts, (DG) 3 sts, (LG) 18 sts, (PK) 0 sts, (LG) 39 sts, (PK) 9 sts, (LG) 15 sts, (DG) 3 sts, (WH) 12 sts, ch 3, turn.

Row 27: < DC in 8 sts, (DG) 3 sts, (LG) 12 sts, (PK) 18 sts, (LG) 9 sts, (DG) 3 sts, (LG) 9 sts, (DG) 3 sts, (LG) 9 sts, (PK) 18 sts, (LG) 15 sts, (DG) 3 sts, (WH) 9 sts, ch 3, turn.

Row 28: > DC in 8 sts, (DG) 3 sts, (LG) 12 sts, (PK) 21 sts, (LG) 6 sts, (DG) 3 sts, (WH) 3 sts, (DG) 9 sts, (W) 3 sts, (DG) 3 sts, (LG) 6 sts, (PK) 21 sts, (LG) 9 sts, (DG) 3 sts, (WH) 9 sts, ch 3, turn.

Row 29: < Sc in 8 sts, (DG) 3 st, (LG) 9 sts, (PK) 21 sts, (LG) 62 sts, (DG) 3 st, (WH) 15 sts, (DG) 3 st, (LG) 6 sts, (PK) 21 sts, (LG) 12 sts, (DG) 3 st, (WH) 9 sts, c 1, turn.

Row 30: > DC in 8 sts, (DG) 3 sts, (LG) 12 sts, (PK) 21 sts, (LG) 6 sts, (DG) 3 sts, (WH) 15 sts, (DG) 3 sts, (LG) 6 sts, (PK) 21 sts, (LG) 9 sts, (DG) 3 sts, (WH) 9 sts, ch 3, turn.

Row 31: < DC in 11 sts, (DG) 3 sts, (LG) 6 sts, (PK) 21 sts, (LG) 3 sts, (DG) 3 sts, (WH) 21 sts, (DG) 6 sts, (LG) 6 sts, (PK) 21 sts, (LG) 9 sts, (DG) 3 sts, (WH) 12 sts, ch 3, turn.

Row 32: > DC in 11 sts, (DG) 3 sts, (LG) 12 sts, (PK) 15 sts, (LG) 6 sts, (DG) 3 sts, (WH) 21 sts, (DG) 3 sts, (LG) 6 sts, (PK) 15 sts, (LG) 9 sts, (DG) 3 sts, (WH) 12 sts, ch 3, turn.

Row 33: < DC in 14 sts, (DG) 3 sts, (LG) 12 sts, (PK) 6 sts, (LG) 9 sts, (DG) 3 sts, (WH) 21 sts, (DG) 3 sts, (LG) 9 sts, (PK) 6 sts, (LG) 15 sts, (DG) 3 sts, (WH) 15 sts, ch 3, turn.

Row 34: > DC in 14 sts, (DG) 3 sts, (LG) 30 sts, (DG) 3 sts, (WH) 32 sts, (DG) 3 sts, (LG) 27 sts, (DG) 3 sts, (WH) 15 sts, ch 3, turn.

Row 35: < DC in 17 sts, (DG) 3 sts, (LG) 24 sts, (DG) 3 sts, (WH) 27 sts, (DG) 3 sts, (LG) 24 sts, (DG) 3 sts, (WH) 18 sts, ch 3, turn.

Row 36: > DC in 20 sts, (DG) 6 sts, (LG) 12 sts, (DG) 6 sts, (WH) 33 sts, (DG) 6 sts, (LG) 9 sts, (DG) 6 sts, (WH) 21 sts, ch 3, turn.

Row 37: < DC in 23 sts, (DG) 12 sts, (WH) 45 sts, (DB) 15 sts, (WH) 24 sts, ch 3, turn.

Row 38 - 41: DC in each stitch across, ch 3, turn. On the end of the last row, tie off, and weave in any yarn ends

Mouse - Full Design Chart

This Chart can be used for single crochet, tunisian st, or half double crochet with each square counting as one stitch, and can also be used for making a larger blanketsquare using 3 double crochet stitches for each square on the grid.
The color of the squares on the grid are the suggested colors for the yarn.

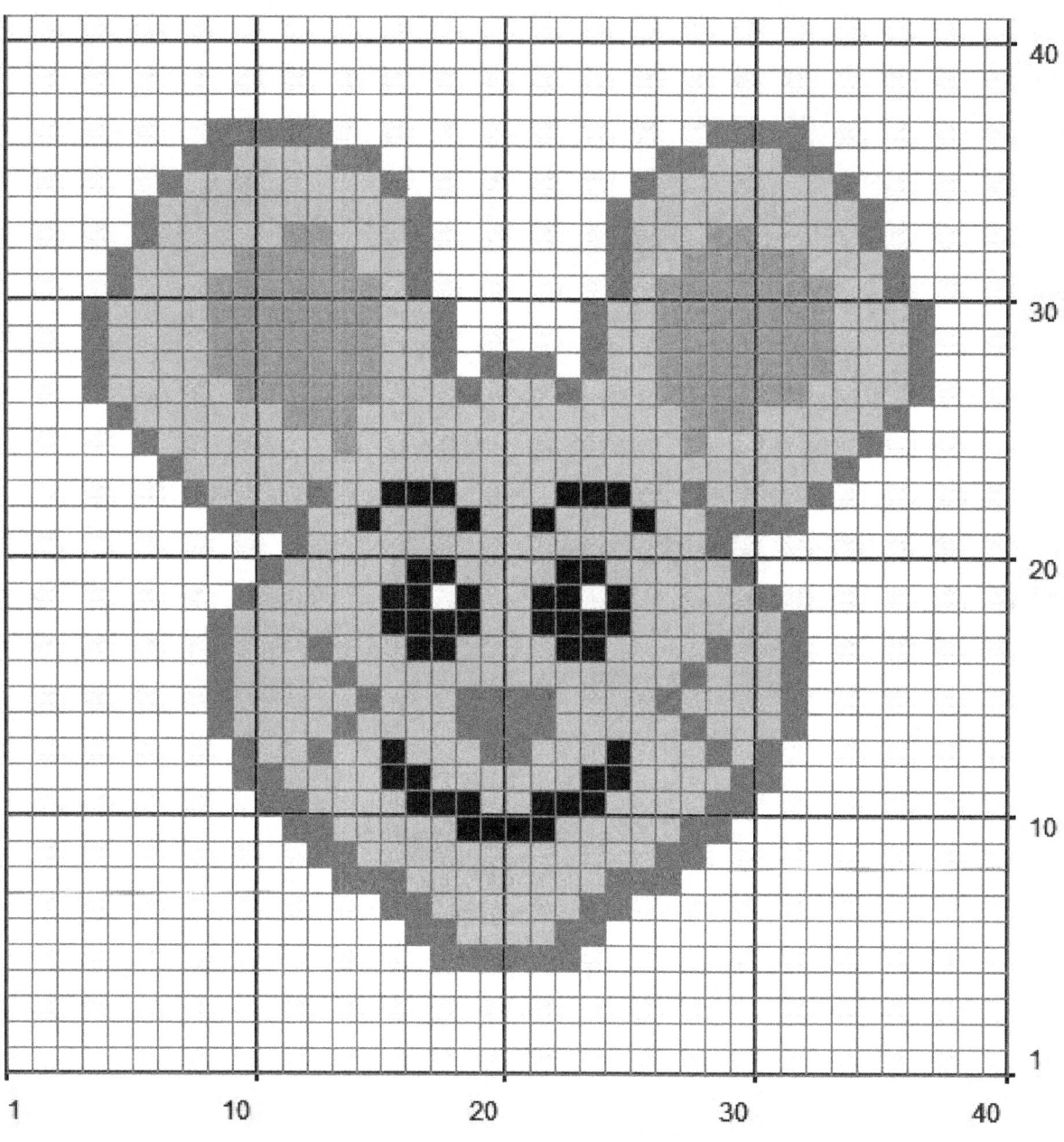

Mouse - Full Stitch Symbol Chart

Tunisian Stitch or Single Crochet Sitch
0 - chain   X - Single Crochet Stitch
Color background of each stitch is suggested yarn color.

Start →

Chapter 20: Tiger Square Pattern
Large Double Crochet Finished With Border

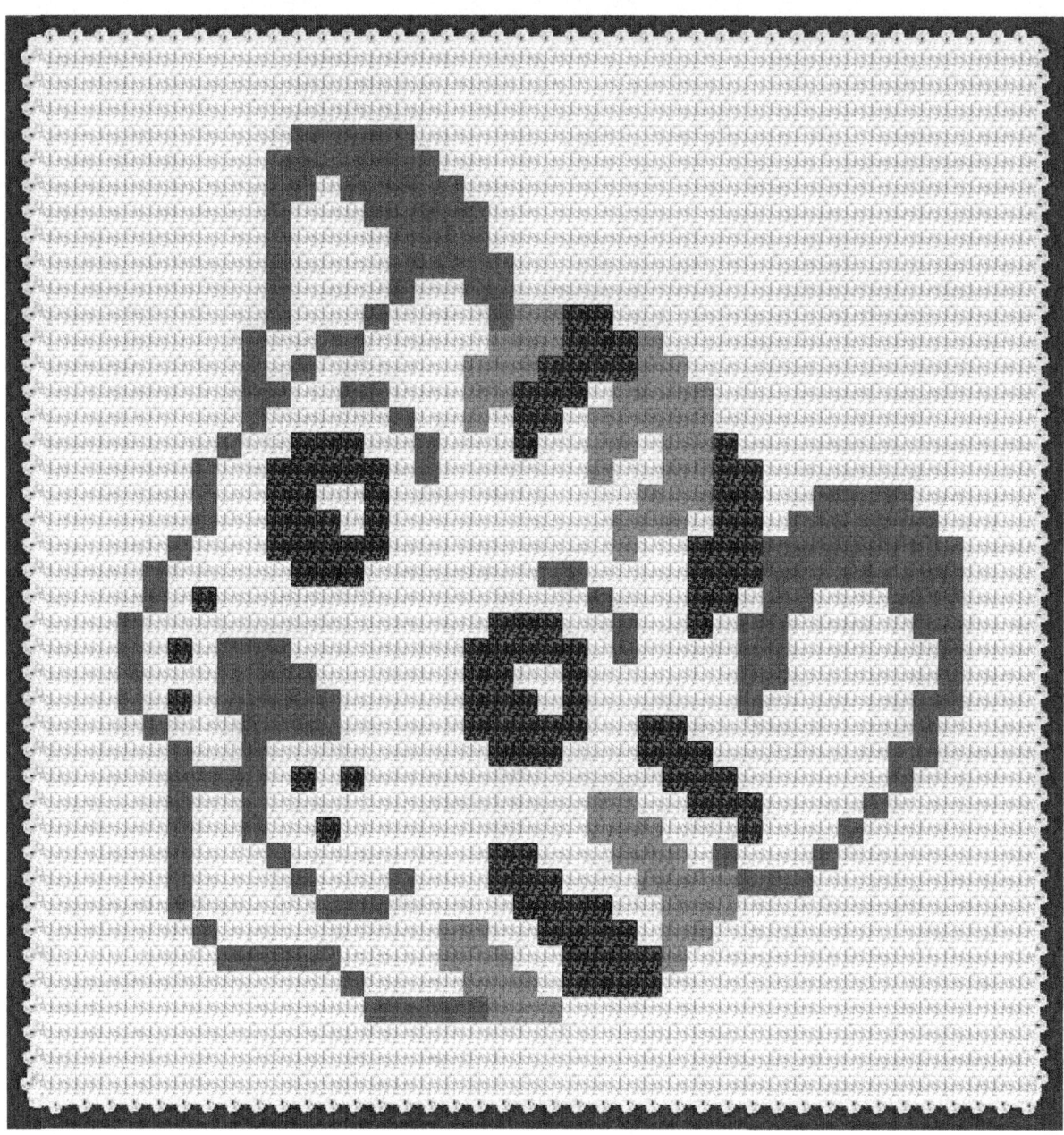

Supplies Needed:
Your Favorite Worsted Weight Yarn

Approximate yards

WH - White – 250

BK - Black - 100

BR - Brown - 150

OR - Orange -100

Tunisian Crochet Hook Size G with extension

Regular Crochet Hook Size G

Approximate Sizes:

10" wide by 10" length

Use Size 'G' Tunisian Crochet Hook (with extension)

for a Tunisian Crochet

'G' Hook for Single Crochet

To make the squares a bit bigger use Size 'I' Hook

and replace the single Crochet with Half Double Crochet or Double Crochet. The written row by row pattern is included for all three sizes.

The finished blanket can be made longer or wider by adding more rows on the top, bottom and sides equally. And/Or add a border.

Tiger Square - Written Row by Row in Half Double Crochet

Chain 40 +2 with White Yarn (or background color of your choice) (WH) (the beginning of every row will start with White (or your color choice) and end with a chain 2, which is the turning chain and first hdc in next row)

Row 1: > Half Double Crochet (HDC) in third chain (ch) from hook, HDC in the rest of the chs, ch 2, turn.

Row 2: < HDC in each stitch (st) across, ch 2, turn.

Row 3: > HDC in each st across, ch 2, turn.

Row 4: < HDC in 19 sts, (change yarn color to orange- OR) 3 sts, change yarn color to White - WH) 1 st, (change yarn color to Brown - BR) 5 sts, (WH) 13 sts, ch 2, turn.

Row 5: > HDC in 12 sts, (BR) 1 st, (WH) 4 sts, (OR) 3 sts, (WH) 1 st, (change yarn color to Black - BK) 4 sts, (WH) 15 sts, ch 2, turn.

Row 6: < HDC in 14 sts, (OR) 1 st, (BK) 4 sts, (WH) 2 sts, (OR) 3 sts, (WH) 4 sts, (BR) 5 sts, (WH) 7 sts, ch 2, urn.

Row 7: > HDC in 6 sts, (BR) 1 st, (WH) 9 sts, (OR) 2 sts, (WH) 2 sts, (BK) 4 sts, (WH) 1 st, (OR) 2 sts, (WH) 13 sts, ch 2, turn.

Row 8: < HDC in 12 sts, (OR) 3 sts, (WH) 2 sts, (BK) 4 sts, (WH) 5 sts, (BR) 3 sts, (WH) 5 sts, (BR) 1 st, (WH) 5 sts, ch 2, turn.

Row 9: > HDC in 5 sts, (BR) 1 st, (WH) 4 sts (BR) 1 st, (WH) 3 sts, (BR) 1 st, (WH) 3 sts, (BK) 3 sts, (WH) 3 sts, (OR) 4 sts, (BR) 3 sts, (WH) 9 sts, ch 2, turn.

Row 10: < HDC in 8 sts, (BR) 1 st, (WH) 3 sts, (BR) 1 st, (WH) 1 st, (OR) 3 sts, (WH) 3 sts, (BK) 2 sts, (WH) 8 sts, (BR) 1 st, (WH) 3 sts, (BR) 1 st, (WH) 5 sts, ch 2, turn.

Row 11: > HDC in 5 sts, (BR) 1 st, (WH) 2 sts, (BR) 1 st, (WH) 2 sts, (BK) 1 st, (WH) 10 sts, (OR) 3 sts, (WH) 3 sts, (BK) 1 st, (WH) 3 sts, (BR) 1 st, (WH) 7 sts, ch 2, turn.

Row 12: < HDC in 6 sts, (BR) 1 st, (WH) 2 sts, (BR) 1 st, (WH) 13 sts, (OR) 2 sts, (WH) 2 sts, (BK) 3 sts, (WH) 4 sts, (BR) 1 st, (WH) 6 sts, ch 2, turn.

Row 13: > HDC in 5 sts, (BR) 4 sts, (WH) 1 st, (BK) 1 st, (WH) 1 st, (BK) 1 st, (WH) 12 sts, (BK) 3 sts, (WH) 6 sts, (BR) 1 st, (WH) 5 sts, ch 2, turn.

Row 14: < HDC in 4 sts, (BR) 2 sts, (WH) 7 sts, (K) 3 sts, (WH) 3 sts, (BK) 3 sts, (WH) 9 sts, (BR) 1 st, (WH) 2 sts, (BR) 1 st, (WH) 5 sts, ch 2, turn.

Row 15: > HDC in 4 sts, (BR) 1 st, (WH) 3 sts, (BR) 4 sts, (WH) 5 sts, (BK) 5 sts, (WH) 2 sts, (BK) 2 sts, (WH) 9 sts, (BR) 1 st, (WH) 4 sts, ch 2, turn.

Row 16: < HDC in 3 sts, (BR) 2 sts, (WH) 6 sts, (BR) 1 st, (WH) 6 sts, (BK) 1 st, (WH) 1 st, (BK) 3 sts, (WH) 5 sts, (BR) 5 sts, (WH) 1 st, (BK) 1 st, (WH) 1 st, (BR) 1 st, (WH) 3 sts, ch 2, turn.

Row 17: > HDC in 3 sts, (BR) 1 st, (WH) 3 sts, (BR) 4 sts, (WH) 6 sts, (BK) 2 sts, (WH) 2 sts, (BK) 1 st, (WH) 6 sts, (BR) 2 sts, (WH) 6 sts, (BR) 1 st, (WH) 3 sts, ch 2, turn.

Row 18: < HDC in 3 sts, (BR) 1 st, (WH) 6 sts, (BR) 2 sts, (WH) 4 sts, (BR) 1 st, (WH) 1 st, (BK) 5 sts, (WH) 7 sts, (BR) 3 sts, (WH) 1 st, (BK) 1 st, (WH) 1 st, (BR) 1 st, (WH) 3 sts, ch 2, turn.

Row 19: > HDC in 3 sts, (BR) 1 st, (WH) 14 sts, (BK) 3 sts, (WH) 2 sts, (BR) 1 st, (WH) 2 sts, (BK) 1 st, (WH) 1 st, (BR) 2 sts, (WH)5 sts, (BR) 2 sts, (WH) 3 sts, ch 2, turn.

Row 20: < HDC in 3 sts, (BR) 3 sts, (WH) 3 sts, (BR) 2 sts, (WH) 1 st, (BK) 2 sts, (WH) 3 sts, (BR) 1 st, (WH) 15 sts, (BK) 1 st, (WH) 1 st, (BR) 1 st, (WH) 4 sts, ch 2, turn.

Row 21: > HDC in 4 sts, (BR) 1 st, (WH) 5 sts, (BK) 3 sts, (WH) 7 sts, (BR) 2 sts, (WH) 4 sts, (BK) 3 sts, (BR) 8 sts, (WH) 3 sts, ch 2, turn.

Row 22: < HDC in 3 sts, (BR) HDC in 8 sts, (BK) 3 sts, (WH) 2 sts, (OR) 1 st, (WH) 9 sts, (BK) 5 sts, (WH) 3 sts, (BR) 1 st, (WH) 5 sts, ch 2, turn.

Row 23: > HDC in 6 sts, (BR) 1 st, (WH) 2 sts, (BK) 3 sts, (WH) 1 st, (BK) 1 st, (WH) 9 sts, (OR) 3 sts, (WH) 1 st, (BK) 2 sts, (WH) 1 st, (BR) 6 sts, (WH) 4 sts, ch 2, turn.

Row 24: < HDC in 5 sts, (BR) 4 sts, (WH) 2 sts, (BK) 2 sts, (OR) 3 sts, (WH) 10 sts, (K) 1 st, (WH) 2 sts, (BK) 2 sts, (WH) 2 sts, (BR) 1 st, (WH) 6 sts, ch 2, turn.

Row 25: > HDC in 6 sts, (BR) 1 st, (WH) 2 sts, (BK) 5 sts, (WH) 1 st, (BR) 1 st, (WH) 6 sts, (OR) 1 st, (WH) 2 sts, (OR) 2 sts, (BK) 2 sts, (WH) 11 sts, ch 2, turn.

Row 26: < HDC in 12 sts, (BK) 1 st, (OR) 2 sts, (WH) 1 st, (OR) 2 sts, (WH) 2 sts, (BK) 1 st, (WH) 3 sts, (BR) 1 st, (WH) 2 sts, (BK) 3 sts, (WH) 2 sts, (BR) 1 st, (WH) 7 sts, ch 2, turn.

Row 27: > HDC in 8 sts, (BR) 1 st, (WH) 5 sts, (BR) 1 st, (WH) 2 sts, (OR) 1 st, (WH) 1 st, (BK) 2 sts, (WH) 1 st, (OR) 5 sts, (WH) 13 sts, ch 2, turn.

Row 28: < HDC in 13 sts, (OR) 4 sts, (WH) 1 st, (BK) 3 sts, (OR) 2 sts, (WH) 3 sts, (BR) 2 sts, (WH) 2 sts, (BR) 2 sts, (WH) 8 sts, ch 2, turn.

Row 29: > HDC in 8 sts, (BR) 1 st, (WH) 1 st, (BR) 1 st, (WH) 6 sts, (OR) 3 sts, (BK) 4 sts, (OR) 2 sts (WH) 14 sts, ch 2, turn.

Row 30: < HDC in 15 sts, (OR) 1 st, (BK) 3 sts, (OR) 3 sts, (WH) 5 sts, (BR) 2 sts, (WH) 2 sts (BR) 1 sts, (WH) 8 sts, ch 2, turn.

Row 31: > HDC in 9 sts, (BR) 1 st, (WH) 3 sts, (BR) 1 st, (WH) 4 sts, (BR) 1 st, (OR) 2 sts, (BK) 2 sts, (WH) 17 sts, ch 2, turn.

Row 32: < HDC in 21 sts, (BR) 2 sts, (WH) 2 sts, (BR) 1 st, (WH) 4 sts, (BR) 1 st, (WH) 9 sts, ch 2, turn.

Row 33: > HDC in 9 sts, (BR) 1 st, (WH) 4 sts, (BR) 5 sts, (WH) 21 sts, ch 2, turn.

Row 34: < HDC in 22 sts, (BR) 4 sts, (WH) 4 sts, (BR) 1 st, (WH) 9 sts, ch 2, turn.

Row 35: > HDC in 9 sts, (BR) 1 st, (WH) 3 sts, (BR) 5 sts, (WH) 22 sts, ch 2, turn.

Row 36: < HDC in 23 sts, (BR) 5 sts, (WH) 1 st, (BR) 2 sts, (WH) 9 sts, ch 2, turn.

Row 37: > HDC in 9 sts, (BR) 7 sts, (WH) 24 sts, ch 2, turn.

Row 38: < HDC in 25 sts, (BR) 5 sts, (WH) 10 sts, ch 2, turn.

Row 39-41: HDC in each stitch across, ch 2, turn. On the end of the last row, tie off, and weave in any yarn ends

Tiger Square - Written Row by Row In Single Crochet or Tunisian Stitch

Chain 40 +1 with White Yarn (or background color of your choice) (WH) (the beginning of every row will start with White (or your color choice) and end with a chain 1, which is the turning chain)

Row 1: > Single Crochet (Sc) in second chain (ch) from hook, sc in the rest of the chs, ch 1, turn.

Row 2: < Sc in each stitch (st) across, ch 1, turn.

Row 3: > Sc in each st across, ch 1, turn.

Row 4: < Sc in 19 sts, (change yarn color to orange- OR) 3 sts, change yarn color to White - WH) 1 st, (change yarn color to Brown - BR) 5 sts, (WH) 13 sts, ch 1, turn.

Row 5: > Sc in 12 sts, (BR) 1 st, (WH) 4 sts, (OR) 3 sts, (WH) 1 st, (change yarn color to Black - BK) 4 sts, (WH) 15 sts, ch 1, turn.

Row 6: < Sc in 14 sts, (OR) 1 st, (BK) 4 sts, (WH) 2 sts, (OR) 3 sts, (WH) 4 sts, (BR) 5 sts, (WH) 7 sts, ch 1, turn.

Row 7: > Sc in 6 sts, (BR) 1 st, (WH) 9 sts, (OR) 2 sts, (WH) 2 sts, (BK) 4 sts, (WH) 1 st, (OR) 2 sts, (WH) 13 sts, ch 1, turn.

Row 8: < Sc in 12 sts, (OR) 3 sts, (WH) 2 sts, (BK) 4 sts, (WH) 5 sts, (BR) 3 sts, (WH) 5 sts, (BR) 1 st, (WH) 5 sts, ch 1, turn.

Row 9: > Sc in 5 sts, (BR) 1 st, (WH) 4 sts (BR) 1 st, (WH) 3 sts, (BR) 1 st, (WH) 3 sts, (BK) 3 sts, (WH) 3 sts, (OR) 4 sts, (BR) 3 sts, (WH) 9 sts, ch 1, turn.

Row 10: < Sc in 8 sts, (BR) 1 st, (WH) 3 sts, (BR) 1 st, (WH) 1 st, (OR) 3 sts, (WH) 3 sts, (BK) 2 sts, (WH) 8 sts, (BR) 1 st, (WH) 3 sts, (BR) 1 st, (WH) 5 sts, ch 1, turn.

Row 11: > Sc in 5 sts, (BR) 1 st, (WH) 2 sts, (BR) 1 st, (WH) 2 sts, (BK) 1 st, (WH) 10 sts, (OR) 3 sts, (WH) 3 sts, (BK) 1 st, (WH) 3 sts, (BR) 1 st, (WH) 7 sts, ch 1, turn.

Row 12: < Sc in 6 sts, (BR) 1 st, (WH) 2 sts, (BR) 1 st, (WH) 13 sts, (OR) 2 sts, (WH) 2 sts, (BK) 3 sts, (WH) 4 sts, (BR) 1 st, (WH) 6 sts, ch 1, turn.

Row 13: > Sc in 5 sts, (BR) 4 sts, (WH) 1 st, (BK) 1 st, (WH) 1 st, (BK) 1 st, (WH) 12 sts, (BK) 3 sts, (WH) 6 sts, (BR) 1 st, (WH) 5 sts, ch 1, turn.

Row 14: < Sc in 4 sts, (BR) 2 sts, (WH) 7 sts, (K) 3 sts, (WH) 3 sts, (BK) 3 sts, (WH) 9 sts, (BR) 1 st, (WH) 2 sts, (BR) 1 st, (WH) 5 sts, ch 1, turn.

Row 15: > Sc in 4 sts, (BR) 1 st, (WH) 3 sts, (BR) 4 sts, (WH) 5 sts, (BK) 5 sts, (WH) 2 sts, (BK) 2 sts, (WH) 9 sts, (BR) 1 st, (WH) 4 sts, ch 1, turn.

Row 16: < Sc in 3 sts, (BR) 2 sts, (WH) 6 sts, (BR) 1 st, (WH) 6 sts, (BK) 1 st, (WH) 1 st, (BK) 3 sts, (WH) 5 sts, (BR) 5 sts, (WH) 1 st, (BK) 1 st, (WH) 1 st, (BR) 1 st, (WH) 3 sts, ch 1, turn.

Row 17: > Sc in 3 sts, (BR) 1 st, (WH) 3 sts, (BR) 4 sts, (WH) 6 sts, (BK) 2 sts, (WH) 2 sts, (BK) 1 st, (WH) 6 sts, (BR) 2 sts, (WH) 6 sts, (BR) 1 st, (WH) 3 sts, ch 1, turn.

Row 18: < Sc in 3 sts, (BR) 1 st, (WH) 6 sts, (BR) 2 sts, (WH) 4 sts, (BR) 1 st, (WH) 1 st, (BK) 5 sts, (WH) 7 sts, (BR) 3 sts, (WH) 1 st, (BK) 1 st, (WH) 1 st, (BR) 1 st, (WH) 3 sts, ch 1, turn.

Row 19: > Sc in 3 sts, (BR) 1 st, (WH) 14 sts, (BK) 3 sts, (WH) 2 sts, (BR) 1 st, (WH) 2 sts, (BK) 1 st, (WH) 1 st, (BR) 2 sts, (WH) 5 sts, (BR) 2 sts, (WH) 3 sts, ch 1, turn.

Row 20: < Sc in 3 sts, (BR) 3 sts, (WH) 3 sts, (BR) 2 sts, (WH) 1 st, (BK) 2 sts, (WH) 3 sts, (BR) 1 st, (WH) 15 sts, (BK) 1 st, (WH) 1 st, (BR) 1 st, (WH) 4 sts, ch 1, turn.

Row 21: > Sc in 4 sts, (BR) 1 st, (WH) 5 sts, (BK) 3 sts, (WH) 7 sts, (BR) 2 sts, (WH) 4 sts, (BK) 3 sts, (BR) 8 sts, (WH) 3 sts, ch 1, turn.

Row 22: < Sc in 3 sts, (BR) Sc in 8 sts, (BK) 3 sts, (WH) 2 sts, (OR) 1 st, (WH) 9 sts, (BK) 5 sts, (WH) 3 sts, (BR) 1 st, (WH) 5 sts, ch 1, turn.

Row 23: > Sc in 6 sts, (BR) 1 st, (WH) 2 sts, (BK) 3 sts, (WH) 1 st, (BK) 1 st, (WH) 9 sts, (OR) 3 sts, (WH) 1 st, (BK) 2 sts, (WH) 1 st, (BR) 6 sts, (WH) 4 sts, ch 1, turn.

Row 24: < Sc in 5 sts, (BR) 4 sts, (WH) 2 sts, (BK) 2 sts, (OR) 3 sts, (WH) 10 sts, (K) 1 st, (WH) 2 sts, (BK) 2 sts, (WH) 2 sts, (BR) 1 st, (WH) 6 sts, ch 1, turn.

Row 25: > Sc in 6 sts, (BR) 1 st, (WH) 2 sts, (BK) 5 sts, (WH) 1 st, (BR) 1 st, (WH) 6 sts, (OR) 1 st, (WH) 2 sts, (OR) 2 sts, (BK) 2 sts, (WH) 11 sts, ch 1, turn.

Row 26: < Sc in 12 sts, (BK) 1 st, (OR) 2 sts, (WH) 1 st, (OR) 2 sts, (WH) 2 sts, (BK) 1 st, (WH) 3 sts, (BR) 1 st, (WH) 2 sts, (BK) 3 sts, (WH) 2 sts, (BR) 1 st, (WH) 7 sts, ch 1, turn.

Row 27: > Sc in 8 sts, (BR) 1 st, (WH) 5 sts, (BR) 1 st, (WH) 2 sts, (OR) 1 st, (WH) 1 st, (BK) 2 sts, (WH) 1 st, (OR) 5 sts, (WH) 13 sts, ch 1, turn.

Row 28: < Sc in 13 sts, (OR) 4 sts, (WH) 1 st, (BK) 3 sts, (OR) 2 sts, (WH) 3 sts, (BR) 2 sts, (WH) 2 sts, (BR) 2 sts, (WH) 8 sts, ch 1, turn.

Row 29: > Sc in 8 sts, (BR) 1 st, (WH) 1 st, (BR) 1 st, (WH) 6 sts, (OR) 3 sts, (BK) 4 sts, (OR) 2 sts (WH) 14 sts, ch 1, turn.

Row 30: < Sc in 15 sts, (OR) 1 st, (BK) 3 sts, (OR) 3 sts, (WH) 5 sts, (BR) 2 sts, (WH) 2 sts (BR) 1 sts, (WH) 8 sts, ch 1, turn.

Row 31: > Sc in 9 sts, (BR) 1 st, (WH) 3 sts, (BR) 1 st, (WH) 4 sts, (BR) 1 st, (OR) 2 sts, (BK) 2 sts, (WH) 17 sts, ch 1, turn.

Row 32: < Sc in 21 sts, (BR) 2 sts, (WH) 2 sts, (BR) 1 st, (WH) 4 sts, (BR) 1 st, (WH) 9 sts, ch 1, turn.

Row 33: > Sc in 9 sts, (BR) 1 st, (WH) 4 sts, (BR) 5 sts, (WH) 21 sts, ch 1, turn.

Row 34: < Sc in 22 sts, (BR) 4 sts, (WH) 4 sts, (BR) 1 st, (WH) 9 sts, ch 1, turn.

Row 35: > Sc in 9 sts, (BR) 1 st, (WH) 3 sts, (BR) 5 sts, (WH) 22 sts, ch 1, turn.

Row 36: < Sc in 23 sts, (BR) 5 sts, (WH) 1 st, (BR) 2 sts, (WH) 9 sts, ch 1, turn.

Row 37: > Sc in 9 sts, (BR) 7 sts, (WH) 24 sts, ch 1, turn.

Row 38: < Sc in 25 sts, (BR) 5 sts, (WH) 10 sts, ch 1, turn.

Row 39-41: Sc in each stitch across, ch 1, turn. On the end of the last row, tie off, and weave in any yarn ends

Tiger LARGE Square - Written Row by Row In Double Crochet - (3 stitches per grid square)

Chain 120 +3 with White Yarn (or background color of your choice) (WH) (the beginning of every row will start with White (or your color choice) and end with a chain 3, which is the turning chain and the first stitch on the next row)

Row 1: > Double Crochet (DC) in fourth chain (ch) from hook, DC in the rest of the chs, ch 3, turn. (120 DCs counting the beginning chain 3)

Row 2: < DC in each stitch (st) across, ch 3, turn.

Row 3: > DC in each st across, ch 3, turn.

Row 4: < DC in 56 sts, (change yarn color to orange- OR) 9 sts, change yarn color to White - WH) 3 sts, (change yarn color to Brown - BR) 15 sts, (WH) 39 sts, ch 3, turn.

Row 5: > DC in 35 sts, (BR) 3 sts, (WH) 12 sts, (OR) 9 sts, (WH) 3 sts, (change yarn color to Black - BK) 12 sts, (WH) 45 sts, ch 3, turn.

Row 6: < DC in 41 sts, (OR) 3 sts, (BK) 12 sts, (WH) 6 sts, (OR) 9 sts, (WH) 12 sts, (BR) 15 sts, (WH) 21 sts, ch 3, turn.

Row 7: > DC in 17 sts, (BR) 3 sts, (WH) 27 sts, (OR) 6 sts, (WH) 6 sts, (BK) 12 sts, (WH) 3 sts, (OR) 6 sts, (WH) 39 sts, ch 3, turn.

Row 8: < DC in 35 sts, (OR) 9 sts, (WH) 6 sts, (BK) 12 sts, (WH) 15 sts, (BR) 9 sts, (WH) 15 sts, (BR) 3 sts, (WH) 15 sts, ch 3, turn.

Row 9: > DC in 14 sts, (BR) 3 sts, (WH) 12 sts (BR) 3 sts, (WH) 9 sts, (BR) 3 sts, (WH) 9 sts, (BK) 9 sts, (WH) 9 sts, (OR) 12 sts, (BR) 9 sts, (WH) 27 sts, ch 3, turn.

Row 10: < DC in 23 sts, (BR) 3 sts, (WH) 9 sts, (BR) 3 sts, (WH) 3 sts, (OR) 9 sts, (WH) 9 sts, (BK) 6 sts, (WH) 24 sts, (BR) 3 sts, (WH) 9 sts, (BR) 3 sts, (WH) 15 sts, ch 3, turn.

Row 11: > DC in145 sts, (BR) 2 sts, (WH) 6 sts, (BR) 3 sts, (WH) 6 sts, (BK) 3 sts, (WH) 30 sts, (OR) 9 sts, (WH) 9 sts, (BK) 3 sts, (WH) 9 sts, (BR) 12 sts, (WH) 21 sts, ch 3, turn.

Row 12: < DC in 17 sts, (BR) 3 sts, (WH) 6 sts, (BR) 1 sts, (WH) 39 sts, (OR) 6 sts, (WH) 6 sts, (BK) 6 sts, (WH) 12 sts, (BR) 3 sts, (WH) 18 sts, ch 3, turn.

Row 13: > DC in 14 sts, (BR) 12 sts, (WH) 3 sts, (BK) 3 sts, (WH) 3 sts, (BK) 3 sts, (WH) 36 sts, (BK) 9 sts, (WH) 12 sts, (BR) 3 sts, (WH) 15 sts, ch 3, turn.

Row 14: < DC in 11 sts, (BR) 6 sts, (WH) 21 sts, (K) 9 sts, (WH) 9 sts, (BK) 9 sts, (WH) 9 sts, (BR) 3 sts, (WH) 6 sts, (BR) 3 sts, (WH) 15 sts, ch 3, turn.

Row 15: > DC in 11 sts, (BR) 3 sts, (WH) 9 sts, (BR) 12 sts, (WH) 15 sts, (BK) 15 sts, (WH) 6 sts, (BK) 6 sts, (WH) 27 sts, (BR) 3 sts, (WH) 12 sts, ch 3, turn.

Row 16: < DC in 8 sts, (BR) 6 sts, (WH) 18 sts, (BR) 3 sts, (WH) 18 sts, (BK) 3 sts, (WH) 3 sts, (BK) 9 sts, (WH) 15 sts, (BR) 15 sts, (WH) 3 sts, (BK) 3 sts, (WH) 3 sts, (BR) 3 sts, (WH) 9 sts, ch 3, turn.

Row 17: > DC in 8 sts, (BR) 3 sts, (WH) 0 sts, (BR) 12 sts, (WH) 18 sts, (BK) 6 sts, (WH) 6 sts, (BK) 3 sts, (WH) 18 sts, (BR) 6 sts, (WH) 18 sts, (BR) 3 sts, (WH) 9 sts, ch 3, turn.

Row 18: < DC in 8 sts, (BR) 3 sts, (WH) 18 sts, (BR) 6 sts, (WH) 12 sts, (BR) 3 sts, (WH) 3 sts, (BK) 15 sts, (WH) 21sts, (BR) 9 sts, (WH) 3 sts, (BK) 3 sts, (WH) 3 sts, (BR) 3 sts, (WH) 9 sts, ch 3, turn.

Row 19: > DC in 8 sts, (BR) 3 sts, (WH) 42 sts, (BK) 9 sts, (WH) 6 sts, (BR) 3 sts, (WH) 6 sts, (BK) 3 sts, (WH) 3 sts, (BR) 6 sts, (WH) 15 sts, (BR) 6 sts, (WH) 9 sts, ch 3, turn.

Row 20: < DC in 8 sts, (BR) 9 sts, (WH) 9 sts, (BR) 6 sts, (WH) 3 sts, (BK) 6 sts, (WH) 9 sts, (BR) 3 sts, (WH) 45 sts, (BK) 3 sts, (WH) 3 sts, (BR) 3 sts, (WH) 12 sts, ch 3, turn.

Row 21: > DC in 12 sts, (BR) 3 sts, (WH) 15 sts, (BK) 9 sts, (WH) 21 sts, (BR) 6 sts, (WH) 12 sts, (BK) 9 sts, (BR) 24 sts, (WH) 9 sts, ch 3, turn.

Row 22: < DC in 9 sts, (BR) DC in 24 sts, (BK) 9 sts, (WH) 6 sts, (OR) 3 sts, (WH) 27 sts, (BK) 25 sts, (WH) 9 sts, (BR) 3 sts, (WH) 15 sts, ch 3, turn.

Row 23: > DC in 17 sts, (BR) 3 sts, (WH) 6 sts, (BK) 9 sts, (WH) 3 sts, (BK) 3 sts, (WH) 27 sts, (OR) 9 sts, (WH) 3 sts, (BK) 6 sts, (WH) 3 sts, (BR) 18 sts, (WH) 12 sts, ch 3, turn.

Row 24: < DC in 14 sts, (BR) 12 sts, (WH) 6 sts, (BK) 6 sts, (OR) 9 sts, (WH) 30 sts, (K) 3 sts, (WH) 6 sts, (BK) 6 sts, (WH) 6 sts, (BR) 3 sts, (WH) 18 sts, ch 3, turn.

Row 25: > DC in 17 sts, (BR) 3 sts, (WH) 6 sts, (BK) 15 sts, (WH) 3 sts, (BR) 3 sts, (WH) 18 sts, (OR) 3 sts, (WH) 6 sts, (OR) 6 sts, (BK) 6 sts, (WH) 33 sts, ch 3, turn.

Row 26: < DC in 35 sts, (BK) 3 sts, (OR) 6 sts, (WH) 3 sts, (OR) 6 sts, (WH) 6 sts, (BK) 3 sts, (WH) 9 sts, (BR) 3 sts, (WH) 6 sts, (BK) 9 sts, (WH) 6 sts, (BR) 3 sts, (WH) 21 sts, ch 3, turn.

Row 27: > DC in 23 sts, (BR) 3 sts, (WH) 15 sts, (BR) 3 sts, (WH) 6 sts, (OR) 3 sts, (WH) 3 sts, (BK) 6 sts, (WH) 3 sts, (OR) 15 sts, (WH) 39 sts, ch 3, turn.

Row 28: < DC in 38 sts, (OR) 12 sts, (WH) 3 sts, (BK) 9 sts, (OR) 6 sts, (WH) 9 sts, (BR) 6 sts, (WH) 6 sts, (BR) 6 sts, (WH) 24 sts, ch 3, turn.

Row 29: > DC in 23 sts, (BR) 3 sts, (WH) 3 sts, (BR) 3 sts, (WH) 18 sts, (OR) 9 sts, (BK) 12 sts, (OR) 6 sts (WH) 42 sts, ch 3, turn.

Row 30: < DC in 44 sts, (OR) 3 sts, (BK) 9 sts, (OR) 9 sts, (WH) 15 sts, (BR) 6 sts, (WH) 6 sts (BR) 3 sts, (WH) 24 sts, ch 3, turn.

Row 31: > DC in 26 sts, (BR) 3 sts, (WH) 9 sts, (BR) 4 sts, (WH) 12 sts, (BR) 3 sts, (OR) 6 sts, (BK) 6 sts, (WH) 51 sts, ch 9, turn.

Row 32: < DC in 62 sts, (BR) 6 sts, (WH) 6 sts, (BR) 3 sts, (WH) 12 sts, (BR) 3 sts, (WH) 27 sts, ch 3, turn.

Row 33: > DC in 26 sts, (BR) 3 sts, (WH) 12 sts, (BR) 15 sts, (WH) 63 sts, ch 3, turn.

Row 34: < DC in 65 sts, (BR) 12 sts, (WH) 12 sts, (BR) 3 sts, (WH) 27 sts, ch 3, turn.

Row 35: > DC in 26 sts, (BR) 3 sts, (WH) 9 sts, (BR) 15 sts, (WH) 66 sts, ch 3, turn.

Row 36: < DC in 68 sts, (BR) 15 sts, (WH) 3 sts, (BR) 6 sts, (WH) 27 sts, ch 3, turn.

Row 37: > DC in 26 sts, (BR) 21 sts, (WH) 73 sts, ch 3, turn.

Row 38: < DC in 74 sts, (BR) 15 sts, (WH) 30 sts, ch 3, turn.

Row 39-41: DC in each stitch across, ch 3, turn. On the end of the last row, tie off, and weave in any yarn ends

Tiger - Full Design Chart

This Chart can be used for single crochet, tunisian st, or half double crochet with each square counting as one stitch, and can also be used for making a larger blanketsquare using 3 double crochet stitches for each square on the grid.
The color of the squares on the grid are the suggested colors for the yarn.

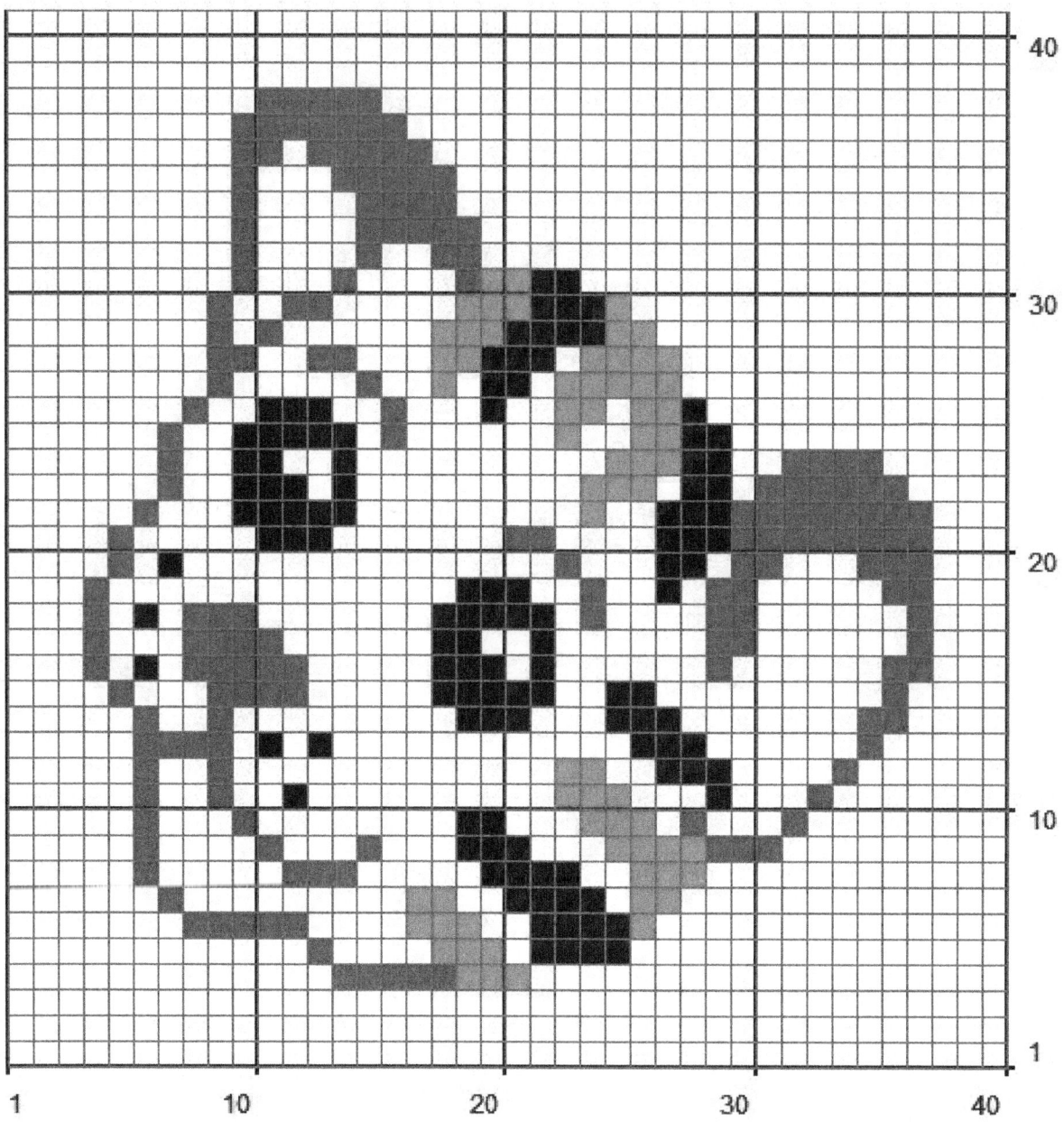

Tiger - Full Stitch Symbol Chart

Tunisian Stitch or Single Crochet Sitch
0 - chain   X - Single Crochet Stitch
Color background of each stitch is suggested yarn color.

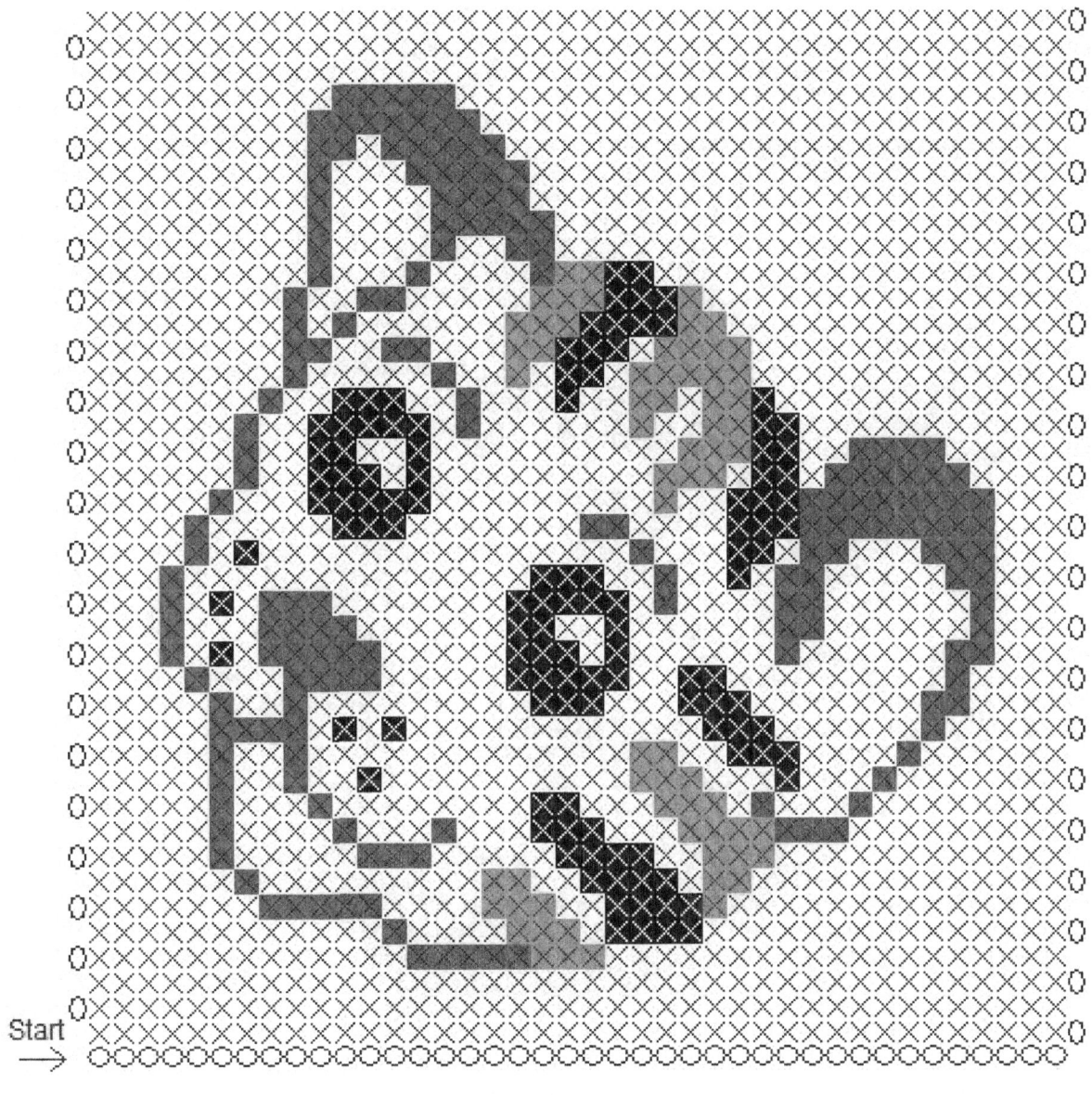

Start →

Chapter 21: Bear Square Pattern

Large Double Crochet Finished With Border

Supplies Needed:
Your Favorite Worsted Weight Yarn

Approximate yards

WH - White – 250

BK - Black - 10

GD - Gold -80

DB - Dark Brown - 90

BR - Brown - 200

Tunisian Crochet Hook Size G with extension

Regular Crochet Hook Size G

Approximate Sizes:

10" wide by 10" length

Use Size 'G' Tunisian Crochet Hook (with extension)

for a Tunisian Crochet

'G' Hook for Single Crochet

To make the squares a bit bigger use Size 'I' Hook

and replace the single Crochet with Half Double Crochet or Double Crochet. The written row by row pattern is included for all three sizes.

The finished blanket can be made longer or wider by adding more rows on the top, bottom and sides equally. And/Or add a border.

Bear Square - Written Row by Row In Half Double Crochet

Chain 40 +2 with White Yarn (or background color of your choice) (WH) (the beginning of every row will start with White (or your color choice) and end with a chain 2, which is the turning chains and first HDC in the next row)

Row 1: > Half Double Crochet (HDC) in third chain (ch) from hook, HDC in the rest of the chs, ch 2, turn.

Row 2: < HDC in each stitch (st) across, ch 2, turn.

Row 3: > HDC in each st across, ch 2, turn.

Row 4: < HDC in 14 sts, change yarn color - Dark Brown (DB), HDC in next 12 sts, change yarn color - white, HDC in next 14 sts, ch 2, turn.

Row 5: > HDC in 13 sts, color change to (DB) HDC in 1 st, color change Brown (BR) HDC in next 4 sts, color change (DB) HDC in next 4 sts, color change (BR) HDC in next 4 sts, color change (DB) HDC in 1 st, color change White (WH) HDC in last 13 sts, ch 2, turn.

Row 6: < HDC in 12 sts, (DB) HDC in 1 st, (BR) HDC in 3 sts, (DB) HDC in 2 sts, color change gold (GD) HDC in 4 sts, (DB) HDC in 2 sts, (BR) HDC in 3 sts, (DB) HDC in 1 st, (WH) HDC in 12 sts, ch 2, turn.

Row 7: > HDC in first 11 sts, (DB) 1 st, (BR) 3 sts, (DB) 1 st, (GD) 8 sts, (DB) 1 st, (BR) 3 sts, (DB) 1 st, (WH) 11 sts, ch 2, turn.

Row 8: < HDC in first 10 sts, (DB) 1 st, (BR) 3 sts, (DB) 1 st, (GD) 10 sts, (DB) 1 st, (BR) 3 sts, (DB) 1 st, (WH) 10 sts, ch 2, turn.

Row 9: > HDC 9 sts, (DB) 1 st, (BR) 4 sts, (DB) 1 st, (GD) 1 st, (DB) 2 st, (GD) 4 sts, (DB) 2 sts, (GD) 1 st, (DB)1 st, (BR) 4 sts, (DB) 1 st, (WH) 9 sts, ch 2, turn.

Row 10: < HDC in 8 sts, (DB) 1 st, (BR) 4 sts, (DB) 1 sts, (GD) 1 st, (DB) 1 st, (GD) 2 sts, (DB) 1 st, (GD) 2 sts, (DB) 1 st, (GD) 2 st, (DB) 1 st, (GD) 1 st, (DB) 1 st, (BR) 4 sts, (DB) 1 st, (WH) 8 sts, ch 2, turn

Row 11: > HDC 8 sts, (DB) 1 st, (BR) 4 sts, (DB) 1 st, (GD) 5 sts, (BR) 2 sts, (GD) 5 sts, (DB) 1 st, (BR) 4 sts, (DB) 1 st, (WH) 8 sts, ch 2, turn.

Row 12: < HDC in 8 sts, (DB) 1 st, (BR) 4 sts, (DB) 1 st, (GD) 5 sts, (BK) 2 sts, (GD) 5 sts, (DB) 1 st, (BR) 4 sts, (DB) 1 st, (WH) 8 sts, ch 2, turn.

Row 13: > HDC in 8 sts, (DB) 1 st, (BR) 4 sts, (DB) 1 st, (GD) 4 sts, (BK) 4 sts, (GD) 4 sts, (DB) 1 st, (BR) 4 sts, (DB) 1 st, (WH) 8 sts, ch 2, turn.

Row 14: < HDC in 7 sts, (DB) 1 st, (BR) 5 sts, (DB) 1 st, (GD) 4 sts, (BK) 4 sts, (GD) 4 sts, (DB) 1 st, (BR) 5 sts, (DB)1 st, (WH) 7 sts, ch 2, turn.

Row 15: > HDC in 7 sts, (DB) 1 st, (BR) 5 sts, (DB) 2 sts, (GD) 3 sts, (BK) 4 sts (GD) 3 sts, (DB) 2 sts, (BR) 5 sts, (DB) 1 st, (WH) 7 sts, ch 2, turn.

Row 16: < HDC in next 7 sts, (DB) 1 St, (BR) 6 sts, (DB) 1 st, (GD) 10 sts, (DB) 1 st, (BR) 6 sts, (DB) 1 st, (WH) 7 sts, ch 2, turn.

Row 17: > HDC in next 7 sts, (DB) 1 st, (BR) 6 sts, (DB) 2 sts, (GD) 8 sts, (DB) 2 st, (BR) 6 sts, (DB) 1 st, (WH) 7 sts, ch 2, turn.

Row 18: < HDC in next 7 sts, (DB) 1 st, (BR) 7 sts, (DB) 2 sts, (GD) 6 sts, (DB) 2 sts, (BR) 7 sts, (DB) 1 st, (WH) 7 sts, ch 2, turn.

Row 19: > HDC in next 7 sts, (DB) 1 st, (BR) 8 sts, (DB) 8 sts, (BR) 8 sts, (DB) 1 st, (WH) 7 sts, ch 2, turn.

Row 20: < HDC in next 7 sts, (DB) 1 st, (BR) 24 sts, (DB) 1 st, (WH) 7 sts, ch 2, turn.

Row 21: > HDC in next 7 sts, (DB) 1 st, (BR) 7 sts, (BK) 3 sts, (BR) 4 sts, (BK) 3 sts, (BR) 7 sts, (DB) 1 st, (WH) 7 sts, ch 2, turn.

Row 22: < HDC in next 7 sts, (DB) 1 st, (BR) 6 sts, (BK) 5 sts, (BR) 2 sts, (BK) 5 sts, (BR) 6 sts, (DB) 1 sts, (WH) 7 sts, ch 2, turn.

Row 23: > Repeat row 22.

Row 24: < HDC in next 6 sts, (DB) 1 st, (BR) 7 sts, (BK)3 sts, (WH) 1 st, (BK) 1 st, (BR) 2 sts, (BK) 3 sts, (WH) 1 st, (BK) 1 st, (BR) 7 sts, (DB) 1 st, (WH) 6 sts, ch 2, turn.

Row 25: > HDC in next 5 sts, (DB) 1 st, (BR) 9 sts, (BK) 3 sts, (BR) 4 sts, (BK) 3 sts, (BR) 9 sts, (DB) 1 st, (WH) 5 sts, ch 2, turn.

Row 26: < HDC in next 4 sts, (DB) 1 st, (BR) 3 sts, (DB) 1 st, (GD) 2 sts, (BR) 18 sts, (GD) 2 sts, (DB) 1 st, (BR) 3 sts, (DB) 1 sts, (WH) 4 sts, ch 2, turn.

Row 27: > HDC in next 3 sts, (DB) 1 st, (BR) 3 sts, (DB) 1 st, (GD) 3, (BR) 18 sts, (GD) 3 sts, (DB) 1 st, (BR) 3 sts, (DB) 1 st, (WH) 1 st, ch 2, turn.

Row 28: < HDC in next 3 sts, (DB) 1 st, (BR) 2 sts, (DB) 1 st, (GD) 5 sts, (BR) 16 sts, (GD) 5 sts, (DB) 1 st, (BR) 2 sts, (DB) 1 st, (WH) 3 sts, ch 2, turn.

Row 29: > HDC in next 3 sts, (DB) 1 st, (BR) 1 st, (DB) 1 st, (GD) 7 sts, (BR) 14 sts, (GD) 7 sts, (DB) 1 st, (BR) 1 st, (DB) 1 st, (WH) 3 sts, ch 2, turn.

Row 30: < HDC in next 3 sts, (DB) 1 st, (BR) 1 st, (DB) 1 st, (GD) 7 sts, (DB) 1 st, (BR) 12 st, (DB) 1 st, (GD) 7 sts, (DB) 1 st, (BR) 1 st, (DB) 1 st, (WH) 3 sts, ch 2, turn.

Row 31 - 32: > < Repeat row 30.

Row 33: > HDC in next 3 sts, (DB) 1 st, (BR) 2 sts, (DB) 1 st, (GD) 6 sts, (DB) 1 st, (BR) 2 sts, (DB) 1 st, (BR) 6 sts, (DB) 1 st, (BR) 3 sts, (DB) 1 st, (GD) 5 sts, (DB) 1 st, (BR) 2 sts, (DB) 1 st, (WH) 3 sts, ch 2, turn.

Row 34: < HDC in next 3 sts, (DB) 1 st, (BR) 3 sts, (DB) 1 st, (GD) 4 sts, (DB) 1 sts, (BR) 2 sts, (DB) 1 sts, (WH) 1 st, (DB) 6 sts, (WH) 1 st, (DB) 1 st, (BR) 2 sts, (DB) 1 st, (GD) 4 sts, (DB) 1 st, (BR) 3 sts, (DB) 1 st, (WH) 4 sts, ch 2, turn.

Row 35: > HDC in next 4 sts, (DB) 1 st, (BR) 3 sts, (DB) 4 sts, (BR) 2 sts, (DB) 1 st, (WH) 10 sts, (DB) 1 st, (BR) 2 sts, (DB) 4 sts, (BR) 3 sts, (DB) 1 st, (WH) 4 sts, ch 2, turn.

Row 36: < HDC in next 5 sts, (DB) 1 st, (BR) 7 sts, (DB) 1 st, (WH) 12 sts, (DB) 1 st, (BR) 7 sts, (DB) 1 st, (WH) 5 sts, ch 2, turn.

Row 37: > HDC in next 6 sts, (DB) 2 sts, (BR) 4 sts, (DB)1 st, (WH) 14 sts, (DB) 1 st, (BR) 4 sts, (DB) 2 sts, (WH) 6 sts, ch 2, turn.

Row 38: < HDC in next 8 sts, (DB) 4 sts, (WH) 16 sts, (DB) 4 sts, (WH) 8 sts, ch 2, turn.

Row 39-41: > < > HDC in every st, ch 2, turn. End of last row tie off, weave in all the yarn ends into the matching finished colors, and clip excess.

Bear Square - Written Row by Row In Single Crochet or Tunisian Stitch

Chain 40 +1 with White Yarn (or background color of your choice) (WH) (the beginning of every row will start with White (or your color choice) and end with a chain 1, which is the turning chain)

Row 1: > Single Crochet (Sc) in second chain (ch) from hook, sc in the rest of the chs, ch 1, turn.

Row 2: < Sc in each stitch (st) across, ch 1, turn.

Row 3: > Sc in each st across, ch 1, turn.

Row 4: < Sc in 14 sts, change yarn color - Dark Brown (DB), sc in next 12 sts, change yarn color - white, sc in next 14 sts, ch 1, turn.

Row 5: > Sc in 13 sts, color change to (DB) sc in 1 st, color change Brown (BR) sc in next 4 sts, color change (DB) sc in next 4 sts, color change (BR) sc in next 4 sts, color change (DB) sc in 1 st, color change White (WH) sc in last 13 sts, ch 1, turn.

Row 6: < Sc in 12 sts, (DB) sc in 1 st, (BR) sc in 3 sts, (DB) sc in 2 sts, color change gold (GD) sc in 4 sts, (DB) sc in 2 sts, (BR) sc in 3 sts, (DB) sc in 1 st, (WH) sc in 12 sts, ch 1, turn.

Row 7: > Sc in first 11 sts, (DB) 1 st, (BR) 3 sts, (DB) 1 st, (GD) 8 sts, (DB) 1 st, (BR) 3 sts, (DB) 1 st, (WH) 11 sts, ch 1, turn.

Row 8: < Sc in first 10 sts, (DB) 1 st, (BR) 3 sts, (DB) 1 st, (GD) 10 sts, (DB) 1 st, (BR) 3 sts, (DB) 1 st, (WH) 10 sts, ch 1, turn.

Row 9: > Sc 9 sts, (DB) 1 st, (BR) 4 sts, (DB) 1 st, (GD) 1 st, (DB) 2 st, (GD) 4 sts, (DB) 2 sts, (GD) 1 st, (DB)1 st, (BR) 4 sts, (DB) 1 st, (WH) 9 sts, ch 1, turn.

Row 10: < Sc in 8 sts, (DB) 1 st, (BR) 4 sts, (DB) 1 sts, (GD) 1 st, (DB) 1 st, (GD) 2 sts, (DB) 1 st, (GD) 2 sts, (DB) 1 st, (GD) 2 st, (DB) 1 st, (GD) 1 st, (DB) 1 st, (BR) 4 sts, (DB) 1 st, (WH) 8 sts, ch 1, turn

Row 11: > Sc 8 sts, (DB) 1 st, (BR) 4 sts, (DB) 1 st, (GD) 5 sts, (BR) 2 sts, (GD) 5 sts, (DB) 1 st, (BR) 4 sts, (DB) 1 st, (WH) 8 sts, ch 1, turn.

Row 12: < Sc in 8 sts, (DB) 1 st, (BR) 4 sts, (DB) 1 st, (GD) 5 sts, (BK) 2 sts, (GD) 5 sts, (DB) 1 st, (BR) 4 sts, (DB) 1 st, (WH) 8 sts, ch 1, turn.

Row 13: > Sc in 8 sts, (DB) 1 st, (BR) 4 sts, (DB) 1 st, (GD) 4 sts, (BK) 4 sts, (GD) 4 sts, (DB) 1 st, (BR) 4 sts, (DB) 1 st, (WH) 8 sts, ch 1, turn.

Row 14: < Sc in 7 sts, (DB) 1 st, (BR) 5 sts, (DB) 1 st, (GD) 4 sts, (BK) 4 sts, (GD) 4 sts, (DB) 1 st, (BR) 5 sts, (DB) 1 st, (WH) 7 sts, ch 1, turn.

Row 15: > Sc in 7 sts, (DB) 1 st, (BR) 5 sts, (DB) 2 sts, (GD) 3 sts, (BK) 4 sts (GD) 3 sts, (DB) 2 sts, (BR) 5 sts, (DB) 1 st, (WH) 7 sts, ch 1, turn.

Row 16: < Sc in next 7 sts, (DB) 1 St, (BR) 6 sts, (DB) 1 st, (GD) 10 sts, (DB) 1 st, (BR) 6 sts, (DB) 1 st, (WH) 7 sts, ch 1, turn.

Row 17: > Sc in next 7 sts, (DB) 1 st, (BR) 6 sts, (DB) 2 sts, (GD) 8 sts, (DB) 2 st, (BR) 6 sts, (DB) 1 st, (WH) 7 sts, ch 1, turn.

Row 18: < Sc in next 7 sts, (DB) 1 st, (BR) 7 sts, (DB) 2 sts, (GD) 6 sts, (DB) 2 sts, (BR) 7 sts, (DB) 1 st, (WH) 7 sts, ch 1, turn.

Row 19: > Sc in next 7 sts, (DB) 1 st, (BR) 8 sts, (DB) 8 sts, (BR) 8 sts, (DB) 1 st, (WH) 7 sts, ch 1, turn.

Row 20: < Sc in next 7 sts, (DB) 1 st, (BR) 24 sts, (DB) 1 st, (WH) 7 sts, ch 1, turn.

Row 21: > Sc in next 7 sts, (DB) 1 st, (BR) 7 sts, (BK) 3 sts, (BR) 4 sts, (BK) 3 sts, (BR) 7 sts, (DB) 1 st, (WH) 7 sts, ch 1, turn.

Row 22: < Sc in next 7 sts, (DB) 1 st, (BR) 6 sts, (BK) 5 sts, (BR) 2 sts, (BK) 5 sts, (BR) 6 sts, (DB) 1 sts, (WH) 7 sts, ch 1, turn.

Row 23: > Repeat row 22.

Row 24: < Sc in next 6 sts, (DB) 1 st, (BR) 7 sts, (BK) 3 sts, (WH) 1 st, (BK) 1 st, (BR) 2 sts, (BK) 3 sts, (WH) 1 st, (BK) 1 st, (BR) 7 sts, (DB) 1 st, (WH) 6 sts, ch 1, turn.

Row 25: > Sc in next 5 sts, (DB) 1 st, (BR) 9 sts, (BK) 3 sts, (BR) 4 sts, (BK) 3 sts, (BR) 9 sts, (DB) 1 st, (WH) 5 sts, ch 1, turn.

Row 26: < Sc in next 4 sts, (DB) 1 st, (BR) 3 sts, (DB) 1 st, (GD) 2 sts, (BR) 18 sts, (GD) 2 sts, (DB) 1 st, (BR) 3 sts, (DB) 1 sts, (WH) 4 sts, ch 1, turn.

Row 27: > Sc in next 3 sts, (DB) 1 st, (BR) 3 sts, (DB) 1 st, (GD) 3, (BR) 18 sts, (GD) 3 sts, (DB) 1 st, (BR) 3 sts, (DB) 1 st, (WH) 1 st, ch 1, turn.

Row 28: < Sc in next 3 sts, (DB) 1 st, (BR) 2 sts, (DB) 1 st, (GD) 5 sts, (BR) 16 sts, (GD) 5 sts, (DB) 1 st, (BR) 2 sts, (DB) 1 st, (WH) 3 sts, ch 1, turn.

Row 29: > Sc in next 3 sts, (DB) 1 st, (BR) 1 st, (DB) 1 st, (GD) 7 sts, (BR) 14 sts, (GD) 7 sts, (DB) 1 st, (BR) 1 st, (DB) 1 st, (WH) 3 sts, **ch 1, turn.**

Row 30: < Sc in next 3 sts, (DB) 1 st, (BR) 1 st, (DB) 1 st, (GD) 7 sts, (DB) 1 st, (BR) 12 st, (DB) 1 st, (GD) 7 sts, (DB) 1 st, (BR) 1 st, (DB) 1 st, (WH) 3 sts, ch 1, turn.

Row 31 - 32: > < Repeat row 30.

Row 33: > Sc in next 3 sts, (DB) 1 st, (BR) 2 sts, (DB) 1 st, (GD) 6 sts, (DB) 1 st, (BR) 2 sts, (DB) 1 st, (BR) 6 sts, (DB) 1 st, (BR) 3 sts, (DB) 1 st, (GD) 5 sts, (DB) 1 st, (BR) 2 sts, (DB) 1 st, (WH) 3 sts, ch 1, turn.

Row 34: < Sc in next 3 sts, (DB) 1 st, (BR) 3 sts, (DB) 1 st, (GD) 4 sts, (DB) 1 sts, (BR) 2 sts, (DB) 1 sts, (WH) 1 st, (DB) 6 sts, (WH) 1 st, (DB) 1 st, (BR) 2 sts, (DB) 1 st, (GD) 4 sts, (DB) 1 st, (BR) 3 sts, (DB) 1 st, (WH) 4 sts, ch 1, turn.

Row 35: > Sc in next 4 sts, (DB) 1 st, (BR) 3 sts, (DB) 4 sts, (BR) 2 sts, (DB) 1 st, (WH) 10 sts, (DB) 1 st, (BR) 2 sts, (DB) 4 sts, (BR) 3 sts, (DB) 1 st, (WH) 4 sts, ch 1, turn.

Row 36: < Sc in next 5 sts, (DB) 1 st, (BR) 7 sts, (DB) 1 st, (WH) 12 sts, (DB) 1 st, (BR) 7 sts, (DB) 1 st, (WH) 5 sts, ch 1, turn.

Row 37: > Sc in next 6 sts, (DB) 2 sts, (BR) 4 sts, (DB) 1 st, (WH) 14 sts, (DB) 1 st, (BR) 4 sts, (DB) 2 sts, (WH) 6 sts, ch 1, turn.

Row 38: < Sc in next 8 sts, (DB) 4 sts, (WH) 16 sts, (DB) 4 sts, (WH) 8 sts, ch 1, turn.

Row 39-41: > < > Sc in every st, ch 1, turn. End of last row tie off, weave in all the yarn ends into the matching finished colors, and clip excess.

Bear LARGE Square - Written Row by Row In Double Crochet - (3 stitches per grid square)

Chain 120 +3 with White Yarn (or background color of your choice) (WH) (the beginning of every row will start with White (or your color choice) and end with a chain 3, which is the turning chain and first stitch in the new row)

Row 1: > Double Crochet (DC) in fourth chain (ch) from hook, DC in the rest of the chs, ch 3, turn. (120 DCs which include the beginning chain 3)

Row 2: < DC in each stitch (st) across, ch 3, turn.

Row 3: > DC in each st across, ch 3, turn.

Row 4: < DC in 41 sts, change yarn color - Dark Brown (DB), DC in next 36 sts, change yarn color - white, DC in next 42 sts, ch 3, turn.

Row 5: > DC in 38 sts, color change to (DB) DC in 3 sts, color change Brown (BR) DC in next 12 sts, color change (DB) DC in next 12 sts, color change (BR) DC in next 12 sts, color change (DB) DC in 3 sts, color change White (WH) DC in last 39 sts, ch 3, turn.

Row 6: < DC in 35 sts, (DB) DC in 3 sts, (BR) DC in 9 sts, (DB) DC in 6 sts, color change gold (GD) DC in 12 sts, (DB) DC in 6 sts, (BR) DC in 9 sts, (DB) DC in 3 sts, (WH) DC in 36 sts, ch 3, turn.

Row 7: > DC in first 32 sts, (DB) 3 sts, (BR) 9 sts, (DB) 3 sts, (GD) 24 sts, (DB) 3 sts, (BR) 9 sts, (DB) 3 sts, (WH) 33 sts, ch 3, turn.

Row 8: < DC in first 29 sts, (DB) 3 sts, (BR) 9 sts, (DB) 3 sts, (GD) 30 sts, (DB) 3 sts, (BR) 9 sts, (DB) 3 sts, (WH) 30 sts, ch 3, turn.

Row 9: > DC 26 sts, (DB) 3 sts, (BR) 12 sts, (DB) 3 sts, (GD) 3 sts, (DB) 6 sts, (GD) 12 sts, (DB) 6 sts, (GD) 3 sts, (DB) 3 sts, (BR) 12 sts, (DB) 3 sts, (WH) 27 sts, ch 3, turn.

Row 10: < DC in 23 sts, (DB) 3 sts, (BR) 12 sts, (DB) 3 sts, (GD) 3 sts, (DB) 3 sts, (GD) 6 sts, (DB) 3 sts, (GD) 6 sts, (DB) 3 sts, (GD) 6 sts, (DB) 3 sts, (GD) 3 sts, (DB) 3 sts, (BR) 12 sts, (DB) 3 sts, (WH) 24 sts, ch 3, turn

Row 11: > DC 23 sts, (DB) 3 sts, (BR) 12 sts, (DB) 3 sts, (GD) 15 sts, (BR) 6 sts, (GD) 15 sts, (DB) 3 sts, (BR) 12 sts, (DB) 3 sts, (WH) 24 sts, ch 3, turn.

Row 12: < DC in 23 sts, (DB) 3 sts, (BR) 12 sts, (DB) 3 sts, (GD) 15 sts, (BK) 6 sts, (GD) 15 sts, (DB) 3 sts, (BR) 12 sts, (DB) 3 sts, (WH) 24 sts, ch 3, turn.

Row 13: > DC in 23 sts, (DB) 3 sts, (BR) 12 sts, (DB) 3 sts, (GD) 12 sts, (BK) 12 sts, (GD) 12 sts, (DB) 3 sts, (BR) 12 sts, (DB) 3 sts, (WH) 24 sts, ch 3, turn.

Row 14: < DC in 20 sts, (DB) 3 sts, (BR) 15 sts, (DB) 3 sts, (GD) 12 sts, (BK) 12 sts, (GD) 12 sts, (DB) 3 sts, (BR) 15 sts, (DB) 3 sts, (WH) 21 sts, ch 3, turn.

Row 15: > DC in 21 sts, (DB) 3 sts, (BR) 15 sts, (DB) 6 sts, (GD) 9 sts, (BK) 12 sts (GD) 9 sts, (DB) 6 sts, (BR) 15 sts, (DB) 3 sts, (WH) 21 sts, ch 3, turn.

Row 16: < DC in next 20 sts, (DB) 3 sts, (BR) 18 sts, (DB) 3 sts, (GD) 30 sts, (DB) 3 sts, (BR) 18 sts, (DB) 3 sts, (WH) 21 sts, ch 3, turn.

Row 17: > DC in next 20 sts, (DB) 3 sts, (BR) 18 sts, (DB) 6 sts, (GD) 24 sts, (DB) 6 sts, (BR) 18 sts, (DB) 3 sts, (WH) 21 sts, ch 3, turn.

Row 18: < DC in next 20 sts, (DB) 3 sts, (BR) 21 sts, (DB) 6 sts, (GD) 18 sts, (DB) 6 sts, (BR) 21 sts, (DB) 3 sts, (WH) 21 sts, ch 3, turn.

Row 19: > DC in next 20 sts, (DB) 3 sts, (BR) 24 sts, (DB) 24 sts, (BR) 24 sts, (DB) 3 sts, (WH) 21 sts, ch 3, turn.

Row 20: < DC in next 20 sts, (DB) 3 sts, (BR) 72 sts, (DB) 3 sts, (WH) 21 sts, ch 3, turn.

Row 21: > DC in next 20 sts, (DB) 3 sts, (BR) 21 sts, (BK) 9 sts, (BR) 12 sts, (BK) 9 sts, (BR) 21 sts, (DB) 3 sts, (WH) 21 sts, ch 3, turn.

Row 22: < DC in next 20 sts, (DB) 3 sts, (BR) 18 sts, (BK) 15 sts, (BR) 6 sts, (BK) 15 sts, (BR) 18 sts, (DB) 3 sts, (WH) 7 sts, ch 3, turn.

Row 23: > Repeat row 22.

Row 24: < DC in next 17 sts, (DB) 3 sts, (BR) 21sts, (BK) 9 sts, (WH) 3 sts, (BK) 3 sts, (BR) 6 sts, (BK) 9 sts, (WH) 3 sts, (BK) 3 sts, (BR) 21 sts, (DB) 3 sts, (WH) 18 sts, ch 3, turn.

Row 25: > DC in next 14 sts, (DB) 3 sts, (BR) 27 sts, (BK) 9 sts, (BR) 12 sts, (BK) 9 sts, (BR) 27 sts, (DB) 3 sts, (WH) 15 sts, ch 3, turn.

Row 26: < DC in next 11 sts, (DB) 3 sts, (BR) 9 sts, (DB) 3 sts, (GD) 6 sts, (BR) 54 sts, (GD) 6 sts, (DB) 3 sts, (BR) 9 sts, (DB) 3 sts, (WH) 12 sts, ch 3, turn.

Row 27: > DC in next 8 sts, (DB) 3 sts, (BR) 9 sts, (DB) 3 sts, (GD) 9, (BR) 54 sts, (GD) 9 sts, (DB) 3 sts, (BR) 9 sts, (DB) 3 sts, (WH) 3 sts, ch 3, turn.

Row 28: < DC in next 8 sts, (DB) 3 sts, (BR) 6 sts, (DB) 3 sts, (GD) 15 sts, (BR) 48 sts, (GD) 15 sts, (DB) 3 sts, (BR) 6 sts, (DB) 3 sts, (WH) 9 sts, ch 3, turn.

Row 29: > DC in next 8 sts, (DB) 3 sts, (BR) 3 sts, (DB) 3 sts, (GD) 21 sts, (BR) 42 sts, (GD) 21 sts, (DB) 3 sts, (BR) 3 sts, (DB) 3 sts, (WH) 9 sts, ch 3, turn.

Row 30: < DC in next 8 sts, (DB) 3 sts, (BR) 3 sts, (DB) 3 sts, (GD) 21 sts, (DB) 3 sts, (BR) 36 sts, (DB) 3 sts, (GD) 21 sts, (DB) 3 sts, (BR) 3 sts, (DB) 3 sts, (WH) 9 sts, ch 3, turn.

Row 31 - 32: > < Repeat row 30.

Row 33: > DC in next 8 sts, (DB) 3 sts, (BR) 6 sts, (DB) 3 sts, (GD) 18 sts, (DB) 3 sts, (BR) 6 sts, (DB) 3 sts, (BR) 18 sts, (DB) 3 sts, (BR) 9 sts, (DB) 3 sts, (GD) 15 sts, (DB) 3 sts, (BR) 6 sts, (DB) 3 sts, (WH) 9 sts, ch 3, turn.

Row 34: < DC in next 8 sts, (DB) 3 sts, (BR) 9 sts, (DB) 3 sts, (GD) 12 sts, (DB) 3 sts, (BR) 6 sts, (DB) 3 sts, (WH) 3 sts, (DB) 18 sts, (WH) 3 sts, (DB) 3 sts, (BR) 6 sts, (DB) 3 sts, (GD) 12 sts, (DB) 3 sts, (BR) 9 sts, (DB) 3 sts, (WH) 12 sts, ch 3, turn.

Row 35: > DC in next 11 sts, (DB) 3 sts, (BR) 9 sts, (DB) 12 sts, (BR) 6 sts, (DB) 3 sts, (WH) 30 sts, (DB) 3 sts, (BR) 6 sts, (DB) 12 sts, (BR) 9 sts, (DB) 3 sts, (WH) 12 sts, ch 3, turn.

Row 36: < DC in next 15 sts, (DB) 3 sts, (BR) 21 sts, (DB) 3 sts, (WH) 36 sts, (DB) 3 sts, (BR) 21 sts, (DB) 3 sts, (WH) 15 sts, ch 3, turn.

Row 37: > DC in next 17 sts, (DB) 6 sts, (BR) 12 sts, (DB)3 sts, (WH) 42 sts, (DB) 3 sts, (BR) 12 sts, (DB) 6 sts, (WH) 18 sts, ch 3, turn.

Row 38: < DC in next 23 sts, (DB) 12 sts, (WH) 48 sts, (DB) 12 sts, (WH) 27 sts, ch 3, turn.

Row 39-41: > < > DC in every st, ch 3, turn. End of last row tie off, weave in all the yarn ends into the matching finished colors, and clip excess.

Bear - Full Design Chart

This Chart can be used for single crochet, tunisian st, or half double crochet with each square counting as one stitch, and can also be used for making a larger blanketsquare using 3 double crochet stitches for each square on the grid.
The color of the squares on the grid are the suggested colors for the yarn.

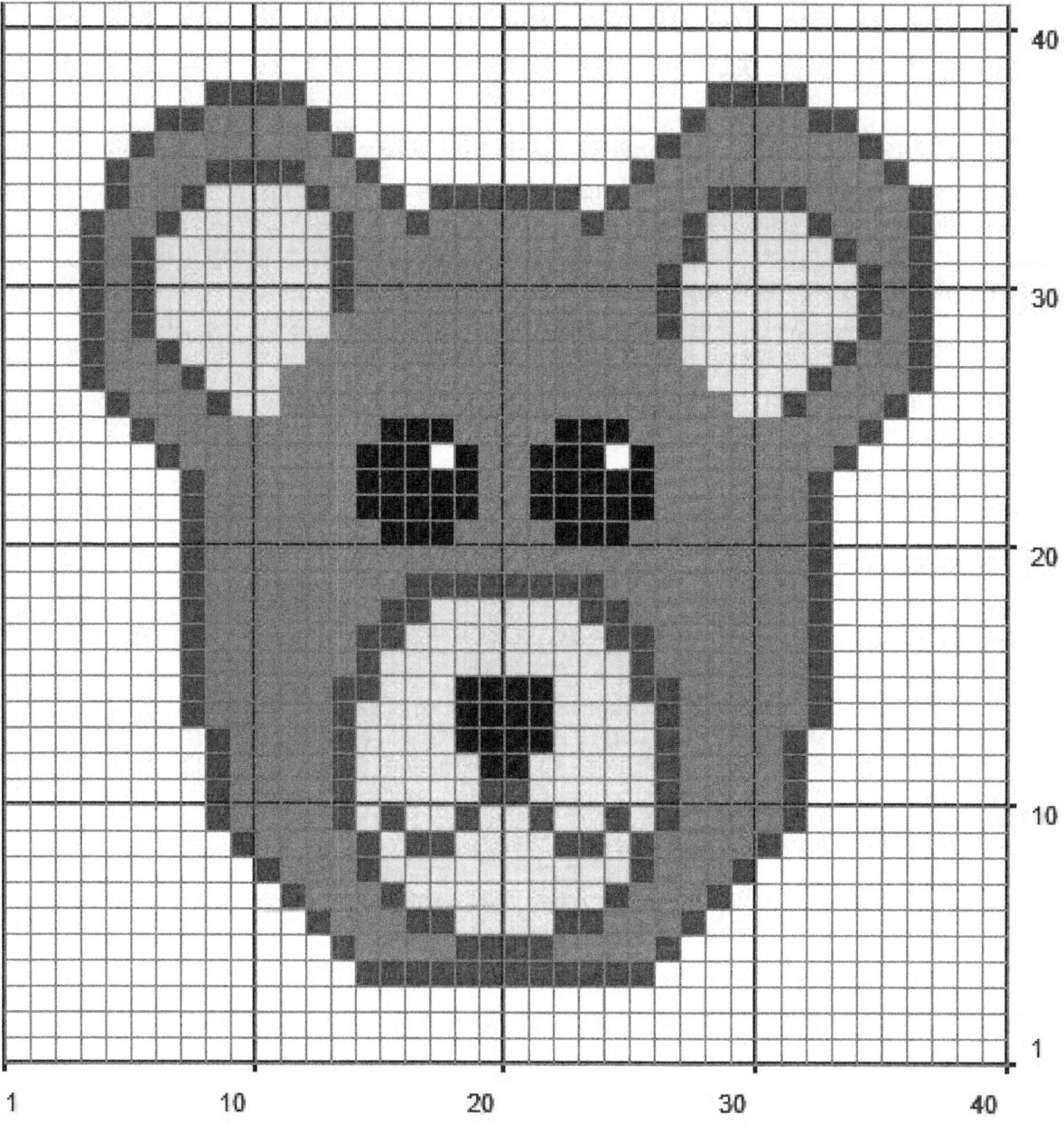

Bear - Full Stitch Symbol Chart

Tunisian Stitch or Single Crochet Sitch
0 - chain X - Single Crochet Stitch
Color background of each stitch is suggested yarn color.

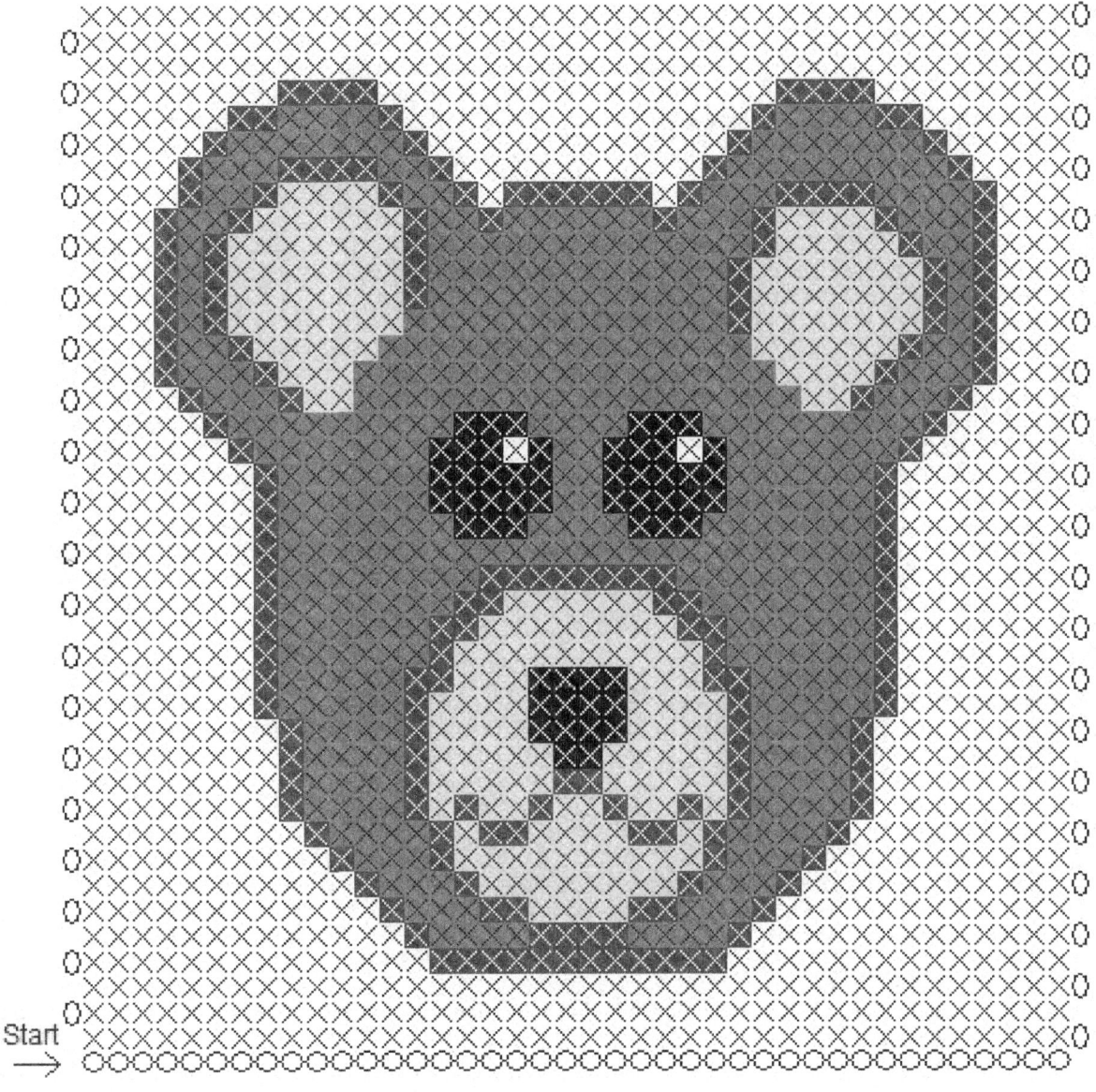

Chapter 22: Sheep Square Pattern

Large Double Crochet Finished With Border

Supplies Needed:
Your Favorite Worsted Weight Yarn

Approximate yards

WH - White – 250

GR - Gray =120

LG - Light Gray - 70

BR - Brown - 10

PK - Pink - 15

Tunisian Crochet Hook Size G with extension

Regular Crochet Hook Size G

Approximate Sizes:

10" wide by 10" length

Use Size 'G' Tunisian Crochet Hook (with extension)

for a Tunisian Crochet

'G' Hook for Single Crochet

To make the squares a bit bigger use Size 'I' Hook

and replace the single Crochet with Half Double Crochet or Double Crochet. The written row by row pattern is included for all three sizes.

The finished blanket can be made longer or wider by adding more rows on the top, bottom and sides equally. And/Or add a border.

Sheep Square - Written Row by Row In Half Double Crochet

Chain 40 +2 with White Yarn (or background color of your choice) (WH) (the beginning of every row will start with White (or your color choice) and end with a chain 2, which is the turning chain and first HDC on the next row)

Row 1: > Half Double Crochet (HDC) in third chain (ch) from hook, HDC in the rest of the chs, ch 2, turn.

Row 2: < HDC in each stitch (st) across, ch 2, turn.

Row 3: > HDC in each st across, ch 2, turn.

Row 4: < HDC in 19 sts, (change yarn color to Gray - GY) 3 sts, (change yarn color to White - WH) 19 sts, ch 2, turn.

Row 5: > HDC in 17 sts, (GY) 1 st, (WH) 3 sts, (GY) 1 st, (WH) 18 sts, ch 2, turn.

Row 6: < HDC in 17 sts, (GY) 1 st, (WH) 5 sts, (GY) 1 st, (WH) 16 sts, ch 2, turn.

Row 7: > HDC in 15 sts, (GY) 1 st, (WH) 7 sts, (GY) 1 st, (WH) 16 sts, ch 2, turn.

Row 8: > HDC in 15 sts, (GY) 1 st, (WH) 2 sts, (change yarn color to Black- BK) 3 sts, (WH) 2 sts, (GY) 1 st, (WH) 16 sts, ch 2, turn.

Row 9: < HDC in 15 sts, (GY) 1 st, (WH) 3 sts, (change yarn color to Pink - PK) 3 sts, (WH) 3 sts, (GY) 1 st, (WH) 15 sts, ch 2, turn.

Row 10: > HDC in 14 sts, (GY) 1 st, (WH) 2 sts, (BK) 5 sts, (WH) 2 sts, (GY) 1 st, (WH) 15 sts, ch 2, turn.

Row 11: < HDC in 11 sts, (GY) 4 sts, (WH) 2 sts, (BK) 1 st, (WH) 2 sts, (BK) 1 st, (WH) 2 sts, (BK) 1 st, (WH) 2 sts, (GY) 4 sts, (WH) 10, ch 2, turn.

Row 12: > HDC in 9 sts, (GY) 1 st, (WH) 3 sts, (GY) 1 st, (WH) 5 sts, (BK) 1 st, (WH) 5 sts, (GY) 1 st, (WH) 3 sts, (GY) 1 st, (WH) 10 sts, ch 2, turn.

Row 13: < HDC in 9 sts, (GY) 1 st, (WH) 1 st, (change yarn color to Light Gray- LG) 1 st, (WH) 2 cups, (GY) 1 st, (WH) 4 sts, (BK) 3 sts, (WH) 4 sts, (GY) 1 st, (WH) 1 st, (LG) 1 st, (GY) 1 st, (WH) 9 sts, ch 2, turn.

Row 14: > HDC in 5 sts, (GY) 2 sts, (WH) 2 sts, (GY) 1 st, (WH) 1 st, (LG) 1 st, (WH) 1 st, (GY) 1 st, (WH) 3 sts, (BK) 5 sts, (WH) 3 sts, (GY) 1 st, (WH) 1 st, (LG) 1 st, (WH) 2 sts, (GY) 1 st, (WH) 9 sts, ch 2, turn.

Row 15: < HDC in 5 sts, (GY) 2 sts, (WH) 2 sts, (GY) 1 st, (WH) 1 st, (LG) 1 st, (WH) 2 sts, (GY) 1 st, (WH) 2 sts, (BK) 7 sts, (WH) 2 sts, (GY) 1 st, (WH) 4 sts, (GY) 1 st, (WH) 1 st, (GY) 1 st, (PK) 1 st, (GY) 1 st, (WH) 4 sts, ch 2, turn.

Row 16: > HDC in 3 sts, (GY) 1 st, (WH) 1 st, (PK) 2 sts, (GY) 1 st, (WH) 2 sts, (LG) 1 sts, (WH) 2 sts, (GY)1 st, (WH) 11 sts, (GY) 1 st, (WH) 4 sts, (GY) 1 st, (WH) 1 st, (GY) 1 st, (PK) 1 st, (WH) 1 st, (GY) 1 st, (WH) 4 sts, ch 2, turn.

Row 17: < HDC in 3 sts, (GY) 1 st, (WH) 2 sts, (PK) 2 sts, (GY) 1 st, (WH) 2 sts, (LG) 1 st, (WH) 2 sts, (GY) 1 st, (WH) 11 sts, (GY) 1 st, (WH) 1 st, (LG) 1 st, (WH) 3 st, (GY) 1 st, (PK) 2 st, (WH) 1 st, (GY) 1 st, (WH) 3 st, ch 2, turn.

Row 18: > HDC in 3 sts, (GY) 1 st, (WH) 2 sts, (PK) 1 st, (GY) 1 st, (WH) 2 sts, (LG) 1 st, (WH) 2 sts, (GY) 1 st, (WH) 2 sts, (change yarn color to Brown - BR) 2 sts, (WH) 3 sts, (BR) 2 sts, (WH) 2 sts, (GY) 1 st, (WH) 1 st, (LG) 1 st, (WH) 3 sts, (GY) 1 st, (PK) 2 sts, (WH) 2 sts, (GY) 1 st, (WH) 3 sts, ch 2, turn.

Row 19: < HDC in 3 sts, (GY) 1 st, (WH) 2 sts, (PK) 2 sts, (GY) 1 st, (WH) 2 sts, (LG) 1 st, (WH) 2 sts, (GY) 1 sts, (WH) 1 st, (BR) 4 sts, (WH) 1 st, (BR) 4 sts, (WH) 1 st, (GY) 1 st, (WH) 1 st, (LG) 2 sts, (WH) 1 st, (GY) 1 st, (PK) 2 sts, (WH) 2 sts, (GY) 1 st, (WH) 3 sts, ch 2, turn.

Row 20: > HDC in 3 sts, (GY) 1 st, (WH) 2 sts, (PK) 2 sts, (GY) 1 st, (WH) 4 sts, (GY) 1 st, (WH) 1 st, (BR) 2 sts, (WH) 1 st, (BR) 1 st, (WH) 1 st, (BR) 2 sts, (WH) 1 st, (BR) 1 st, (WH) 1 st, (GY) 1 st, (WH) 5 sts, (GY) 1 st, (PK) 2 sts, (WH) 2 sts, (GY) 1 sts, (WH) 3 sts, ch 2, turn.

Row 21: < HDC in 3 sts, (GY) 1 st, (WH) 2 sts, (PK) 2 sts, (GY) 2 sts, (WH) 1 st, (LG) 1 st, (WH) 2 sts, (GY) 1 st, (WH) 2 sts, (BR) 2 sts, (WH) 3 sts, (BR) 2 sts, (WH) 2 sts, (GY) 1 st, (WH) 1 st, (LG) 1 st, (WH) 1 st, (GY) 1 st, (PK) 3 st, (WH) 2 sts, (GY) 1 st, (WH) 3 sts, ch 2, turn.

Row 22: > HDC in 3 sts, (GY) 1 st, (WH) 3 sts, (PK) 2 sts, (GY) 1 st, (LG) 2 sts, (WH) 1 st, (GY) 1 st, (WH) 11 sts, (GY) 1 st, (WH) 2 sts, (LG) 1 st, (WH) 1 st, (GY) 1 st, (PK) 2 sts, (WH) 3 sts, (GY) 1 st, (WH) 3 sts, ch 2, turn.

Row 23: < HDC in 3 sts, (GY) 1 st, (WH) 4 sts, (PK) 1 st, (GY) 1 st, (WH) 2 sts, (LG) 1 st, (WH) 1 st, (GY) 1 st, (LG) 1 st, (WH) 4 sts, (LG) 3 sts, (WH) 3 sts, (GY) 1 st, (WH) 2 sts, (LG) 1 st, (GY) 1 st, (PK) 1 st, (WH) 4 sts, (GY) 1 st, (WH) 3 sts, ch 2, turn.

Row 24: > HDC in 4 sts, (GY) 1 st, (WH) 4 sts, (GY) 1 st, (WH) 3 sts, (GY) 1 st, (WH) 2 sts, (LG) 1 st, (WH) 3 sts, (LG) 1 st, (WH) 2 sts, (LG) 1 st, (WH) 6 sts, (GY) 1 st, (WH) 5 sts, (GY) 1 st (WH) 3 sts, ch 2, turn.

Row 25: < HDC in 4 sts, (GY) 1 st, (WH) 9 sts, (LG) 1 st, (WH)2 sts, (LG) 2 sts, (WH) 5 sts, (LG) 3 sts, (WH) 8 sts, (GY) 1 st, (WH) 5 sts, ch 2, turn.

Row 26: > HDC in 5 sts, (GY) 1 st, (WH) 4 sts, (LG) 1 st, (WH) 15 sts, (LG) 1 st, (WH) 7 sts, (GY) 1 st, (WH) 5 sts, ch 2, turn.

Row 27: < HDC in 6 sts, (GY) 1 st, (WH) 7 sts, (LG) 1 st, (WH) 3 sts, (LG) 2 sts, (WH) 6 sts, (LG) 3 sts, (WH) 4 sts, (GY) 1 st, (WH) 6 sts, ch 2, turn.

Row 28: > HDC in 6 sts, (GY) 1 st, (WH) 8 sts, (LG) 2 sts, (WH) 2 sts, (LG) 2 sts, (WH) 3 sts, (LG) 2 sts, (WH) 2 sts, (LG) 1 st, (WH) 2 sts, (GY) 2 sts, (WH) 7 sts, ch 2, turn.

Row 29: < HDC in 8 sts, (GY) 1 st, (LG) 2 sts, (WH) 5 sts, (LG) 1 st, (WH) 3 sts, (LG) 1 st, (WH) 1 st, (LG) 1 st, (WH) 10 sts, (GY) 1 st, (Wh) 6 sts, ch 2, turn.

Row 30: > HDC 7 sts, (GY) 1 st, (WH) 4 sts, (LG) 1 st, (WH) 3 sts, (LG) 2 sts, (WH) 1 st, (LG) 1 st, (WH) 4 sts, (LG) 2 sts, (WH) 4 sts, (GY) 1 st, (WH) 9 sts, ch 2, turn.

Row 31: < HDC in 9 sts, (GY) 1 st, (WH) 3 sts, (LG) 1 st, (WH) 10 sts, (LG) 1 st, (WH) 3 sts, (LG) 1 st, (WH) 2 sts, (GY) 1 st, (WH) 8 sts, ch 2, turn.

Row 32: > HDC in 8 sts, (GY) 1 st, (WH) 2 sts, (LG) 1 st, (WH) 2 sts, (LG) 1 st, (WH) 9 sts, (LG) 2 sts, (WH) 4 sts, (GY) 1 st, (WH) 9 sts, ch 2, turn.

Row 33: < HDC in 10 sts, (GY) 1 st, (LG) 1 st, (WH) 3 sts, (LG) 1 st, (WH) 3 sts, (LG) 1 st, (WH) 2 sts, (LG) 3 sts, (WH) 4 sts, (LG) 2 sts, (GY) 1 st, (WH) 8 sts, ch 2, turn.

Row 34: > HDC in 9 sts, (GY) 2 sts, (WH) 8 sts, (LG) 1 st, (WH) 4 sts, (LG) 1 st, (WH) 2 sts, (GY) 2 sts, WH) 11 sts, ch 2, turn.

Row 35: < HDC in 13 sts, (GY) 1 st, (WH) 6 sts, (LG) 1 st, (WH) 5 sts, (LG) 1 st, (GY) 2 sts, (WH) 11 sts, ch 2, turn.

Row 36: > HDC in 13 sts, (GY) 2 sts, (LG) 1 st, (WH) 2 sts, (LG) 1 st, (WH) 6 sts, (GY) 2 sts, (WH) 13 sts, ch 2, turn.

Row 37: < HDC in 14 sts, (GY) 5 sts, (WH) 4 sts, (LG) 1 st, (GY) 1 st, (WH) 15 sts, ch 2, turn.

Row 38: > HDC in 16 sts, (GY) 5 sts, (WH) 19 sts, ch 2, turn.

Row 39-41: HDC in each stitch across, ch 2, turn. On the end of the last row, tie off, and weave in any yarn ends

Sheep Square - Written Row by Row In Single Crochet or Tunisian Stitch

Chain 40 +1 with White Yarn (or background color of your choice) (WH) (the beginning of every row will start with White (or your color choice) and end with a chain 1, which is the turning chain)

Row 1: > Single Crochet (Sc) in second chain (ch) from hook, sc in the rest of the chs, ch 1, turn.

Row 2: < Sc in each stitch (st) across, ch 1, turn.

Row 3: > Sc in each st across, ch 1, turn.

Row 4: < Sc in 19 sts, (change yarn color to Gray - GY) 3 sts, (change yarn color to White - WH) 19 sts, ch 1, turn.

Row 5: > Sc in 17 sts, (GY) 1 st, (WH) 3 sts, (GY) 1 st, (WH) 18 sts, ch 1, turn.

Row 6: < Sc in 17 sts, (GY) 1 st, (WH) 5 sts, (GY) 1 st, (WH) 16 sts, ch 1, turn.

Row 7: > Sc in 15 sts, (GY) 1 st, (WH) 7 sts, (GY)1 st, (WH) 16 sts, ch 1, turn.

Row 8: > Sc in 15 sts, (GY) 1 st, (WH) 2 sts, (change yarn color to Black- BK) 3 sts, (WH) 2 sts, (GY) 1 st, (WH) 16 sts, ch 1, turn.

Row 9: < Sc in 15 sts, (GY) 1 st, (WH) 3 sts, (change yarn color to Pink - PK) 3 sts, (WH) 3 sts, (GY) 1 st, (WH) 15 sts, ch 1, turn.

Row 10: > Sc in 14 sts, (GY) 1 st, (WH) 2 sts, (BK) 5 sts, (WH) 2 sts, (GY) 1 st, (WH) 15 sts, ch 1, turn.

Row 11: < Sc in 11 sts, (GY) 4 sts, (WH) 2 sts, (BK) 1 st, (WH) 2 sts, (BK) 1 st, (WH) 2 sts, (BK) 1 st, (WH) 2 sts, (GY) 4 sts, (WH) 10, ch 1, turn.

Row 12: > Sc in 9 sts, (GY) 1 st, (WH) 3 sts, (GY) 1 st, (WH) 5 sts, (BK) 1 st, (WH) 5 sts, (GY) 1 st, (WH) 3 sts, (GY) 1 st, (WH) 10 sts, ch 1, turn.

Row 13: < Sc in 9 sts, (GY) 1 st, (WH) 1 st, (change yarn color to Light Gray- LG) 1 st, (WH) 2 cups, (GY) 1 st, (WH) 4 sts, (BK) 3 sts, (WH) 4 sts, (GY) 1 st, (WH) 1 st, (LG) 1 st, (GY) 1 st, (WH) 9 sts, ch 1, turn.

Row 14: > Sc in 5 sts, (GY) 2 sts, (WH) 2 sts, (GY) 1 st, (WH) 1 st, (LG) 1 st, (WH) 1 st, (GY) 1 st, (WH) 3 sts, (BK) 5 sts, (WH) 3 sts, (GY)1 st, (WH) 1 st, (LG) 1 st, (WH) 2 sts, (GY) 1 st, (WH) 9 sts, ch 1, turn.

Row 15: < Sc in 5 sts, (GY) 2 sts, (WH) 2 sts, (GY) 1 st, (WH) 1 st, (LG) 1 st, (WH) 2 sts, (GY) 1 st, (WH) 2 sts, (BK) 7 sts, (WH) 2 sts, (GY) 1 st, (WH) 4 sts, (GY) 1 st, (WH) 1 st, (GY) 1 st, (PK) 1 st, (GY) 1 st, (WH) 4 sts, ch 1, turn.

Row 16: > Sc in 3 sts, (GY) 1 st, (WH) 1 st, (PK) 2 sts, (GY) 1 st, (WH) 2 sts, (LG) 1 sts, (WH) 2 sts, (GY)1 st, (WH) 11 sts, (GY) 1 st, (WH) 4 sts, (GY) 1 st, (WH) 1 st, (GY) 1 st, (PK) 1 st, (WH) 1 st, (GY) 1 st, (WH) 4 sts, ch 1, turn.

Row 17: < Sc in 3 sts, (GY) 1 st, (WH) 2 sts, (PK) 2 sts, (GY) 1 st, (WH) 2 sts, (LG) 1 st, (WH) 2 sts, (GY) 1 st, (WH) 11 sts, (GY) 1 st, (WH) 1 st, (LG) 1 st, (WH) 3 st, (GY) 1 st, (PK) 2 st, (WH) 1 st, (GY) 1 st, (WH) 3 st, ch 1, turn.

Row 18: > Sc in 3 sts, (GY) 1 st, (WH) 2 sts, (PK) 1 st, (GY) 1 st, (WH) 2 sts, (LG) 1 st, (WH) 2 sts, (GY) 1 st, (WH) 2 sts, (change yarn color to Brown - BR) 2 sts, (WH) 3 sts, (BR) 2 sts, (WH) 2 sts, (GY) 1 st, (WH) 1 st, (LG) 1 st, (WH) 3 sts, (GY) 1 st, (PK) 2 sts, (WH) 2 sts, (GY) 1 st, (WH) 3 sts, ch 1, turn.

Row 19: < Sc in 3 sts, (GY) 1 st, (WH) 2 sts, (PK) 2 sts, (GY) 1 st, (WH) 2 sts, (LG) 1 st, (WH) 2 sts, (GY) 1 sts, (WH) 1 st, (BR) 4 sts, (WH) 1 st, (BR) 4 sts, (WH) 1 st, (GY) 1 st, (WH) 1 st, (LG) 2 sts, (WH) 1 st, (GY) 1 st, (PK) 2 sts, (WH) 2 sts, (GY) 1 st, (WH) 3 sts, ch 1, turn.

Row 20: > Sc in 3 sts, (GY) 1 st, (WH) 2 sts, (PK) 2 sts, (GY) 1 st, (WH) 4 sts, (GY) 1 st, (WH) 1 st, (BR) 2 sts, (WH) 1 st, (BR) 1 st, (WH) 1 st, (BR) 2 sts, (WH) 1 st, (BR) 1 st, (WH) 1 st, (GY) 1 st, (WH) 5 sts, (GY) 1 st, (PK) 2 sts, (WH) 2 sts, (GY) 1 sts, (WH) 3 sts, ch 1, turn.

Row 21: < Sc in 3 sts, (GY) 1 st, (WH) 2 sts, (PK) 2 sts, (GY) 2 sts, (WH) 1 st, (LG) 1 st, (WH) 2 sts, (GY) 1 st, (WH) 2 sts, (BR) 2 sts, (WH) 3 sts, (BR) 2 sts, (WH) 2 sts, (GY) 1 st, (WH) 1 st, (LG) 1 st, (WH) 1 st, (GY) 1 st, (PK) 3 st, (WH) 2 sts, (GY) 1 st, (WH) 3 sts, ch 1, turn.

Row 22: > Sc in 3 sts, (GY) 1 st, (WH) 3 sts, (PK) 2 sts, (GY) 1 st, (LG) 2 sts, (WH) 1 st, (GY) 1 st, (WH) 11 sts, (GY) 1 st, (WH) 2 sts, (LG) 1 st, (WH) 1 st, (GY) 1 st, (PK) 2 sts, (WH) 3 sts, (GY) 1 st, (WH) 3 sts, ch 1, turn.

Row 23: < Sc in 3 sts, (GY) 1 st, (WH) 4 sts, (PK) 1 st, (GY) 1 st, (WH) 2 sts, (LG) 1 st, (WH) 1 st, (GY) 1 st, (LG) 1 st, (WH) 4 sts, (LG) 3 sts, (WH) 3 sts, (GY) 1 st, (WH) 2 sts, (LG) 1 st, (GY) 1 st, (PK) 1 st, (WH) 4 sts, (GY) 1 st, (WH) 3 sts, ch 1, turn.

Row 24: > Sc in 4 sts, (GY) 1 st, (WH) 4 sts, (GY) 1 st, (WH) 3 sts, (GY) 1 st, (WH) 2 sts, (LG) 1 st, (WH) 3 sts, (LG) 1 st, (WH) 2 sts, (LG) 1 st, (WH) 6 sts, (GY) 1 st, (WH) 5 sts, (GY) 1 st (WH) 3 sts, ch 1, turn.

Row 25: < Sc in 4 sts, (GY) 1 st, (WH) 9 sts, (LG) 1 st, (WH) 2 sts, (LG) 2 sts, (WH) 5 sts, (LG) 3 sts, (WH) 8 sts, (GY) 1 st, (WH) 5 sts, ch 1, turn.

Row 26: > Sc in 5 sts, (GY) 1 st, (WH) 4 sts, (LG) 1 st, (WH) 15 sts, (LG) 1 st, (WH) 7 sts, (GY) 1 st, (WH) 5 sts, ch 1, turn.

Row 27: < Sc in 6 sts, (GY) 1 st, (WH) 7 sts, (LG) 1 st, (WH) 3 sts, (LG) 2 sts, (WH) 6 sts, (LG) 3 sts, (WH) 4 sts, (GY) 1 st, (WH) 6 sts, ch 1, turn.

Row 28: > Sc in 6 sts, (GY) 1 st, (WH) 8 sts, (LG) 2 sts, (WH) 2 sts, (LG) 2 sts, (WH) 3 sts, (LG) 2 sts, (WH) 2 sts, (LG) 1 st, (WH) 2 sts, (GY) 2 sts, (WH) 7 sts, ch 1, turn.

Row 29: < Sc in 8 sts, (GY) 1 st, (LG) 2 sts, (WH) 5 sts, (LG) 1 st, (WH) 3 sts, (LG) 1 st, (WH) 1 st, (LG) 1 st, (WH)10 sts, (GY) 1 st, (Wh) 6 sts, ch 1, turn.

Row 30: > Sc 7 sts, (GY) 1 st, (WH) 4 sts, (LG) 1 st, (WH) 3 sts, (LG) 2 sts, (WH) 1 st, (LG) 1 st, (WH) 4 sts, (LG) 2 sts, (WH) 4 sts, (GY) 1 st, (WH) 9 sts, ch 1, turn.

Row 31: < Sc in 9 sts, (GY) 1 st, (WH) 3 sts, (LG) 1 st, (WH) 10 sts, (LG) 1 st, (WH) 3 sts, (LG) 1 st, (WH) 2 sts, (GY) 1 st, (WH) 8 sts, ch 1, turn.

Row 32: > Sc in 8 sts, (GY) 1 st, (WH) 2 sts, (LG) 1 st, (WH) 2 sts, (LG) 1 st, (WH) 9 sts, (LG) 2 sts, (WH) 4 sts, (GY) 1 st, (WH) 9 sts, ch 1, turn.

Row 33: < Sc in 10 sts, (GY) 1 st, (LG) 1 st, (WH) 3 sts, (LG) 1 st, (WH) 3 sts, (LG) 1 st, (WH) 2 sts, (LG) 3 sts, (WH) 4 sts, (LG) 2 sts, (GY) 1 st, (WH) 8 sts, ch 1, turn.

Row 34: > Sc in 9 sts, (GY) 2 sts, (WH) 8 sts, (LG) 1 st, (WH) 4 sts, (LG) 1 st, (WH) 2 sts, (GY) 2 sts, WH) 11 sts, ch 1, turn.

Row 35: < Sc in 13 sts, (GY) 1 st, (WH) 6 sts, (LG) 1 st, (WH) 5 sts, (LG) 1 st, (GY) 2 sts, (WH) 11 sts, ch 1, turn.

Row 36: > Sc in 13 sts, (GY) 2 sts, (LG) 1 st, (WH) 2 sts, (LG) 1 st, (WH) 6 sts, (GY) 2 sts, (WH) 13 sts, ch 1, turn.

Row 37: < Sc in 14 sts, (GY) 5 sts, (WH) 4 sts, (LG) 1 st, (GY) 1 st, (WH) 15 sts, ch 1, turn.

Row 38: > Sc in 16 sts, (GY) 5 sts, (WH) 19 sts, ch 1, turn.

Row 39-41: Sc in each stitch across, ch 1, turn. On the end of the last row, tie off, and weave in any yarn ends

Sheep LARGE Square - Written Row by Row In Double Crochet - (3 stitches per grid square)

Chain 120 +3 with White Yarn (or background color of your choice) (WH) (the beginning of every row will start with White (or your color choice) and end with a chain 3, which is the turning chain and the first stitch on the next row)

Row 1: > Double Crochet (Dc) in fourth chain (ch) from hook, Dc in the rest of the chs, ch 3, turn.

Row 2: < Dc in each stitch (st) across, ch 3, turn.

Row 3: > Dc in each st across, ch 3, turn.

Row 4: < Dc in 56 sts, (change yarn color to Gray - GY) 9 sts, (change yarn color to White - WH) 57 sts, ch 3, turn.

Row 5: > Dc in 50 sts, (GY) 3 sts, (WH) 9 sts, (GY) 3 sts, (WH) 54 sts, ch 3, turn.

Row 6: < Dc in 50 sts, (GY) 3 sts, (WH) 15 sts, (GY) 3 sts, (WH) 48 sts, ch 3, turn.

Row 7: > Dc in 44 sts, (GY) 3 sts, (WH) 21 sts, (GY)3 sts, (WH) 48 sts, ch 3, turn.

Row 8: > Dc in 44 sts, (GY) 3 sts, (WH) 6 sts, (change yarn color to Black- BK) 9 sts, (WH) 6 sts, (GY) 3 sts, (WH) 48sts, ch 3, turn.

Row 9: < Dc in 44 sts, (GY) 3 sts, (WH) 9 sts, (change yarn color to Pink - PK) 9 sts, (WH) 9 sts, (GY) 3 sts, (WH) 45 sts, ch 3, turn.

Row 10: > Dc in 42 sts, (GY) 3 sts, (WH) 6 sts, (BK) 15 sts, (WH) 6 sts, (GY) 3 sts, (WH) 45 sts, ch 3, turn.

Row 11: < Dc in 32 sts, (GY) 12 sts, (WH) 6 sts, (BK) 3 sts, (WH) 6 sts, (BK) 3 sts, (WH) 6 sts, (BK) 3 sts, (WH) 6 sts, (GY) 12 sts, (WH) 30 sts, ch 3, turn.

Row 12: > Dc in 26 sts, (GY) 3 sts, (WH) 9 sts, (GY) 3 sts, (WH) 15 sts, (BK) 3 sts, (WH) 15 sts, (GY) 3 sts, (WH) 9 sts, (GY) 3 sts, (WH) 30 sts, ch 3, turn.

Row 13: < Dc in 26 sts, (GY) 3 sts, (WH) 3 sts, (change yarn color to Light Gray- LG) 3 sts, (WH) 6 cups, (GY) 3 sts, (WH) 12 sts, (BK) 9 sts, (WH) 12 sts, (GY) 3 sts, (WH) 3 sts, (LG) 3 sts, (GY) 3 sts, (WH) 27 sts, ch 3, turn.

Row 14: > Dc in 14 sts, (GY) 6 sts, (WH) 6 sts, (GY) 3 sts, (WH) 3 sts, (LG) 3 sts, (WH) 3 sts, (GY) 3 sts, (WH) 9 sts, (BK) 15 sts, (WH) 9 sts, (GY)3 sts, (WH) 3 sts, (LG) 3 sts, (WH) 6 sts, (GY) 3 sts, (WH) 27 sts, ch 3, turn.

Row 15: < Dc in 14 sts, (GY) 6 sts, (WH) 6 sts, (GY) 3 sts, (WH) 3 sts, (LG) 3 sts, (WH) 6 sts, (GY) 3 sts, (WH) 6 sts, (BK) 21 sts, (WH) 6 sts, (GY) 3 sts,

(WH) 12 sts, (GY) 3 sts, (WH) 3 sts, (GY) 3 sts, (PK) 3 sts, (GY) 3 sts, (WH) 12 sts, ch 3, turn.

Row 16: > Dc in 8 sts, (GY) 3 sts, (WH) 3 sts, (PK) 6 sts, (GY) 3 sts, (WH) 6 sts, (LG) 13 sts, (WH) 6 sts, (GY) 3 sts, (WH) 33 sts, (GY) 3 sts, (WH) 12 sts, (GY) 3 sts, (WH) 3 sts, (GY) 3 sts, (PK) 3 sts, (WH) 3 sts, (GY) 3 sts, (WH) 12 sts, ch 3, turn.

Row 17: < Dc in 8 sts, (GY) 13 sts, (WH) 6 sts, (PK) 6 sts, (GY) 3 sts, (WH) 6 sts, (LG) 3 sts, (WH) 6 sts, (GY) 3 sts, (WH) 33 sts, (GY) 3 sts, (WH) 3 sts, (LG) 3 sts, (WH) 9 sts, (GY) 3 sts, (PK) 6 sts, (WH) 3 sts, (GY) 3 sts, (WH) 9 sts, ch 3, turn.

Row 18: > Dc in 8 sts, (GY) 3 sts, (WH) 6 sts, (PK) 3 sts, (GY) 3 sts, (WH) 6 sts, (LG) 3 sts, (WH) 6 sts, (GY) 3 sts, (WH) 6 sts, (change yarn color to Brown - BR) 6 sts, (WH) 9 sts, (BR) 6 sts, (WH) 6 sts, (GY) 3 sts, (WH) 3 sts, (LG) 3 sts, (WH) 9 sts, (GY) 3 sts, (PK) 6 sts, (WH) 6 sts, (GY) 3 sts, (WH) 9 sts, ch 3, turn.

Row 19: < Dc in 8 sts, (GY) 3 sts, (WH) 6 sts, (PK) 6 sts, (GY) 3 sts, (WH) 6 sts, (LG) 3 sts, (WH) 6 sts, (GY) 3 sts, (WH) 3 sts, (BR) 12 sts, (WH) 3 sts, (BR) 12 sts, (WH) 3 sts, (GY) 3 sts, (WH) 3 sts, (LG) 6 sts, (WH) 3 sts, (GY) 3 sts, (PK) 6 sts, (WH) 6 sts, (GY) 3 sts, (WH) 6 sts, ch 3, turn.

Row 20: > Dc in 8 sts, (GY) 3 sts, (WH) 6 sts, (PK) 6 sts, (GY) 3 sts, (WH) 12 sts, (GY) 3 sts, (WH) 3 sts, (BR) 6 sts, (WH) 3 sts, (BR) 3 sts, (WH) 3 sts, (BR) 6 sts, (WH) 3 sts, (BR) 3 sts, (WH) 3 sts, (GY) 3 sts, (WH) 15 sts, (GY) 3 sts, (PK) 6 sts, (WH) 6 sts, (GY) 1 sts, (WH) 9 sts, ch 3, turn.

Row 21: < Dc in 8 sts, (GY) 3 sts, (WH) 6 sts, (PK) 6 sts, (GY) 6 sts, (WH) 3 sts, (LG) 3 sts, (WH) 26 sts, (GY) 3 sts, (WH) 6 sts, (BR) 6 sts, (WH) 9 sts, (BR) 6 sts, (WH) 6 sts, (GY) 3 sts, (WH) 3 sts, (LG) 3 sts, (WH) 3 sts, (GY) 3 sts, (PK) 9 sts, (WH) 6 sts, (GY) 3 sts, (WH) 9 sts, ch 3, turn.

Row 22: > Dc in 8 sts, (GY) 3 sts, (WH) 9 sts, (PK) 6 sts, (GY) 3 sts, (LG) 6 sts, (WH) 3 sts, (GY) 3 sts, (WH) 33 sts, (GY) 3 sts, (WH) 6 sts, (LG) 3 sts, (WH) 3 sts, (GY) 3 sts, (PK) 6 sts, (WH) 9 sts, (GY) 13 sts, (WH) 9 sts, ch 3, turn.

Row 23: < Dc in 8 sts, (GY) 3 sts, (WH) 12 sts, (PK) 3 sts, (GY) 3 sts, (WH) 6 sts, (LG) 3 sts, (WH) 3 sts, (GY) 3 sts, (LG) 3 sts, (WH) 12 sts, (LG) 9 sts, (WH) 9 sts, (GY) 3 sts, (WH) 6 sts, (LG) 3 sts, (GY) 3 sts, (PK) 3 sts, (WH) 12 sts, (GY) 3 sts, (WH) 9 sts, ch 3, turn.

Row 24: > Dc in 11 sts, (GY) 3 sts, (WH) 12 sts, (GY) 3 sts, (WH) 9 sts, (GY) 3 sts, (WH) 6 sts, (LG) 3 sts, (WH) 9 sts, (LG) 13 sts, (WH) 6 sts, (LG) 3 sts, (WH) 18 sts, (GY) 3 sts, (WH) 15 sts, (GY) 3 st (WH) 9 sts, ch 3, turn.

Row 25: < Dc in 11 sts, (GY) 3 sts, (WH) 27 sts, (LG) 3 sts, (WH) 6 sts, (LG) 6 sts, (WH) 15 sts, (LG) 9 sts, (WH) 24 sts, (GY) 3 sts, (WH) 15 sts, ch 3, turn.

Row 26: > Dc in 14 sts, (GY) 3 sts, (WH) 12 sts, (LG) 3 sts, (WH) 45 sts, (LG) 3 sts, (WH) 21 sts, (GY) 3 sts, (WH) 15 sts, ch 3, turn.

Row 27: < Dc in 17 sts, (GY) 3 sts, (WH) 21 sts, (LG) 3 sts, (WH) 9 sts, (LG) 6 sts, (WH) 18 sts, (LG) 9 sts, (WH) 12 sts, (GY) 3 sts, (WH) 18 sts, ch 3, turn.

Row 28: > Dc in 17 sts, (GY) 3 sts, (WH) 24 sts, (LG) 6 sts, (WH) 6 sts, (LG) 6 sts, (WH) 9 sts, (LG) 6 sts, (WH) 6 sts, (LG) 3 sts, (WH) 6 sts, (GY) 6 sts, (WH) 21 sts, ch 3, turn.

Row 29: < Dc in 17 sts, (GY) 3 sts, (LG) 6 sts, (WH) 15 sts, (LG) 3 sts, (WH) 9 sts, (LG) 3 sts, (WH) 3 sts, (LG) 3 sts, (WH) 30 sts, (GY) 3 sts, (Wh) 18 sts, ch 3, turn.

Row 30: > Dc 20 sts, (GY) 3 sts, (WH) 12 sts, (LG) 3 sts, (WH) 9 sts, (LG) 6 sts, (WH) 3 sts, (LG) 3 sts, (WH) 12 sts, (LG) 6 sts, (WH) 12 sts, (GY) 3 sts, (WH) 27 sts, ch 3, turn.

Row 31: < Dc in 26 sts, (GY) 3 sts, (WH) 9 sts, (LG) 3 sts, (WH) 30 sts, (LG) 3 sts, (WH) 9 sts, (LG) 3 sts, (WH) 6 sts, (GY) 3 sts, (WH) 27 sts, ch 3, turn.

Row 32: > Dc in 23 sts, (GY) 3 sts, (WH) 6 sts, (LG) 3 sts, (WH) 6 sts, (LG) 3 sts, (WH) 27 sts, (LG) 6 sts, (WH) 12 sts, (GY) 3 sts, (WH) 27 sts, ch 3, turn.

Row 33: < Dc in 29 sts, (GY) 3 sts, (LG) 3 sts, (WH) 9 sts, (LG) 3 sts, (WH) 9 sts, (LG) 3 sts, (WH) 6 sts, (LG) 9 sts, (WH) 12 sts, (LG) 6 sts, (GY) 3 sts, (WH) 24 sts, ch 3, turn.

Row 34: > Dc in 26 sts, (GY) 6 sts, (WH) 24 sts, (LG) 3 sts, (WH) 12 sts, (LG) 3 sts, (WH) 6 sts, (GY) 6 sts, WH) 33 sts, ch 3, turn.

Row 35: < Dc in 38 sts, (GY) 3 sts, (WH) 18 sts, (LG) 3 sts, (WH) 15 sts, (LG) 3 sts, (GY) 6 sts, (WH) 33 sts, ch 3, turn.

Row 36: > Dc in 38 sts, (GY) 6 sts, (LG) 3 sts, (WH) 6 sts, (LG) 3 sts, (WH) 18 sts, (GY) 6 sts, (WH) 39 sts, ch 3, turn.

Row 37: < Dc in 41 sts, (GY) 15 sts, (WH) 12 sts, (LG) 3 sts, (GY) 3 sts, (WH) 45 sts, ch 3, turn.

Row 38: > Dc in 47 sts, (GY) 15 sts, (WH) 57 sts, ch 3, turn.

Row 39-41: Dc in each stitch across, ch 3, turn. On the end of the last row, tie off, and weave in any yarn ends

Sheep - Full Design Chart

This Chart can be used for single crochet, tunisian st, or half double crochet with each square counting as one stitch, and can also be used for making a larger blanketsquare using 3 double crochet stitches for each square on the grid.
The color of the squares on the grid are the suggested colors for the yarn.

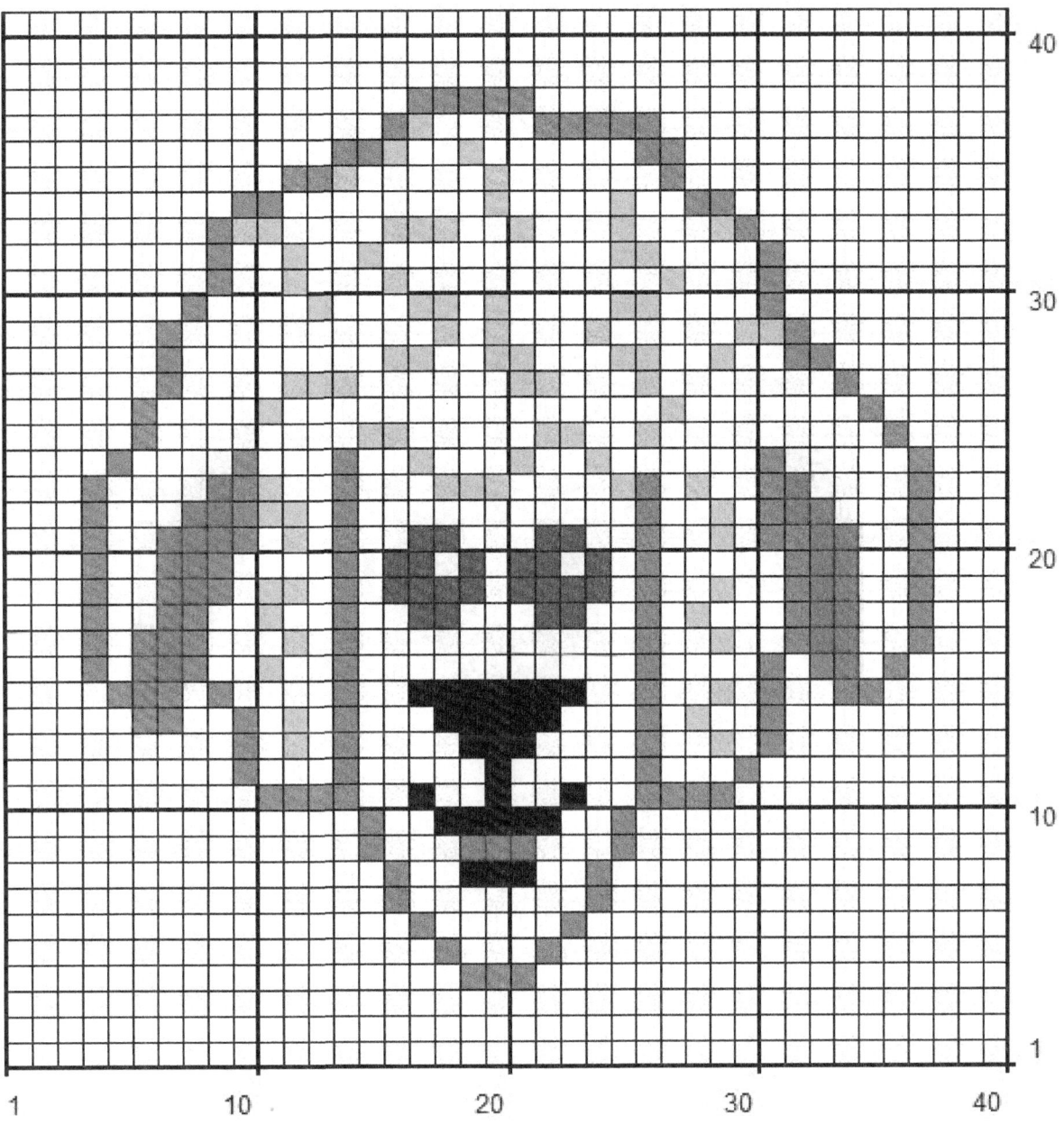

Sheep - Full Stitch Symbol Chart

Tunisian Stitch or Single Crochet Sitch
0 - chain X - Single Crochet Stitch
Color background of each stitch is suggested yarn color.

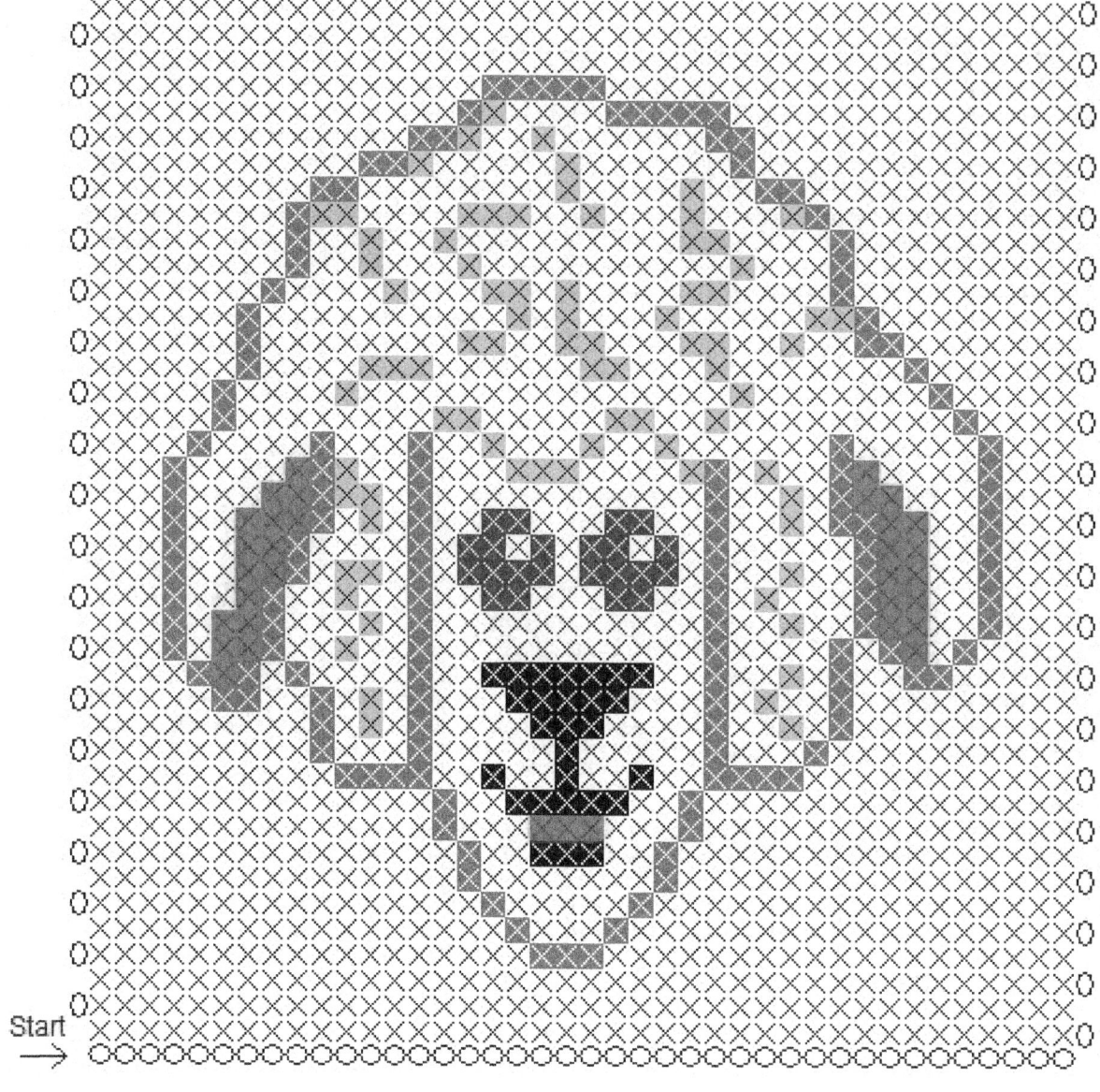

Chapter 23: Moose Square Pattern

Large Double Crochet Finished With Border

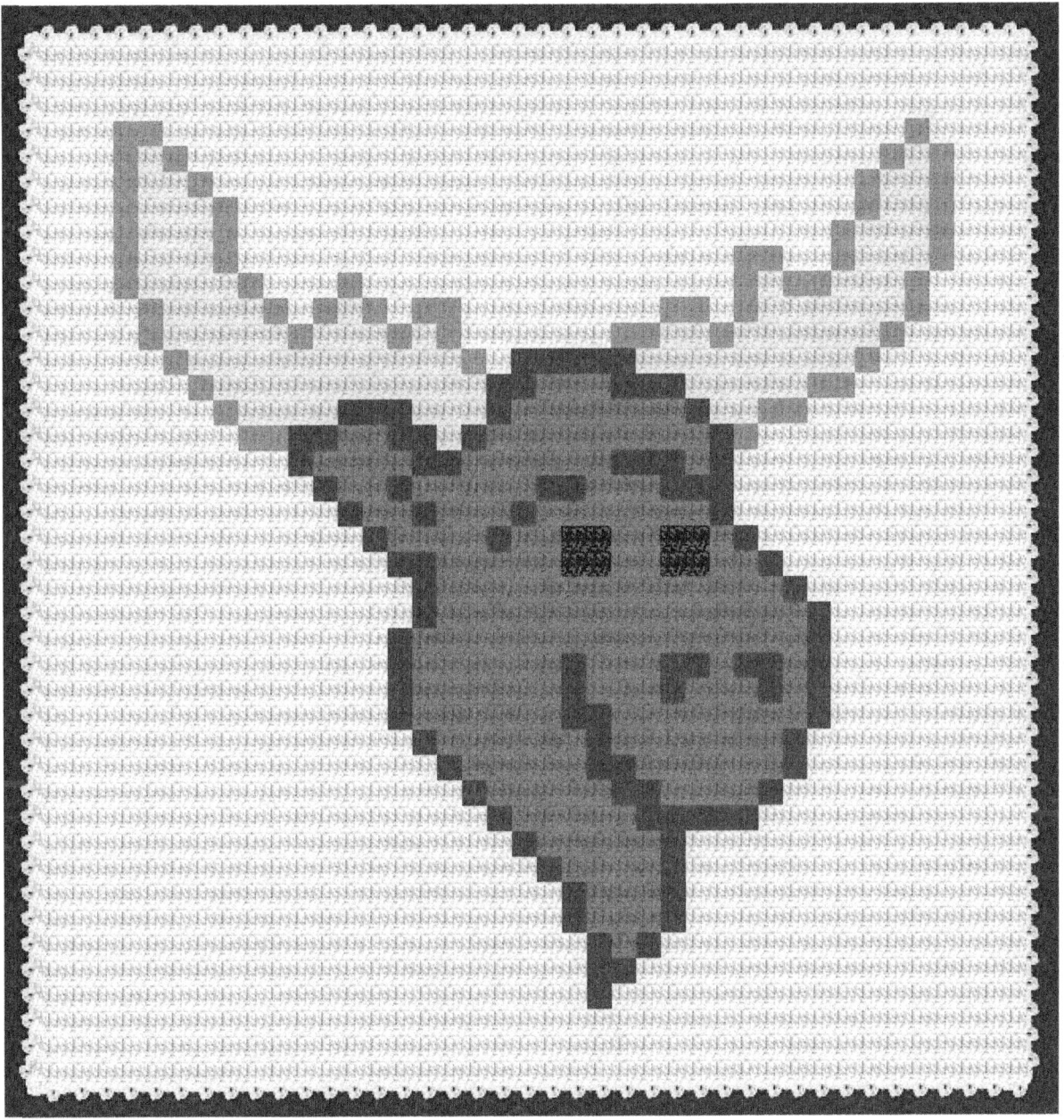

Supplies Needed:
Your Favorite Worsted Weight Yarn

Approximate yards

WH - White – 250

BK - Black - 10

LY - Light Yellow - 70

GD - Gold - 40

BR - Brown - 200

DB - Dark Brown - 90

Tunisian Crochet Hook Size G with extension

Regular Crochet Hook Size G

Approximate Sizes:

10" wide by 10" length

Use Size 'G' Tunisian Crochet Hook (with extension)

for a Tunisian Crochet

'G' Hook for Single Crochet

To make the squares a bit bigger use Size 'I' Hook

and replace the single Crochet with Half Double Crochet or Double Crochet. The written row by row pattern is included for all three sizes.

The finished blanket can be made longer or wider by adding more rows on the top, bottom and sides equally. And/Or add a border.

Moose Square - Written Row by Row In Half Double Crochet

Chain 40 +2 with White Yarn (or background color of your choice) (WH) (the beginning of every row will start with White (or your color choice) and end with a chain 2, which is the turning chain and first HDC in the next row)

Row 1: > Half Double Crochet (HDC) in third chain (ch) from hook, HDC in the rest of the chs, ch 2, turn.

Row 2: < HDC in each stitch (st) across, ch 2, turn.

Row 3: > HDC in each st across, ch 2, turn.

Row 4: < HDC in 17 sts, (change yarn color to Dark Brown - DB) 1 st, (change yarn color to White - WH) 22 sts, ch 2, turn.

Row 5: > HDC in 22 sts, (DB) 2 sts, (WH) 16 sts, ch 2, turn.

Row 6: < HDC in 15 sts, (DB) 1 st, (change yarn color to Brown - BR) 1 st, (DB) 1 st, (WH) 22 sts, ch 2, turn.

Row 7: > HDC in 21 sts, (DB) 1 st, (BR) 3 sts, (DB) 1 st, (WH) 14 sts, ch 2, turn.

Row 8: < HDC in 14 sts, (DB) 1 st, (BR) 3 sts, (DB) 1 st, (WH) 21 sts, ch 2, turn.

Row 9: > HDC in 20 sts, (DB) 1 st, (BR) 4 sts, (DB) 1 st, (WH) 14 sts, ch 2, turn.

Row 10: < HDC in 14 sts, (DB) 1 st, (BR) 5 sts, (DB) 1 st, (WH) 19 sts, ch 2, turn.

Row 11: > HDC in 18 sts, (DB) 1 st, (BR) 5 sts, (DB) 5 sts, (WH) 11 sts, ch 2, turn.

Row 12: < HDC in 10 sts, (DB) 1 st, (BR) 4 sts, (DB) 2 sts, (BR) 5 sts, (DB) 1 st, (WH) 17 sts, ch 2, turn.

Row 13: > HDC in 16 sts, (DB) 1 st, (BR) 5 sts, (DB) 2 sts, (BR) 6 sts, (DB) 1 st, (WH) 9 sts, ch 2, turn.

Row 14: < HDC in 9 sts, (DB) 1 st, (BR) 7 sts, (DB) 1 st, (BR) 6 sts, (DB) 1 st, (WH) 15 sts, ch 2, turn.

Row 15: > HDC in 14 sts, (DB) 1 st, (BR) 6 sts, (DB) 2 sts, (BR) 8 sts, (DB) 1 st, (WH) 8 sts, ch 2, turn.

Row 16: < HDC in 8 sts, (DB) 1 st, (BR) 1 st, (DB) 1 st, (BR) 3 sts, (DB) 1 st, (BR) 3 sts, (DB) 1 st, (BR) 6 sts, (DB) 1 st, (WH) 14 sts, ch 2, turn.

Row 17: > HDC in 14 sts, (DB) 1 st, (BR) 6 sts, (DB) 1 st, (BR) 3 sts, (DB) 2 sts, (BR) 1 st, (DB) 2 sts, (BR) 1 st, (DB) 1 st, (WH) 8 sts, ch 2, turn.

Row 18: < HDC in 8 sts, (DB) 1 st, (BR) 16 sts, (DB) 1 st, (WH) 14 sts, ch 2, turn.

Row 19: > HDC in 15 sts, (DB) 1 st, (BR) 15 sts, (DB) 1 st, (WH) 8 sts, ch 2, turn.

Row 20: < HDC in 9 sts, (DB) 1 st, (BR) 14 sts, (DB) 1 st, (WH) 15 sts, ch 2, turn.

Row 21: > HDC in 14 sts, (DB) 2 sts, (BR) 5 sts, (BK) 2 sts, (BR) 2 sts, (BK) 2 sts, (BR) 2 sts, (DB) 1 st, (WH) 10 sts, ch 2, turn.

Row 22: < HDC in 11 sts, (DB) 1 st, (BR) 1 st, (BK) 2 sts, (BR) 2 sts, (BK) 2 sts, (BR) 2 sts, (DB) 1 st, (BR) 4 sts, (DB) 1 st, (WH) 13 sts, ch 2, turn.

Row 23: > HDC in 12 sts, (DB) 1 st, (BR) 2 sts, (DB) 1 st, (BR) 3 sts, (DB) 1 st, (BR) 7 sts, (BR) 1 st, (WH) 12 sts, ch 2, turn.

Row 24: < HDC in 12 sts, (DB) 3 sts, (BR) 3 sts, (DB) 2 sts, (BR) 5 sts, (DB) 1 st, (BR) 2 sts, (DB) 1 st, (WH) 11 sts, ch 2, turn.

Row 25: > HDC in 10 sts, (DB) 1 st, (BR) 4 sts, (DB) 2 sts, (BR) 6 sts, (DB) 3 sts, (BR) 1 st, (DB) 1 sts, (WH) 12 sts, ch 2, turn.

Row 26: < HDC in 11 sts, (change yarn color to Gold - GD) 1 st, (DB) 1 st, (BR) 9 sts, (DB) 1 st, (change yarn color to Light Yellow - LY) 1 st, (DB) 2 sts, (BR) 2 sts, (DB) 2 sts, (GD) 2 sts, (WH) 8 sts, ch 2, turn.

Row 27: > HDC in 7 sts, (GD) 1 st, (LY) 4 sts, (DB) 3 sts, (LY) 3 sts, (DB) 1 st, (BR) 7 sts, (DB) 1 st, (LY) 2 sts, (GD) 2 sts, ch 2, turn.

Row 28: < HDC in 7 sts, (DB) 2 sts, (LY) 5 sts, (DB) 3 sts, (BR) 3 sts, (DB) 2 sts, (LY) 11 sts (GD) 1 st, (WH) 6 sts, ch 2, turn.

Row 29: < HDC in 6 sts, (GD) 1 st, (LY) 9 sts, (DB) 5 sts, (WH) 1 st, (GD) 1 st, (LY) 11 sts, (GD) 1 st, (WH) 5 sts, ch 2, turn.

Row 30: > HDC in 4 sts, (GD) 1 st, (LY) 5 sts, (GD) 1 st, (LY) 3 sts, (GD) 1 st, (LY) 1 st, (GD) 1 st, (WH) 6 sts, (GD) 2 sts, (LY) 2 sts, (GD) 1 st, (LY) 6 sts, (GD) 1 st, (WH) 5 sts, ch 2, turn.

Row 31: < HDC in 4 sts, (GD) 1 st, (LY) 6 sts, (GD) 1 st, (WH) 1 st, (GD) 2 sts, (WH) 8 sts, (GD) 2 sts, (WH) 1 st, (GD) 1 st, (LY) 1 st, (GD) 1 st, (WH) 1 st, (GD) 1 st, (LY) 4 sts, (GD) 1 st, (WH) 4 sts, ch 2, turn.

Row 32: > HDC in 3 sts, (GD) 1 st, (LY) 4 sts, (GD) 1 st, (WH) 3 sts, (GD) 1 st, (WH) 15 sts, (GD) 1 st, (LY) 1 st, (GD) 2 sts, (LY) 3 sts, (GD) 1 st, (WH) 4 sts, ch 2, turn.

Row 33: < HDC in 3 sts, (GD) 1 st, (LY) 3 sts, (GD) 1 st, (WH) 2 sts, (GD) 2 sts, (WH) 20 sts, (GD) 1 st, (LY) 3 sts, (GD) 1 st, (WH) 3 sts, ch 2, turn.

Row 34: > HDC in 3 sts, (GD) 1 st, (LY) 3 sts, (GD) 1 st, (WH) 24 sts, (GD) 1 st, (LY) 3 sts, (GD) 1 st, (WH) 3 sts, ch 2, turn.

Row 35: < HDC in 3 sts, (GD) 1 st, (LY) 2 sts, (GD) 1 st, (WH) 25 sts, (GD) 1 st, (LY) 3 sts, (GD) 1 st, (Wh) 3 sts, ch 2, turn.

Row 36: > HDC in 3 sts, (GD) 1 st, (LY) 2 sts, (GD) 1 st, WH) 26 sts, (GD) 1 st, (LY) 2 sts, (GD) 1 st, (WH) 3 sts, ch 2, turn.

Row 37: < HDC in 3 sts, (GD) 1 st, (LY) 1 st, (GD) 1 st, (WH) 28 sts, (GD) 1 st, (LY) 1 st, (GD) 1 st, (WH) 3 sts, ch 2, turn.

Row 38: > HDC in 3 sts, (GD) 2 sts, (WH) 30 sts, (GD) 1 st, (WH) 4 sts, ch 2, turn.

Row 39-41: HDC in each stitch across, ch 2, turn. On the end of the last row, tie off, and weave in any yarn ends

Moose Square - Written Row by Row In Single Crochet or Tunisian Stitch

Chain 40 +1 with White Yarn (or background color of your choice) (WH) (the beginning of every row will start with White (or your color choice) and end with a chain 1, which is the turning chain)

Row 1: > Single Crochet (Sc) in second chain (ch) from hook, sc in the rest of the chs, ch 1, turn. (40 sc)

Row 2: < Sc in each stitch (st) across, ch 1, turn.

Row 3: > Sc in each st across, ch 1, turn.

Row 4: < Sc in 17 sts, (change yarn color to Dark Brown - DB) 1 st, (change yarn color to White - WH) 22 sts, ch 1, turn.

Row 5: > Sc in 22 sts, (DB) 2 sts, (WH) 16 sts, ch 1, turn.

Row 6: < Sc in 15 sts, (DB) 1 st, (change yarn color to Brown - BR) 1 st, (DB) 1 st, (WH) 22 sts, ch 1, turn.

Row 7: > Sc in 21 sts, (DB) 1 st, (BR) 3 sts, (DB) 1 st, (WH) 14 sts, ch 1, turn.

Row 8: < Sc in 14 sts, (DB) 1 st, (BR) 3 sts, (DB) 1 st, (WH) 21 sts, ch 1, turn.

Row 9: > Sc in 20 sts, (DB) 1 st, (BR) 4 sts, (DB) 1 st, (WH) 14 sts, ch 1, turn.

Row 10: < Sc in 14 sts, (DB) 1 st, (BR) 5 sts, (DB) 1 st, (WH) 19 sts, ch 1, turn.

Row 11: > Sc in 18 sts, (DB) 1 st, (BR) 5 sts, (DB) 5 sts, (WH) 11 sts, ch 1, turn.

Row 12: < Sc in 10 sts, (DB) 1 st, (BR) 4 sts, (DB) 2 sts, (BR) 5 sts, (DB) 1 st, (WH) 17 sts, ch 1, turn.

Row 13: > Sc in 16 sts, (DB) 1 st, (BR) 5 sts, (DB) 2 sts, (BR) 6 sts, (DB) 1 st, (WH) 9 sts, ch 1, turn.

Row 14: < Sc in 9 sts, (DB) 1 st, (BR) 7 sts, (DB) 1 st, (BR) 6 sts, (DB) 1 st, (WH) 15 sts, ch 1, turn.

Row 15: > Sc in 14 sts, (DB) 1 st, (BR) 6 sts, (DB) 2 sts, (BR) 8 sts, (DB) 1 st, (WH) 8 sts, ch 1, turn.

Row 16: < Sc in 8 sts, (DB) 1 st, (BR) 1 st, (DB) 1 st, (BR) 3 sts, (DB) 1 st, (BR) 3 sts, (DB) 1 st, (BR) 6 sts, (DB) 1 st, (WH) 14 sts, ch 1, turn.

Row 17: > Sc in 14 sts, (DB) 1 st, (BR) 6 sts, (DB) 1 st, (BR) 3 sts, (DB) 2 sts, (BR) 1 st, (DB) 2 sts, (BR) 1 st, (DB) 1 st, (WH) 8 sts, ch 1, turn.

Row 18: < Sc in 8 sts, (DB) 1 st, (BR) 16 sts, (DB) 1 st, (WH) 14 sts, ch 1, turn.

Row 19: > Sc in 15 sts, (DB) 1 st, (BR) 15 sts, (DB) 1 st, (WH) 8 sts, ch 1, turn.

Row 20: < Sc in 9 sts, (DB) 1 st, (BR) 14 sts, (DB) 1 st, (WH) 15 sts, ch 1, turn.

Row 21: > Sc in 14 sts, (DB) 2 sts, (BR) 5 sts, (BK) 2 sts, (BR) 2 sts, (BK) 2 sts, (BR) 2 sts, (DB) 1 st, (WH) 10 sts, ch 1, turn.

Row 22: < Sc in 11 sts, (DB) 1 st, (BR) 1 st, (BK) 2 sts, (BR) 2 sts, (BK) 2 sts, (BR) 2 sts, (DB) 1 st, (BR) 4 sts, (DB) 1 st, (WH) 13 sts, ch 1, turn.

Row 23: > Sc in 12 sts, (DB) 1 st, (BR) 2 sts, (DB) 1 st, (BR) 3 sts, (DB) 1 st, (BR) 7 sts, (BR) 1 st, (WH) 12 sts, ch 1, turn.

Row 24: < Sc in 12 sts, (DB) 3 sts, (BR) 3 sts, (DB) 2 sts, (BR) 5 sts, (DB) 1 st, (BR) 2 sts, (DB) 1 st, (WH) 11 sts, ch 1, turn.

Row 25: > Sc in 10 sts, (DB) 1 st, (BR) 4 sts, (DB) 2 sts, (BR) 6 sts, (DB) 3 sts, (BR) 1 st, (DB) 1 sts, (WH) 12 sts, ch 1, turn.

Row 26: < Sc in 11 sts, (change yarn color to Gold - GD) 1 st, (DB) 1 st, (BR) 9 sts, (DB) 1 st, (change yarn color to Light Yellow - LY) 1 st, (DB) 2 sts, (BR) 2 sts, (DB) 2 sts, (GD) 2 sts, (WH) 8 sts, ch 1, turn.

Row 27: > Sc in 7 sts, (GD) 1 st, (LY) 4 sts, (DB) 3 sts, (LY) 3 sts, (DB) 1 st, (BR) 7 sts, (DB) 1 st, (LY) 2 sts, (GD) 2 sts, ch 1, turn.

Row 28: < Sc in 7 sts, (DB) 2 sts, (LY) 5 sts, (DB) 3 sts, (BR) 3 sts, (DB) 2 sts, (LY) 11 sts (GD) 1 st, (WH) 6 sts, ch 1, turn.

Row 29: < Sc in 6 sts, (GD) 1 st, (LY) 9 sts, (DB) 5 sts, (WH) 1 st, (GD) 1 st, (LY) 11 sts, (GD) 1 st, (WH) 5 sts, ch 1, turn.

Row 30: > Sc in 4 sts, (GD) 1 st, (LY) 5 sts, (GD) 1 st, (LY) 3 sts, (GD) 1 st, (LY) 1 st, (GD) 1 st, (WH) 6 sts, (GD) 2 sts, (LY) 2 sts, (GD) 1 st, (LY) 6 sts, (GD) 1 st, (WH) 5 sts, ch 1, turn.

Row 31: < Sc in 4 sts, (GD) 1 st, (LY) 6 sts, (GD) 1 st, (WH) 1 st, (GD) 2 sts, (WH) 8 sts, (GD) 2 sts, (WH) 1 st, (GD) 1 st, (LY) 1 st, (GD) 1 st, (WH) 1 st, (GD) 1 st, (LY) 4 sts, (GD) 1 st, (WH) 4 sts, ch 1, turn.

Row 32: > Sc in 3 sts, (GD) 1 st, (LY) 4 sts, (GD) 1 st, (WH) 3 sts, (GD) 1 st, (WH) 15 sts, (GD) 1 st, (LY) 1 st, (GD) 2 sts, (LY) 3 sts, (GD) 1 st, (WH) 4 sts, ch 1, turn.

Row 33: < Sc in 3 sts, (GD) 1 st, (LY) 3 sts, (GD) 1 st, (WH) 2 sts, (GD) 2 sts, (WH) 20 sts, (GD) 1 st, (LY) 3 sts, (GD) 1 st, (WH) 3 sts, ch 1, turn.

Row 34: > Sc in 3 sts, (GD) 1 st, (LY) 3 sts, (GD) 1 st, (WH) 24 sts, (GD) 1 st, (LY) 3 sts, (GD) 1 st, (WH) 3 sts, ch 1, turn.

Row 35: < Sc in 3 sts, (GD) 1 st, (LY) 2 sts, (GD) 1 st, (WH) 25 sts, (GD) 1 st, (LY) 3 sts, (GD) 1 st, (Wh) 3 sts, ch 1, turn.

Row 36: > Sc in 3 sts, (GD) 1 st, (LY) 2 sts, (GD) 1 st, WH) 26 sts, (GD) 1 st, (LY) 2 sts, (GD) 1 st, (WH) 3 sts, ch 1, turn.

Row 37: < Sc in 3 sts, (GD) 1 st, (LY) 1 st, (GD) 1 st, (WH) 28 sts, (GD) 1 st, (LY) 1 st, (GD) 1 st, (WH) 3 sts, ch 1, turn.

Row 38: > Sc in 3 sts, (GD) 2 sts, (WH) 30 sts, (GD) 1 st, (WH) 4 sts, ch 1, turn.

Row 39-41: Sc in each stitch across, ch 1, turn. On the end of the last row, tie off, and weave in any yarn ends

Moose LARGE Square - Written Row by Row In Double Crochet - (3 stitches per grid square)

Chain 120 +3 with White Yarn (or background color of your choice) (WH) (the beginning of every row will start with White (or your color choice) and end with a chain 3, which is the turning chain and the first stitch on the next row)

Row 1: > Double Crochet (DC) in fourth chain (ch) from hook, DC in the rest of the chs, ch 3, turn. (120 DCs which include the 1st ch 3)

Row 2: < DC in each stitch (st) across, ch 3, turn.

Row 3: > DC in each st across, ch 3, turn.

Row 4: < DC in 50 sts, (change yarn color to Dark Brown - DB) 3 sts, (change yarn color to White - WH) 66 sts, ch 3, turn.

Row 5: > DC in 65 sts, (DB) 6 sts, (WH) 48 sts, ch 3, turn.

Row 6: < DC in 44 sts, (DB) 3 sts, (change yarn color to Brown - BR) 1 sts, (DB) 3 sts, (WH) 66 sts, ch 3, turn.

Row 7: > DC in 62 sts, (DB) 3 sts, (BR) 9 sts, (DB) 3 sts, (WH) 42 sts, ch 3, turn.

Row 8: < DC in 41 sts, (DB) 4 sts, (BR) 9 sts, (DB) 3 sts, (WH) 63 sts, ch 3, turn.

Row 9: > DC in 59 sts, (DB) 3 sts, (BR) 12 sts, (DB) 3 sts, (WH) 42 sts, ch 3, turn.

Row 10: < DC in 41 sts, (DB) 3 sts, (BR) 15 sts, (DB) 3 sts, (WH) 57 sts, ch 3, turn.

Row 11: > DC in 53 sts, (DB) 3 sts, (BR) 15 sts, (DB) 15 sts, (WH) 33 sts, ch 3, turn.

Row 12: < DC in 29 sts, (DB) 3 sts, (BR) 12 sts, (DB) 6 sts, (BR) 15 sts, (DB) 3 sts, (WH) 51 sts, ch 3, turn.

Row 13: > DC in 47 sts, (DB) 3 sts, (BR) 15 sts, (DB) 6 sts, (BR) 18 sts, (DB) 3 sts, (WH) 27 sts, ch 3, turn.

Row 14: < DC in 26 sts, (DB) 3 sts, (BR) 21 sts, (DB) 3 sts, (BR) 18 sts, (DB) 3 sts, (WH) 45 sts, ch 3, turn.

Row 15: > DC in 41 sts, (DB) 3 sts, (BR) 18 sts, (DB) 6 sts, (BR) 24 sts, (DB) 3 sts, (WH) 24 sts, ch 3, turn.

Row 16: < DC in 23 sts, (DB) 3 sts, (BR) 3 sts, (DB) 3 sts, (BR) 9 sts, (DB) 3 sts, (BR) 9 sts, (DB) 3 sts, (BR) 18 sts, (DB) 3 sts, (WH) 42 sts, ch 3, turn.

Row 17: > DC in 42 sts, (DB) 3 sts, (BR) 18 sts, (DB) 3 sts, (BR) 9 sts, (DB) 6 sts, (BR) 3 sts, (DB) 6 sts, (BR) 3 sts, (DB) 3 sts, (WH) 24 sts, ch 3, turn.

Row 18: < DC in 23 sts, (DB) 3 sts, (BR) 48 sts, (DB) 3 sts, (WH) 42 sts, ch 3, turn.

Row 19: > DC in 44 sts, (DB) 3 sts, (BR) 45 sts, (DB) 3 sts, (WH) 24 sts, ch 3, turn.

Row 20: < DC in 26 sts, (DB) 3 sts, (BR) 42 sts, (DB) 3 sts, (WH) 45 sts, ch 3, turn.

Row 21: > DC in 41 sts, (DB) 6 sts, (BR) 15 sts, (BK) 6 sts, (BR) 6 sts, (BK) 6 sts, (BR) 6 sts, (DB) 3 sts, (WH) 30 sts, ch 3, turn.

Row 22: < DC in 32 sts, (DB) 3 sts, (BR) 3 sts, (BK) 6 sts, (BR) 6 sts, (BK) 6 sts, (BR) 6 sts, (DB) 3 sts, (BR) 12 sts, (DB) 3 sts, (WH) 39 sts, ch 3, turn.

Row 23: > DC in 35 sts, (DB) 3 sts, (BR) 6 sts, (DB) 3 sts, (BR) 9 sts, (DB) 3 sts, (BR) 21 sts, (BR) 3 sts, (WH) 36 sts, ch 3, turn.

Row 24: < DC in 35 sts, (DB) 9 sts, (BR) 9 sts, (DB) 6 sts, (BR) 15 sts, (DB) 3 sts, (BR) 6 sts, (DB) 3 sts, (WH) 33 sts, ch 3, turn.

Row 25: > DC in 29 sts, (DB) 3 sts, (BR) 12 sts, (DB) 6 sts, (BR) 18 sts, (DB) 9 sts, (BR) 3 sts, (DB) 3 sts, (WH) 36 sts, ch 3, turn.

Row 26: < DC in 32 sts, (change yarn color to Gold - GD) 3 sts, (DB) 3 sts, (BR) 18 sts, (DB) 3 sts, (change yarn color to Light Yellow - LY) 3 sts, (DB) 6 sts, (BR) 6 sts, (DB) 6 sts, (GD) 6 sts, (WH) 24 sts, ch 3, turn.

Row 27: > DC in 20 sts, (GD) 3 sts, (LY) 12 sts, (DB) 9 sts, (LY) 9 sts, (DB) 3 sts, (BR) 21 sts, (DB) 3 sts, (LY) 6 sts, (GD) 6 sts, ch 3, turn.

Row 28: < DC in 20 sts, (DB) 6 sts, (LY) 15 sts, (DB) 9 sts, (BR) 9 sts, (DB) 6 sts, (LY) 33 sts (GD) 3 sts, (WH) 18 sts, ch 3, turn.

Row 29: < DC in 17 sts, (GD) 3 sts, (LY) 27 sts, (DB) 15 sts, (WH) 3 sts, (GD) 3 sts, (LY) 33 sts, (GD) 3 sts, (WH) 15 sts, ch 3, turn.

Row 30: > DC in 11 sts, (GD) 3 sts, (LY) 15 sts, (GD) 3 sts, (LY) 9 sts, (GD) 3 sts, (LY) 3 sts, (GD) 3 sts, (WH) 18 sts, (GD) 6 sts, (LY) 6 sts, (GD) 3 sts, (LY) 18 sts, (GD) 3 sts, (WH) 15 sts, ch 3, turn.

Row 31: < DC in 11 sts, (GD) 3 sts, (LY) 18 sts, (GD) 3 sts, (WH) 3 sts, (GD) 6 sts, (WH) 24 sts, (GD) 6 sts, (WH) 3 sts, (GD) 3 sts, (LY) 3 sts, (GD) 3 sts, (WH) 3 sts, (GD) 3 sts, (LY) 12 sts, (GD) 3 sts, (WH) 12 sts, ch 3, turn.

Row 32: > DC in 8 sts, (GD) 3 sts, (LY) 12 sts, (GD) 3 sts, (WH) 9 sts, (GD) 3 sts, (WH) 45 sts, (GD) 3 sts, (LY) 3 sts, (GD) 6 sts, (LY) 9 sts, (GD) 3 sts, (WH) 12 sts, ch 3, turn.

Row 33: < DC in 8 sts, (GD) 3 sts, (LY) 9 sts, (GD) 3 sts, (WH) 6 sts, (GD) 6 sts, (WH) 60 sts, (GD) 3 sts, (LY) 9 sts, (GD) 3 sts, (WH) 9 sts, ch 3, turn.

Row 34: > DC in 8 sts, (GD) 3 sts, (LY) 9 sts, (GD) 3 sts, (WH) 72 sts, (GD) 3 sts, (LY) 9 sts, (GD) 3 sts, (WH) 9 sts, ch 3, turn.

Row 35: < DC in 8 sts, (GD) 3 sts, (LY) 6 sts, (GD) 3 sts, (WH) 75 sts, (GD) 3 sts, (LY) 9 sts, (GD) 3 sts, (Wh) 9 sts, ch 3, turn.

Row 36: > DC in 8 sts, (GD) 3 sts, (LY) 6 sts, (GD) 3 sts, WH) 78 sts, (GD) 3 sts, (LY) 6 sts, (GD) 3 sts, (WH) 9 sts, ch 3, turn.

Row 37: < DC in 8 sts, (GD) 3 sts, (LY) 3 sts, (GD) 3 sts, (WH) 84 sts, (GD) 3 sts, (LY) 3 sts, (GD) 3 sts, (WH) 9 sts, ch 3, turn.

Row 38: > DC in 8 sts, (GD) 6 sts, (WH) 90 sts, (GD) 3 sts, (WH) 12 sts, ch 3, turn.

Row 39-41: DC in each stitch across, ch 3, turn. On the end of the last row, tie off, and weave in any yarn ends

Moose - Full Design Chart

This Chart can be used for single crochet, tunisian st, or half double crochet with each square counting as one stitch, and can also be used for making a larger blanketsquare using 3 double crochet stitches for each square on the grid.
The color of the squares on the grid are the suggested colors for the yarn.

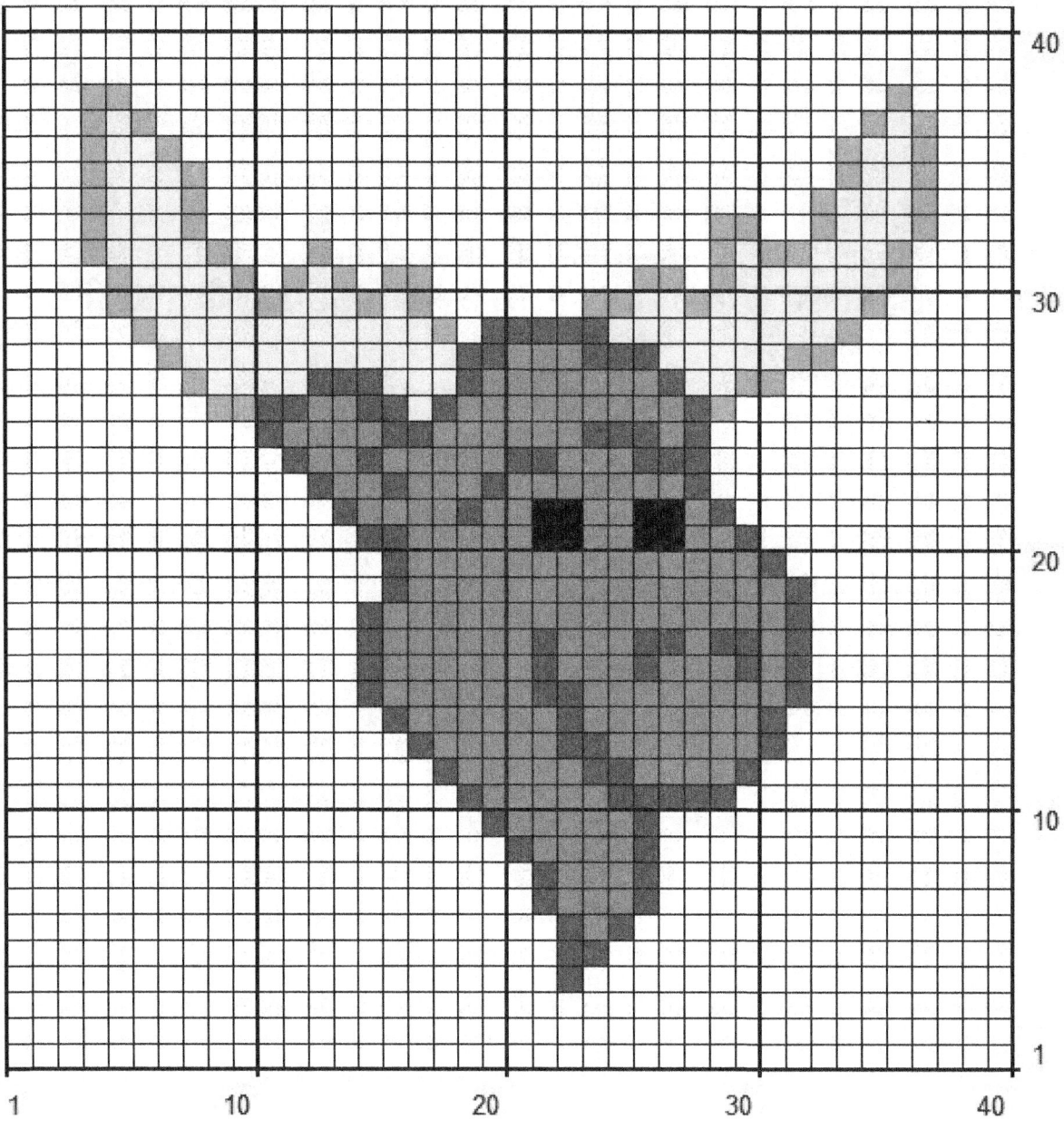

Moose - Full Stitch Symbol Chart

Tunisian Stitch or Single Crochet Sitch
0 - chain   X - Single Crochet Stitch
Color background of each stitch is suggested yarn color.

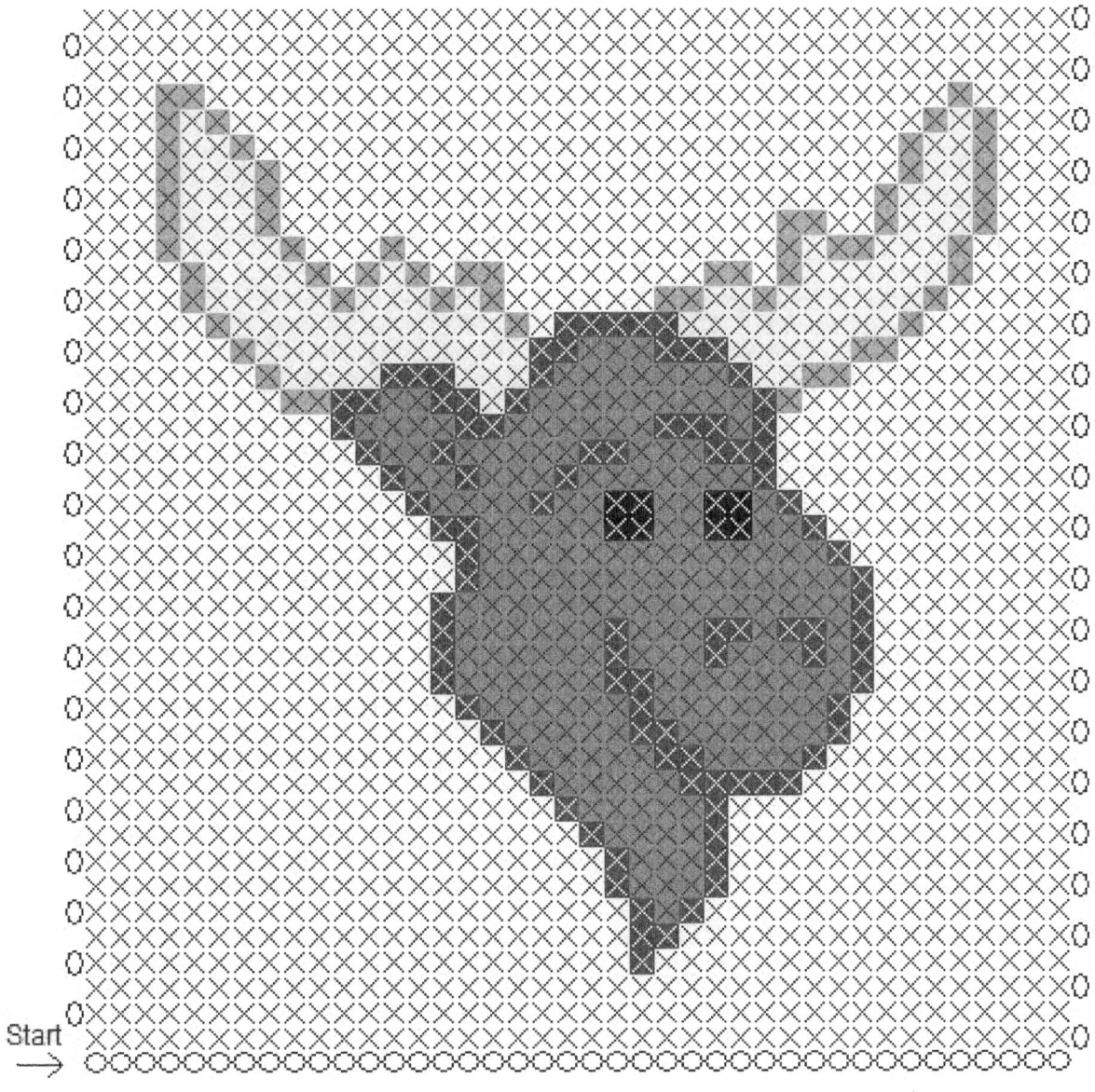

Start →

Chapter 24: Doggy Square Pattern

Large Double Crochet Finished With Border

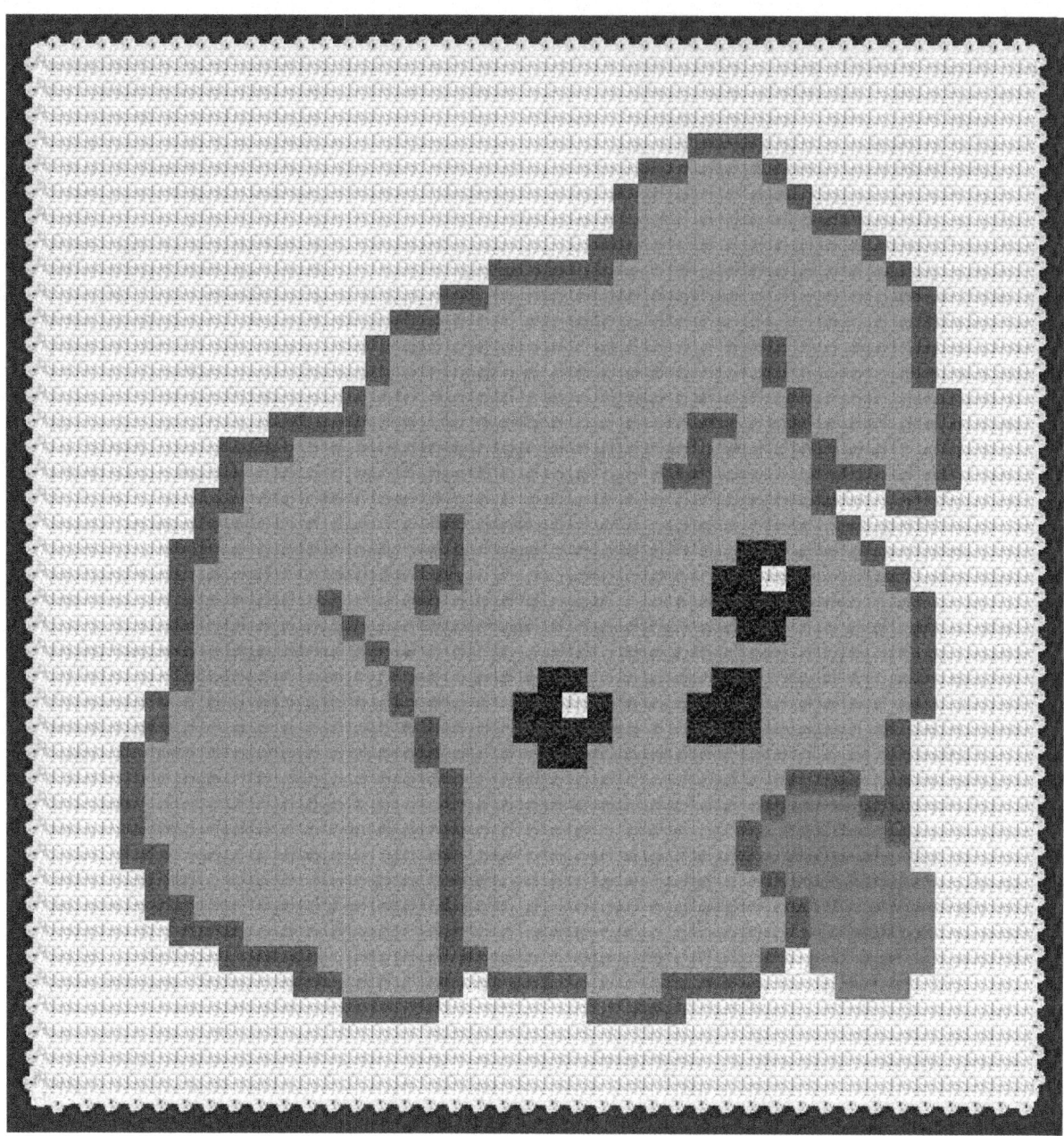

Supplies Needed:
Your Favorite Worsted Weight Yarn

Approximate yards

WH - White – 250

BK - Black - 12

LB - Light Brown - 230

DB - Dark Brown - 90

PK - Pink - 20

Tunisian Crochet Hook Size G with extension

Regular Crochet Hook Size G

Approximate Sizes:

10" wide by 10" length

Use Size 'G' Tunisian Crochet Hook (with extension)

for a Tunisian Crochet

'G' Hook for Single Crochet

To make the squares a bit bigger use Size 'I' Hook

and replace the single Crochet with Half Double Crochet or Double Crochet. The written row by row pattern is included for all three sizes.

The finished blanket can be made longer or wider by adding more rows on the top, bottom and sides equally. And/Or add a border.

Doggy Square - Written Row by Row In Half Double Crochet

Chain 40 +2 with White Yarn (or background color of your choice) (WH) (the beginning of every row will start with White (or your color choice) and end with a chain 2, which is the turning chain and the first HDC in the next row)

Row 1: > Half Double Crochet (HDC) in third chain (ch) from hook, HDC in the rest of the chs, ch 2, turn.

Row 2: < HDC in each stitch (st) across, ch 2, turn.

Row 3: > HDC in each st across, ch 2, turn.

Row 4: < HDC in 14 sts, (change yarn color to Dark Brown - DB) 4 sts, (change yarn color to White - WH) 6 sts, (DB) 4 sts, (WH) 12 sts, ch 2, turn.

Row 5: > HDC in 9 sts, (DB) 2 sts, (change yarn color to Light Brown - LB)4 sts, (DB) 1 sts, (WH) 1 st, (DB) 4 sts, (LB) 3 sts, (DB) 4 sts, (WH) 3 sts, (change yarn color to Pink - PK) 3 sts, (WH) 5 sts, ch 2, turn.

Row 6: < HDC in 4 sts, (PK) 5 sts, (WH) 1 st, (DB) 1 st, (LB) 9 sts, (DB) 2 sts, (LB) 5 sts, (DB) 4 sts, (WH) 7 sts, ch 2, turn.

Row 7: > HDC in 5 sts, (DB) 3 sts, (LB) 8 sts, (DB) 1 st, (LB) 13 sts, (DB) 1 st, (PK) 5 sts, (WH) 4 sts, ch 2, turn.

Row 8: < HDC in 4 sts, (Pk) 5 sts, (DB) 1 st, (LB) 13 sts, (DB) 1 st, (LB) 10 sts, (DB) 2 sts, (WH) 4 sts, ch 2, turn.

Row 9: > HDC in 4 sts, (DB) 1 st, (LB) 11 sts, (DB) 1 st, (LB) 13 sts, (DB) 1 st, (PK) 6 sts, WH) 4 sts, ch 2, turn.

Row 10: < HDC in 5 sts, (PK) 6 sts, (DB) 1 st, (LB) 12 sts, (DB) 1 st, (LB) 11 sts, (DB) 2 sts, (WH) 3 sts, ch 2, turn.

Row 11: > HDC in 3 sts, (DB) 1 st, (LB) 12 sts, (DB) 1 st, (LB) 11 sts, (DB) 1 st, (PK) 5 sts, (DB) 1 st, (WH) 5 sts, ch 2, turn.

Row 12: < HDC in 5 sts, (DB) 2 sts, (PK) 3 sts, (DB) 1 st, (LB) 12 sts, (DB) 1 st, (LB) 12 sts, (DB) 1 st, (WH) 3 sts, ch 2, turn.

Row 13: > HDC in 3 sts, ((DB) 1 st, (LB) 12 sts, (DB) 1 st, (LB) 13 sts, (DB) 3 sts, (LB) 1 st, (DB) 1 st, (WH) 5 sts, ch 2, turn.

Row 14: < HDC in 5 sts, (DB) 1 st, (LB) 12 sts, (BK) 2 sts, (LB) 4 sts, (DB) 1 st, (LB) 11 sts, (DB) 1 st, (WH) 3 sts, ch 2, turn.

Row 15: > HDC in 4 sts, (DB) 1 st, (LB) 10 sts, (DB) 1 st, (LB) 3 sts, (BK) 4 sts, (LB) 3 sts, (BK) 3 sts, (LB) 5 sts, (DB) 1 st, (WH) 5 sts, ch 2, turn.

Row 16: < HDC in 4 sts, (DB) 1 st, (LB) 6 sts, (BK) 3 sts, (LB) 3 sts, (BK) 1 st, (WH) 1 st, (BK) 2 sts, (LB) 4 sts, (DB) 1 st, (LB) 9 sts, (DB) 1 st, (WH) 4 sts, ch 2, turn.

Row 17: > HDC in 5 sts, (DB) 1 st, (LB) 8 sts, (DB) 1 st, (LB) 5 sts, (BK) 2 sts, (LB) 5 sts, (BK) 2 sts, (LB) 6 sts, (DB) 1 st, (WH) 4 sts, ch 2, turn.

Row 18: < HDC in 4 sts, (DB) 1 st, (LB) 21 sts, (DB) 1 st, (LB) 7 sts, (DB) 1 st, (WH) 5 sts, ch 2, turn.

Row 19: > HDC in 5 sts, (DB) 1 st, (LB) 6 sts, (DB) 1 st, (LB) 15 sts, (BK) 2 sts, (LB) 5 sts, (DB) 1 st, (WH) 4 sts, ch 2, turn.

Row 20: < HDC in 4 sts, (DB) 1 st, (LB) 4 sts, (BK) 4 sts, (LB) 11 sts, (DB) 1 st, (LB) 3 sts, (DB) 1 sts, (LB) 5 sts, (DB) 1 st, (WH) 5 sts, ch 2, turn.

Row 21: > HDC in 5 sts, (DB) 1 st, (LB) 9 sts, (DB) 2 sts, (LB) 10 sts, (BK) 2 sts, (WH) 1 st, (BK) 1 st, (LB) 3 sts, (DB) 1 sts, (WH) 5 sts, ch 2, turn.

Row 22: < HDC in 6 sts, (DB) 1 st, (LB) 3 sts, (BK) 2 sts, (LB) 11 sts, (DB) 1 st, (LB) 9 sts, (DB) 2 sts, (WH) 5 sts, ch 2, turn.

Row 23: > HDC in 6 sts, (DB) 1 st, (LB) 9 sts, (DB) 1 st, (LB) 15 sts, (DB) 1 st, (WH) 7 sts, ch 2, turn.

Row 24: < HDC in 4 sts, (DB) 2 sts, (WH) 2 sts, (DB) 1 st, (LB) 23 sts, (DB) 2 sts, (WH) 6 sts, ch 2, turn.

Row 25: > HDC in 7 sts, (DB) 1 st, (LB) 17 sts, (DB) 2 sts, (LB) 4 sts, (DB) 3 sts, (LB) 2 sts, (DB) 1 sts, (WH) 3 sts, ch 2, turn.

Row 26: < HDC in 3 sts, (DB) 1 st, (LB) 4 sts, (DB) 1 st, (LB) 4 sts, (DB) 1 st, (LB) 16 sts, (DB) 3 sts, (WH) 7 sts, ch 2, turn.

Row 27: > HDC in 9 sts, (DB) 4 sts, (LB) 13 sts, (DB) 2 sts, (LB) 2 sts, (DB) 1 st, (LB) 5 sts, (DB) 1 st, (WH) 3 sts, ch 2, turn.

Row 28: < HDC in 3 sts, (DB) 1 st, (LB) 5 sts, (DB) 1 st, (LB) 17 sts, (DB) 1 st, (WH) 12 sts, ch 2, turn.

Row 29: > HDC in 13 sts, (DB) 1 st, (LB) 16 sts, (DB) 1 st, (LB) 5 sts, (DB) 1 st, (WH) 4 sts, ch 2, turn.

Row 30: < HDC in 4 sts, (DB) 1 st, (LB) 5 sts, (DB) 1 st, (LB) 15 sts, (DB) 1 st, (WH) 13 sts, ch 2, turn.

Row 31: > HDC in 14 sts, (DB) 2 sts, (LB) 19 sts, (DB) 1 st, (WH) 4 sts, ch 2, turn.

Row 32: < HDC in 4 sts, (DB) 1 st, (LB) 17 sts, (DB) 2 sts, (WH) 16 sts, ch 2, turn.

Row 33: > HDC in 18 sts, (DB) 5 sts, (LB) 11 sts, (DB) 1 st, (WH) 5 sts, ch 2, turn.

Row 34: < HDC in 6 sts, (DB) 1 st, (LB) 9 sts, (DB) 2 sts, (WH) 22 sts, ch 2, turn.

Row 35: > HDC in 23 sts, (DB) 1 sts, (LB) 7 sts, (DB) 2 sts, (WH) 7 sts, ch 2, turn.

Row 36: < HDC in 9 sts, (DB) 1 st, (LB) 6 sts, (DB) 1 st, (WH)23 sts, ch 2, turn.

Row 37: > HDC in 24 sts, (DB) 2 sts, (LB) 3 sts, (DB) 1 st, (WH) 10 sts, ch 2, turn.

Row 38: < HDC in 11 sts, (DB) 3 sts, (WH) 26 sts, ch 2, turn.

Row 39-41: HDC in each stitch across, ch 2, turn. On the end of the last row, tie off, and weave in any yarn ends

Doggy Square - Written Row by Row In Single Crochet or Tunisian Stitch

Chain 40 +1 with White Yarn (or background color of your choice) (WH) (the beginning of every row will start with White (or your color choice) and end with a chain 1, which is the turning chain)

Row 1: > Single Crochet (Sc) in second chain (ch) from hook, sc in the rest of the chs, ch 1, turn.

Row 2: < Sc in each stitch (st) across, ch 1, turn.

Row 3: > Sc in each st across, ch 1, turn.

Row 4: < Sc in 14 sts, (change yarn color to Dark Brown - DB) 4 sts, (change yarn color to White - WH) 6 sts, (DB) 4 sts, (WH) 12 sts, ch 1, turn.

Row 5: > Sc in 9 sts, (DB) 2 sts, (change yarn color to Light Brown - LB)4 sts, (DB) 1 sts, (WH) 1 st, (DB) 4 sts, (LB) 3 sts, (DB) 4 sts, (WH) 3 sts, (change yarn color to Pink - PK) 3 sts, (WH) 5 sts, ch 1, turn.

Row 6: < Sc in 4 sts, (PK) 5 sts, (WH) 1 st, (DB) 1 st, (LB) 9 sts, (DB) 2 sts, (LB) 5 sts, (DB) 4 sts, (WH) 7 sts, ch 1, turn.

Row 7: > Sc in 5 sts, (DB) 3 sts, (LB) 8 sts, (DB) 1 st, (LB) 13 sts, (DB) 1 st, (PK) 5 sts, (WH) 4 sts, ch 1, turn.

Row 8: < Sc in 4 sts, (Pk) 5 sts, (DB) 1 st, (LB) 13 sts, (DB) 1 st, (LB) 10 sts, (DB) 2 sts, (WH) 4 sts, ch 1, turn.

Row 9: > Sc in 4 sts, (DB) 1 st, (LB) 11 sts, (DB) 1 st, (LB) 13 sts, (DB) 1 st, (PK) 6 sts, WH) 4 sts, ch 1, turn.

Row 10: < Sc in 5 sts, (PK) 6 sts, (DB) 1 st, (LB) 12 sts, (DB) 1 st, (LB) 11 sts, (DB) 2 sts, (WH) 3 sts, ch 1, turn.

Row 11: > Sc in 3 sts, (DB) 1 st, (LB) 12 sts, (DB) 1 st, (LB) 11 sts, (DB) 1 st, (PK) 5 sts, (DB) 1 st, (WH) 5 sts, ch 1, turn.

Row 12: < Sc in 5 sts, (DB) 2 sts, (PK) 3 sts, (DB) 1 st, (LB) 12 sts, (DB) 1 st, (LB) 12 sts, (DB) 1 st, (WH) 3 sts, ch 1, turn.

Row 13: > Sc in 3 sts, ((DB) 1 st, (LB) 12 sts, (DB) 1 st, (LB) 13 sts, (DB) 3 sts, (LB) 1 st, (DB) 1 st, (WH) 5 sts, ch 1, turn.

Row 14: < Sc in 5 sts, (DB) 1 st, (LB) 12 sts, (BK) 2 sts, (LB) 4 sts, (DB) 1 st, (LB) 11 sts, (DB) 1 st, (WH) 3 sts, ch 1, turn.

Row 15: > Sc in 4 sts, (DB) 1 st, (LB) 10 sts, (DB) 1 st, (LB) 3 sts, (BK) 4 sts, (LB) 3 sts, (BK) 3 sts, (LB) 5 sts, (DB) 1 st, (WH) 5 sts, ch 1, turn.

Row 16: < Sc in 4 sts, (DB) 1 st, (LB) 6 sts, (BK) 3 sts, (LB) 3 sts, (BK) 1 st, (WH) 1 st, (BK) 2 sts, (LB) 4 sts, (DB) 1 st, (LB) 9 sts, (DB) 1 st, (WH) 4 sts, ch 1, turn.

Row 17: > Sc in 5 sts, (DB) 1 st, (LB) 8 sts, (DB) 1 st, (LB) 5 sts, (BK) 2 sts, (LB) 5 sts, (BK) 2 sts, (LB) 6 sts, (DB) 1 st, (WH) 4 sts, ch 1, turn.

Row 18: < Sc in 4 sts, (DB) 1 st, (LB) 21 sts, (DB) 1 st, (LB) 7 sts, (DB) 1 st, (WH) 5 sts, ch 1, turn.

Row 19: > Sc in 5 sts, (DB) 1 st, (LB) 6 sts, (DB) 1 st, (LB) 15 sts, (BK) 2 sts, (LB) 5 sts, (DB) 1 st, (WH) 4 sts, ch 1, turn.

Row 20: < Sc in 4 sts, (DB) 1 st, (LB) 4 sts, (BK) 4 sts, (LB) 11 sts, (DB) 1 st, (LB) 3 sts, (DB) 1 sts, (LB) 5 sts, (DB) 1 st, (WH) 5 sts, ch 1, turn.

Row 21: > Sc in 5 sts, (DB) 1 st, (LB) 9 sts, (DB) 2 sts, (LB) 10 sts, (BK) 2 sts, (WH) 1 st, (BK) 1 st, (LB) 3 sts, (DB) 1 sts, (WH) 5 sts, ch 1, turn.

Row 22: < Sc in 6 sts, (DB) 1 st, (LB) 3 sts, (BK) 2 sts, (LB) 11 sts, (DB) 1 st, (LB) 9 sts, (DB) 2 sts, (WH) 5 sts, ch 1, turn.

Row 23: > Sc in 6 sts, (DB) 1 st, (LB) 9 sts, (DB) 1 st, (LB) 15 sts, (DB) 1 st, (WH) 7 sts, ch 1, turn.

Row 24: < Sc in 4 sts, (DB) 2 sts, (WH) 2 sts, (DB) 1 st, (LB) 23 sts, (DB) 2 sts, (WH) 6 sts, ch 1, turn.

Row 25: > Sc in 7 sts, (DB) 1 st, (LB) 17 sts, (DB) 2 sts, (LB) 4 sts, (DB) 3 sts, (LB) 2 sts, (DB) 1 sts, (WH) 3 sts, ch 1, turn.

Row 26: < Sc in 3 sts, (DB) 1 st, (LB) 4 sts, (DB) 1 st, (LB) 4 sts, (DB) 1 st, (LB) 16 sts, (DB) 3 sts, (WH) 7 sts, ch 1, turn.

Row 27: > Sc in 9 sts, (DB) 4 sts, (LB) 13 sts, (DB) 2 sts, (LB) 2 sts, (DB) 1 st, (LB) 5 sts, (DB) 1 st, (WH) 3 sts, ch 1, turn.

Row 28: < Sc in 3 sts, (DB) 1 st, (LB) 5 sts, (DB) 1 st, (LB) 17 sts, (DB) 1 st, (WH) 12 sts, ch 1, turn.

Row 29: > Sc in 13 sts, (DB) 1 st, (LB) 16 sts, (DB) 1 st, (LB) 5 sts, (DB) 1 st, (WH) 4 sts, ch 1, turn.

Row 30: < Sc in 4 sts, (DB) 1 st, (LB) 5 sts, (DB) 1 st, (LB) 15 sts, (DB) 1 st, (WH) 13 sts, ch 1, turn.

Row 31: > Sc in 14 sts, (DB) 2 sts, (LB) 19 sts, (DB) 1 st, (WH) 4 sts, ch 1, turn.

Row 32: < Sc in 4 sts, (DB) 1 st, (LB) 17 sts, (DB) 2 sts, (WH) 16 sts, ch 1, turn.

Row 33: > Sc in 18 sts, (DB) 5 sts, (LB) 11 sts, (DB) 1 st, (WH) 5 sts, ch 1, turn.

Row 34: < Sc in 6 sts, (DB) 1 st, (LB) 9 sts, (DB) 2 sts, (WH) 22 sts, ch 1, turn.

Row 35: > Sc in 23 sts, (DB) 1 sts, (LB) 7 sts, (DB) 2 sts, (WH) 7 sts, ch 1, turn.

Row 36: < Sc in 9 sts, (DB) 1 st, (LB) 6 sts, (DB) 1 st, (WH)23 sts, ch 1, turn.

Row 37: > Sc in 24 sts, (DB) 2 sts, (LB) 3 sts, (DB) 1 st, (WH) 10 sts, ch 1, turn.

Row 38: < Sc in 11 sts, (DB) 3 sts, (WH) 26 sts, ch 1, turn.

Row 39-41: Sc in each stitch across, ch 1, turn. On the end of the last row, tie off, and weave in any yarn ends

Doggy LARGE Square - Written Row by Row In Double Crochet - (3 stitches per grid square)

Chain 120 +3 with White Yarn (or background color of your choice) (WH) (the beginning of every row will start with White (or your color choice) and end with a chain 3, which is the turning chain and the first stitch on the next row)

Row 1: > Double Crochet (DC) in forth chain (ch) from hook, DC in the rest of the chs, ch 3, turn. (40 Dc, which includes the chain 3)

Row 2: < DC in each stitch (st) across, ch 3, turn.

Row 3: > DC in each st across, ch 3, turn.

Row 4: < DC in 41 sts, (change yarn color to Dark Brown - DB) 12 sts, (change yarn color to White - WH) 18 sts, (DB) 12 sts, (WH) 36 sts, ch 3, turn.

Row 5: > DC in 26 sts, (DB) 6 sts, (change yarn color to Light Brown - LB) 12 sts, (DB) 3 sts, (WH) 3 sts, (DB) 12 sts, (LB) 9 sts, (DB) 12 sts, (WH) 9 sts, (change yarn color to Pink - PK) 9 sts, (WH) 15 sts, ch 3, turn.

Row 6: < DC in 11 sts, (PK) 15 sts, (WH) 3 sts, (DB) 3 sts, (LB) 27 sts, (DB) 6 sts, (LB) 15 sts, (DB) 12 sts, (WH) 21 sts, ch 3, turn.

Row 7: > DC in 14 sts, (DB) 9 sts, (LB) 24 sts, (DB) 3 sts, (LB) 36 sts, (DB) 3 sts, (PK) 15 sts, (WH) 12 sts, ch 3, turn.

Row 8: < DC in 12 sts, (Pk) 15 sts, (DB) 3 sts, (LB) 39 sts, (DB) 3 sts, (LB) 30 sts, (DB) 6 sts, (WH) 12 sts, ch 3, turn.

Row 9: > DC in 11 sts, (DB) 3 sts, (LB) 33 sts, (DB) 3 sts, (LB) 39 sts, (DB) 3 sts, (PK) 18 sts, WH) 12 sts, ch 3, turn.

Row 10: < DC in 14 sts, (PK) 18 sts, (DB) 3 sts, (LB) 36 sts, (DB) 3 sts, (LB) 33 sts, (DB) 6 sts, (WH) 9 sts, ch 3, turn.

Row 11: > DC in 8 sts, (DB) 3 sts, (LB) 36 sts, (DB) 3 sts, (LB) 33 sts, (DB) 3 sts, (PK) 15 sts, (DB) 3 sts, (WH) 15 sts, ch 3, turn.

Row 12: < DC in 14 sts, (DB) 6 sts, (PK) 9 sts, (DB) 3 sts, (LB) 36 sts, (DB) 3 sts, (LB) 36 sts, (DB) 3 sts, (WH) 9 sts, ch 3, turn.

Row 13: > DC in 9 sts, ((DB) 3 sts, (LB) 36 sts, (DB) 3 sts, (LB) 39 sts, (DB) 9 sts, (LB) 3 sts, (DB) 3 sts, (WH) 15 sts, ch 3, turn.

Row 14: < DC in 14 sts, (DB) 3 sts, (LB) 36 sts, (BK) 6 sts, (LB) 12 sts, (DB) 3 sts, (LB) 33 sts, (DB) 3 sts, (WH) 9 sts, ch 3, turn.

Row 15: > DC in 11 sts, (DB) 3 sts, (LB) 30 sts, (DB) 3 sts, (LB) 9 sts, (BK) 12 sts, (LB) 9 sts, (BK) 9 sts, (LB) 15 sts, (DB) 3 sts, (WH) 15 sts, ch 3, turn.

Row 16: < DC in 11 sts, (DB) 3 sts, (LB) 18 sts, (BK) 9 sts, (LB) 9 sts, (BK) 3 sts, (WH) 3 sts, (BK) 6 sts, (LB) 12 sts, (DB) 3 sts, (LB) 27 sts, (DB) 3 sts, (WH) 12 sts, ch 3, turn.

Row 17: > DC in 14 sts, (DB) 3 sts, (LB) 24 sts, (DB) 3 sts, (LB) 15 sts, (BK) 6 sts, (LB) 15 sts, (BK) 6 sts, (LB) 18 sts, (DB) 3 sts, (WH) 12 sts, ch 3, turn.

Row 18: < DC in 11 sts, (DB) 3 sts, (LB) 63 sts, (DB) 3 sts, (LB) 21 sts, (DB) 3 sts, (WH) 15 sts, ch 3, turn.

Row 19: > DC in 14 sts, (DB) 3 sts, (LB) 18 sts, (DB) 3 sts, (LB) 45 sts, (BK) 6 sts, (LB) 15 sts, (DB) 3 sts, (WH) 12 sts, ch 3, turn.

Row 20: < DC in 11 sts, (DB) 3 sts, (LB) 12 sts, (BK) 12 sts, (LB) 33 sts, (DB) 3 sts, (LB) 9 sts, (DB) 3 sts, (LB) 15 sts, (DB) 3 sts, (WH) 15 sts, ch 3, turn.

Row 21: > DC in 14 sts, (DB) 3 sts, (LB) 27 sts, (DB) 6 sts, (LB) 30 sts, (BK) 6 sts, (WH) 3 sts, (BK) 3 sts, (LB) 9 sts, (DB) 3 sts, (WH) 15 sts, ch 3, turn.

Row 22: < DC in 17 sts, (DB) 3 sts, (LB) 9 sts, (BK) 6 sts, (LB) 33 sts, (DB) 3 sts, (LB) 27 sts, (DB) 6 sts, (WH) 15 sts, ch 3, turn.

Row 23: > DC in 17 sts, (DB) 3 sts, (LB) 27 sts, (DB) 3 sts, (LB) 45 sts, (DB) 3 sts, (WH) 21 sts, ch 3, turn.

Row 24: < DC in 11 sts, (DB) 6 sts, (WH) 6 sts, (DB) 3 sts, (LB) 69 sts, (DB) 6 sts, (WH) 18 sts, ch 3, turn.

Row 25: > DC in 20 sts, (DB) 3 sts, (LB) 51 sts, (DB) 6 sts, (LB) 12 sts, (DB) 9 sts, (LB) 6 sts, (DB) 3 sts, (WH) 9 sts, ch 3, turn.

Row 26: < DC in 8 sts, (DB) 3 sts, (LB) 12 sts, (DB) 3 sts, (LB) 12 sts, (DB) 3 sts, (LB) 48 sts, (DB) 9 sts, (WH) 21 sts, ch 3, turn.

Row 27: > DC in 26 sts, (DB) 12 sts, (LB) 39 sts, (DB) 6 sts, (LB) 6 sts, (DB) 3 sts, (LB) 15 sts, (DB) 3 sts, (WH) 9 sts, ch 3, turn.

Row 28: < DC in 8 sts, (DB) 3 sts, (LB) 15 sts, (DB) 3 sts, (LB) 51 sts, (DB) 3 sts, (WH) 36 sts, ch 3, turn.

Row 29: > DC in 35 sts, (DB) 3 sts, (LB) 48 sts, (DB) 3 sts, (LB) 15 sts, (DB) 3 sts, (WH) 12 sts, ch 3, turn.

Row 30: < DC in 12 sts, (DB) 3 sts, (LB) 15 sts, (DB) 3 sts, (LB) 45 sts, (DB) 3 sts, (WH) 36 sts, ch 3, turn.

Row 31: > DC in 41 sts, (DB) 6 sts, (LB) 57 sts, (DB) 3 sts, (WH) 12 sts, ch 3, turn.

Row 32: < DC in 11 sts, (DB) 3 sts, (LB) 51 sts, (DB) 6 sts, (WH) 48 sts, ch 3, turn.

Row 33: > DC in 53 sts, (DB) 15 sts, (LB) 33 sts, (DB) 3 sts, (WH) 15 sts, ch 3, turn.

Row 34: < DC in 17 sts, (DB) 3 sts, (LB) 27 sts, (DB) 6 sts, (WH) 66 sts, ch 3, turn.

Row 35: > DC in 68 sts, (DB) 3 sts, (LB) 21 sts, (DB) 6 sts, (WH) 21 sts, ch 3, turn.

Row 36: < DC in 26 sts, (DB) 3 sts, (LB) 18 sts, (DB) 3 sts, (WH) 69 sts, ch 3, turn.

Row 37: > DC in 71 sts, (DB) 3 sts, (LB) 6 sts, (DB) 3 sts, (WH) 30 sts, ch 3, turn.

Row 38: < DC in 33 sts, (DB) 9 sts, (WH) 78 sts, ch 3, turn.

Row 39-41: DC in each stitch across, ch 3, turn. On the end of the last row, tie off, and weave in any yarn ends

Doggy - Full Design Chart

This Chart can be used for single crochet, tunisian st, or half double crochet with each square counting as one stitch, and can also be used for making a larger blanketsquare using 3 double crochet stitches for each square on the grid.
The color of the squares on the grid are the suggested colors for the yarn.

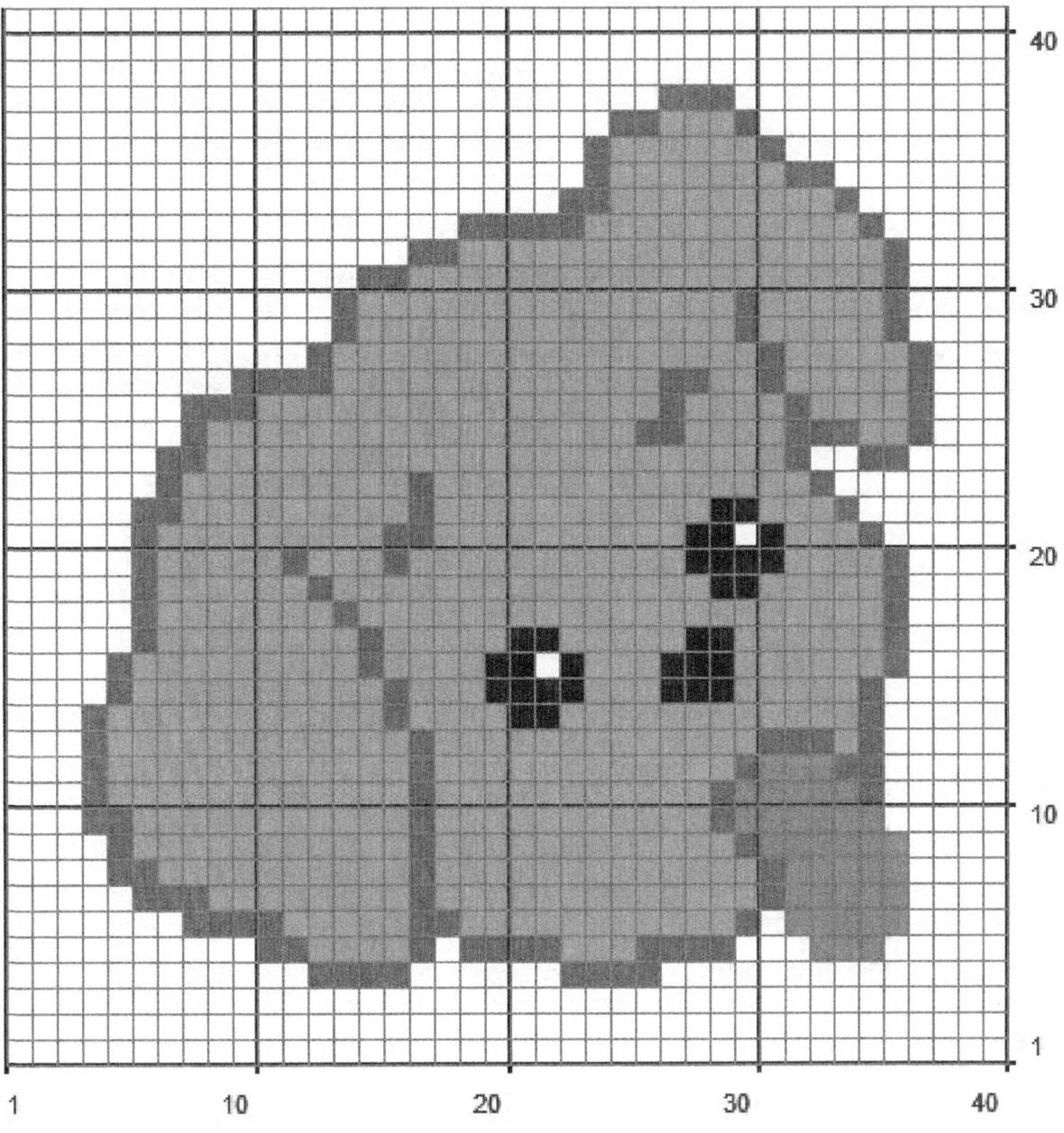

Doggy- Full Stitch Symbol Chart

Tunisian Stitch or Single Crochet Sitch
0 - chain   X - Single Crochet Stitch
Color background of each stitch is suggested yarn color.

Chapter 25: Giraffe Square Pattern

Large Double Crochet Finished With Border

Supplies Needed:
Your Favorite Worsted Weight Yarn

Approximate yards

WH - White – 250

BK - Black - 10

OR - Orange - 90

GD - Gold - 200

BR - Brown - 90

Tunisian Crochet Hook Size G with extension

Regular Crochet Hook Size G

Approximate Sizes:

10" wide by 10" length

Use Size 'G' Tunisian Crochet Hook (with extension)

for a Tunisian Crochet

'G' Hook for Single Crochet

To make the squares a bit bigger use Size 'I' Hook

and replace the single Crochet with Half Double Crochet or Double Crochet. The written row by row pattern is included for all three sizes.

The finished blanket can be made longer or wider by adding more rows on the top, bottom and sides equally. And/Or add a border.

Giraffe Square - Written Row by Row In Half Double Crochet

Chain 40 +2 with White Yarn (or background color of your choice) (WH) (the beginning of every row will start with White (or your color choice) and end with a chain 2, which is the turning chain and first stitch on next row)

Row 1: > Half Double Crochet (HDC) in third chain (ch) from hook, HDC in the rest of the chs, ch 2, turn.

Row 2: < HDC in each stitch (st) across, ch 2, turn.

Row 3: > HDC in each st across, ch 2, turn.

Row 4: < HDC in 23 sts, (change yarn color to Orange-OR) 1 st, (change yarn color to Gold-GD) 3 sts, (change yarn color to Brown-BR) 3 sts, (GD) 3 sts, (BR) 4 sts, (change yarn color to White-WH) 3 sts, ch 2, turn.

Row 5: > HDC in 3 sts, (BR) 4 sts, (GD) 4 sts, (BR) 3 sts, (GD) 2 sts, (OR) 1 st, (WH) 23 sts, ch 2, turn.

Row 6: < HDC in 23 sts, (OR) 1 st, (GD) 1 st, (BR) 3 sts, (GD) 5 sts, (BR) 3 sts (WH) 4 sts, ch 2, turn.

Row 7: > HDC in 4 sts, (BR) 3 sts, (GD) 4 sts, (BR) 4 sts, (GD) 1 st, (OR) 1 st, (WH) 23 sts, ch 2, turn.

Row 8: < HDC in 23 sts, (OR) 1 st, (GD) 2 sts, (BR) 3 sts, (GD) 3 sts, (BR) 4 sts, (WH) 4 sts, ch 2, turn.

Row 9: > HDC in 5 sts, (BR) 3 sts, (GD) 9 sts, (OR) 1 st, (WH) 1 st, (OR) 4 sts, (WH) 17 sts, ch 2, turn.

Row 10: < HDC in 16 sts, (OR) 1 st, (GD) 4 sts, (OR) 2 sts, (GD) 8 sts, (BR) 3 sts, (WH) 6 sts, ch 2, turn.

Row 11: > HDC in 7 sts, (BR) 2 sts, (GD) 2 sts, (BR) 2 sts, (GD) 3 sts (OR) 1 st, (GD) 7 sts, (OR) 1 st, (WH) 15 sts, ch 2, turn.

Row 12: < HDC in 15 sts, (OR) 1 st, (GD) 2 sts, (BR) 2 sts, (GD) 4 sts, (OR) 1 st, (GD) 1 st (BR) 3 sts, (GD) 1 st, (BR) 3 sts, (WH)7 sts, ch 2, turn.

Row 13: > HDC in 7 sts, (BR) 3 sts, (GD) 2 sts, (BR) 2 sts, (OR) 1 st, (GD) 4 sts, (BR) 1 st, (GD) 2 sts, (BR) 1 st, (GD) 2 sts, (OR) 1 st,

(WH) 14 sts, ch 2, turn.

Row 14: < HDC in 14 sts, (OR) 1 st, (GD) 11 sts, (OR) 1 st, (GD) 2 sts, (BR) 3 sts, (WH) 8 sts, ch 2, turn.

Row 15: > HDC in 9 sts, (BR) 3 sts, (OR) 1 st, (GD) 3 sts, (BR) 1 st, (GD) 3 sts, (change yarn color to Black-BK) 1 st, (GD) 1 st, (BK) 1 st, (GD) 3 sts, (OR) 1 st, (WH) 13 sts, ch 2, turn.

Row 16: < HDC in 13 sts, (OR) 1 st, (GD) 1 st, (BR) 1 st, (GD) 6 sts, (BR) 1 st, (GD) 4 sts, (OR) 1 st, (BR) 2 sts, (WH) 10 sts, ch 2, turn.

Row 17: > HDC in 11 sts, (OR) 1 st, (GD) 6 sts, (BR) 2 sts (GD) 3 sts, (BR) 1 st, (GD) 3 sts, (OR) 1 st, (WH) 12 sts, ch 2, turn.

Row 18: < HDC in 12 sts, (OR) 1 st, (GD) 4 sts, (BR) 3 sts, (GD) 3 sts, (BK) 2 sts, (GD) 3 sts, (OR) 1 st, (WH) 11 sts, ch 2, turn.

Row 19: > HDC in 12 sts, (OR) 1 st, (GD) 2 sts, (BK) 4 sts, (GD) 6 sts, (BK) 2 sts, (GD) 1 st, (OR) 1 st, (WH) 12 sts, ch 2, turn.

Row 20: < HDC in 11 sts, (OR) 1 st, (GD) 1 st, (BK) 4 sts, (GD) 5 sts, (BK) 1 st, ((WH) 1 st, (BK) 2 sts, (GD) 3 sts (OR) 1 st, (WH) 10 sts, ch 2, turn.

Row 21: > HDC in 10 sts, (OR) 1 st, (GD) 4 sts, (BK) 2 sts, (GD) 6 sts, (BK) 2 sts, (WH) 1 st, (BK) 1 st, (GD) 1 st (OR) 1 st, (WH) 11 sts, ch 2, turn.

Row 22: < HDC in 11 sts, (OR)1 sts, (GD) 2 sts, BK 2 sts, (GD) 13 sts, (OR) 1 st, (WH) 2 sts, (OR) 3 sts, (WH) 5 sts, ch 2, turn.

Row 23: > HDC in 4 sts, (OR) 1 st, (GD) 3 sts, (OR) 1 st, (WH) 1 sts, (OR) 1 st, (GD) 3 sts, (BR) 1 st, (GD) 3 sts, (BR) 1 st, (GD) 10 sts, (OR) 1 st, (WH) 10 sts, ch 2, turn.

Row 24: < HDC in 4 sts, (OR) 4 st, (WH 2 sts, (OR) 1 st, (GD) 5 sts, (BR) 2 sts, (GD) 2 sts, (BR) 2 sts, (GD) 2 sts, (BR) 2 sts, (GD) 4 sts, (OR) 1 sts, (GD) 5 sts, (OR) 1 st, (WH) 3 sts, ch 2, turn.

Row 25: > HDC in 3 sts, (OR) 1 st, (GD) 10 st, (BR) 3 sts, (GD) 1 sts, (BR) 2 sts, (GD) 1 st, (BR) 3 sts, (GD) 5 sts, (OR) 1 st, (WH) 1 st, (OR) 1 st, (GD) 4 sts, (OR) 1 st, (WH) 3 sts, ch 2, turn.

Row 26: < HDC in 3 sts, (OR) 1 st, (GD) 5 sts, (OR) 1 st, (GD) 5 sts, (BR) 11 sts, (GD) 10 sts, (OR) 1 st, (WH) 3 sts, ch 2, turn.

Row 27: > HDC in 3 sts, (OR) 1 st, (GD) 10 sts, (BR) 11 sts, (GD) 10 sts, (OR) 1 sts, (WH) 4 sts, ch 2, turn.

Row 28: < HDC in 4 sts, (OR) 1 st, (GD) 10 sts, (BR) 11 sts, (GD) 10 sts, (OR) 1 st, (WH) 3 sts, ch 2, turn.

Row 29: > HDC in 4 sts, (OR) 2 sts, (GD) 4 sts, (OR) 2 sts, (GD) 2 sts, (BR) 11 sts, (GD) 9 sts, (OR) 1 st, (WH) 5 sts, ch 2, turn.

Row 30: < HDC in 6 sts, (OR) 2 sts, (GD) 2 sts, (OR) 4 sts, (GD) 2 sts, (BR) 9 sts, (GD) 2 sts, (OR) 1 st, (WH) 2 sts, (OR) 4 sts, (WH) 6 sts, ch 2, turn.

Row 31: > HDC in 13 sts, (OR) 1 st, (GD) 1 sts, (OR) 1 st, (BR) 7 sts, (OR) 1 st, (GD) 1 st, (OR) 1 st, (WH) 4 sts, (OR) 2 sts, (WH) 8 sts, ch 2, turn.

Row 32: < HDC in 14 sts, (OR) 1 sts, (GD) 1 sts, (OR) 1 st, (WH) 1 st, (BR) 4 sts, (WH) 2 sts, (OR) 1 st, (GD) 2 sts, (OR) 1 st, (WH) 13 sts, ch 2, turn.

Row 33: > HDC in 12 sts, (OR) 1 sts, (GD) 3 sts, (OR) 1 sts, (WH) 5 st, (OR) 1 st, (GD) 3 sts, (OR) 1 st, (WH) 13 sts, ch 2, turn.

Row 34: < HDC in 12 sts, (OR) 1 st, (GD) 5 sts, (OR) 1 st, (WH) 3 sts, (OR) 1 st, (GD) 5 sts, (OR) 1 st, (WH) 11 sts, ch 2, turn.

Row 35: > HDC in 10 sts, (OR) 1 st, (GD) 7 sts, (OR) 1 st, (WH) 1 st, (OR) 1 st, (GD) 7 sts, (OR) 1 st, (WH) 11 sts, ch 2, turn.

Row 36: < HDC in 11 sts, (OR) 1 sts, (GD) 7 sts, (OR) 1 st, (WH) 1 sts, (OR) 1 st, (GD) 7 sts, (OR) 1 st, (WH) 10 sts, ch 2, turn.

Row 37: > HDC in 11 sts, (OR) 2 sts, (GD) 3 sts, (OR) 2 sts, (WH) 3 sts (OR) 2 sts, (GD) 3 sts, (OR) 2 sts, (WH) 12 sts, ch 2, turn.

Row 38: < HDC in 14 sts, (OR) 3 sts, (WH) 7 sts, (OR) 3 sts, (WH) 13 sts, ch 2, turn.

Row 39-41: HDC in each stitch across, ch 2, turn. On the end of the last row, tie off, and weave in any yarn ends

Giraffe Square - Written Row by Row In Single Crochet or Tunisian Stitch

Chain 40 +1 with White Yarn (or background color of your choice) (WH) (the beginning of every row will start with White (or your color choice) and end with a chain 1, which is the turning chain)

Row 1: > Single Crochet (Sc) in second chain (ch) from hook, sc in the rest of the chs, ch 1, turn.

Row 2: < Sc in each stitch (st) across, ch 1, turn.

Row 3: > Sc in each st across, ch 1, turn.

Row 4: < Sc in 23 sts, (change yarn color to Orange-OR) 1 st, (change yarn color to Gold-GD) 3 sts, (change yarn color to Brown-BR) 3 sts, (GD) 3 sts, (BR) 4 sts, (change yarn color to White-WH) 3 sts, ch 1, turn.

Row 5: > Sc in 3 sts, (BR) 4 sts, (GD) 4 sts, (BR) 3 sts, (GD) 2 sts, (OR) 1 st, (WH) 23 sts, ch 1, turn.

Row 6: < Sc in 23 sts, (OR) 1 st, (GD) 1 st, (BR) 3 sts, (GD) 5 sts, (BR) 3 sts (WH) 4 sts, ch 1, turn.

Row 7: > Sc in 4 sts, (BR) 3 sts, (GD) 4 sts, (BR) 4 sts, (GD) 1 st, (OR) 1 st, (WH) 23 sts, ch 1, turn.

Row 8: < Sc in 23 sts, (OR) 1 st, (GD) 2 sts, (BR) 3 sts, (GD) 3 sts, (BR) 4 sts, (WH) 4 sts, ch 1, turn.

Row 9: > Sc in 5 sts, (BR) 3 sts, (GD) 9 sts, (OR) 1 st, (WH) 1 st, (OR) 4 sts, (WH) 17 sts, ch 1, turn.

Row 10: < Sc in 16 sts, (OR) 1 st, (GD) 4 sts, (OR) 2 sts, (GD) 8 sts, (BR) 3 sts, (WH) 6 sts, ch 1, turn.

Row 11: > Sc in 7 sts, (BR) 2 sts, (GD) 2 sts, (BR) 2 sts, (GD) 3 sts (OR) 1 st, (GD) 7 sts, (OR) 1 st, (WH) 15 sts, ch 1, turn.

Row 12: < Sc in 15 sts, (OR) 1 st, (GD) 2 sts, (BR) 2 sts, (GD) 4 sts, (OR) 1 st, (GD) 1 st (BR) 3 sts, (GD) 1 st, (BR) 3 sts, (WH)7 sts, ch 1, turn.

Row 13: > Sc in 7 sts, (BR) 3 sts, (GD) 2 sts, (BR) 2 sts, (OR) 1 st, (GD) 4 sts, (BR) 1 st, (GD) 2 sts, (BR) 1 st, (GD) 2 sts, (OR) 1 st,

(WH) 14 sts, ch 1, turn.

Row 14: < Sc in 14 sts, (OR) 1 st, (GD) 11 sts, (OR) 1 st, (GD) 2 sts, (BR) 3 sts, (WH) 8 sts, ch 1, turn.

Row 15: > Sc in 9 sts, (BR) 3 sts, (OR) 1 st, (GD) 3 sts, (BR) 1 st, (GD) 3 sts, (change yarn color to Black-BK) 1 st, (GD) 1 st, (BK) 1 st, (GD) 3 sts, (OR) 1 st, (WH) 13 sts, ch 1, turn.

Row 16: < Sc in 13 sts, (OR) 1 st, (GD) 1 st, (BR) 1 st, (GD) 6 sts, (BR) 1 st, (GD) 4 sts, (OR) 1 st, (BR) 2 sts, (WH) 10 sts, ch 1, turn.

Row 17: > Sc in 11 sts, (OR) 1 st, (GD) 6 sts, (BR) 2 sts (GD) 3 sts, (BR) 1 st, (GD) 3 sts, (OR) 1 st, (WH) 12 sts, ch 1, turn.

Row 18: < Sc in 12 sts, (OR) 1 st, (GD) 4 sts, (BR) 3 sts, (GD) 3 sts, (BK) 2 sts, (GD) 3 sts, (OR) 1 st, (WH) 11 sts, ch 1, turn.

Row 19: > Sc in 12 sts, (OR) 1 st, (GD) 2 sts, (BK) 4 sts, (GD) 6 sts, (BK) 2 sts, (GD) 1 st, (OR) 1 st, (WH) 12 sts, ch 1, turn.

Row 20: < Sc in 11 sts, (OR) 1 st, (GD) 1 st, (BK) 4 sts, (GD) 5 sts, (BK) 1 st, ((WH) 1 st, (BK) 2 sts, (GD) 3 sts (OR) 1 st, (WH) 10 sts, ch 1, turn.

Row 21: > Sc in 10 sts, (OR) 1 st, (GD) 4 sts, (BK) 2 sts, (GD) 6 sts, (BK) 2 sts, (WH) 1 st, (BK) 1 st, (GD) 1 st (OR) 1 st, (WH) 11 sts, ch 1, turn.

Row 22: < Sc in 11 sts, (OR)1 sts, (GD) 2 sts, BK 2 sts, (GD) 13 sts, (OR) 1 st, (WH) 2 sts, (OR) 3 sts, (WH) 5 sts, ch 1, turn.

Row 23: > Sc in 4 sts, (OR) 1 st, (GD) 3 sts, (OR) 1 st, (WH) 1 sts, (OR) 1 st, (GD) 3 sts, (BR) 1 st, (GD) 3 sts, (BR) 1 st, (GD) 10 sts, (OR) 1 st, (WH) 10 sts, ch 1, turn.

Row 24: < Sc in 4 sts, (OR) 4 st, (WH 2 sts, (OR) 1 st, (GD) 5 sts, (BR) 2 sts, (GD) 2 sts, (BR) 2 sts, (GD) 2 sts, (BR) 2 sts, (GD) 4 sts, (OR) 1 sts, (GD) 5 sts, (OR) 1 st, (WH) 3 sts, ch 1, turn.

Row 25: > Sc in 3 sts, (OR) 1 st, (GD) 10 st, (BR) 3 sts, (GD) 1 sts, (BR) 2 sts, (GD) 1 st, (BR) 3 sts, (GD) 5 sts, (OR) 1 st, (WH) 1 st, (OR) 1 st, (GD) 4 sts, (OR) 1 st, (WH) 3 sts, ch 1, turn.

Row 26: < Sc in 3 sts, (OR) 1 st, (GD) 5 sts, (OR) 1 st, (GD) 5 sts, (BR) 11 sts, (GD) 10 sts, (OR) 1 st, (WH) 3 sts, ch 1, turn.

Row 27: > Sc in 3 sts, (OR) 1 st, (GD) 10 sts, (BR) 11 sts, (GD) 10 sts, (OR) 1 sts, (WH) 4 sts, ch 1, turn.

Row 28: < Sc in 4 sts, (OR) 1 st, (GD) 10 sts, (BR) 11 sts, (GD) 10 sts, (OR) 1 st, (WH) 3 sts, ch 1, turn.

Row 29: > Sc in 4 sts, (OR) 2 sts, (GD) 4 sts, (OR) 2 sts, (GD) 2 sts, (BR) 11 sts, (GD) 9 sts, (OR) 1 st, (WH) 5 sts, ch 1, turn.

Row 30: < Sc in 6 sts, (OR) 2 sts, (GD) 2 sts, (OR) 4 sts, (GD) 2 sts, (BR) 9 sts, (GD) 2 sts, (OR) 1 st, (WH) 2 sts, (OR) 4 sts, (WH) 6 sts, ch 1, turn.

Row 31: > Sc in 13 sts, (OR) 1 st, (GD) 1 sts, (OR) 1 st, (BR) 7 sts, (OR) 1 st, (GD) 1 st, (OR) 1 st, (WH) 4 sts, (OR) 2 sts, (WH) 8 sts, ch 1, turn.

Row 32: < Sc in 14 sts, (OR) 1 sts, (GD) 1 sts, (OR) 1 st, (WH) 1 st, (BR) 4 sts, (WH) 2 sts, (OR) 1 st, (GD) 2 sts, (OR) 1 st, (WH) 13 sts, ch 1, turn.

Row 33: > Sc in 12 sts, (OR) 1 sts, (GD) 3 sts, (OR) 1 sts, (WH) 5 st, (OR) 1 st, (GD) 3 sts, (OR) 1 st, (WH) 13 sts, ch 1, turn.

Row 34: < Sc in 12 sts, (OR) 1 sts, (GD) 5 sts, (OR) 1 st, (WH) 3 sts, (OR) 1 st, (GD) 5 sts, (OR) 1 st, (WH) 11 sts, ch 1, turn.

Row 35: > Sc in 10 sts, (OR) 1 st, (GD) 7 sts, (OR) 1 st, (WH) 1 st, (OR) 1 st, (GD) 7 sts, (OR) 1 st, (WH) 11 sts, ch 1, turn.

Row 36: < Sc in 11 sts, (OR) 1 sts, (GD) 7 sts, (OR) 1 st, (WH) 1 sts, (OR) 1 st, (GD) 7 sts, (OR) 1 st, (WH) 10 sts, ch 1, turn.

Row 37: > Sc in 11 sts, (OR) 2 sts, (GD) 3 sts, (OR) 2 sts, (WH) 3 sts (OR) 2 sts, (GD) 3 sts, (OR) 2 sts, (WH) 12 sts, ch 1, turn.

Row 38: < Sc in 14 sts, (OR) 3 sts, (WH) 7 sts, (OR) 3 sts, (WH) 13 sts, ch 1, turn.

Row 39-41: Sc in each stitch across, ch 1, turn. On the end of the last row, tie off, and weave in any yarn ends

Giraffe LARGE Square - Written Row by Row In Double Crochet - (3 stitches per grid square)

Chain 120 +3 with White Yarn (or background color of your choice) (WH) (the beginning of every row will start with White (or your color choice) and end with a chain 3, which is the turning chain and first stitch on next row)

Row 1: > Double Crochet (DC) in forth chain (ch) from hook, DC 119, ch 3, turn. *(you should have 119 dc and one ch 3-counted as 1 dc... so 120 dc total)*

Row 2: < DC in 119 sts, ch 3, turn.

Row 3: > DC in 119 sts, ch 3, turn.

Row 4: < DC in next 67 sts, *(change yarn color to Orange-OR)* 3 sts, *(change yarn color to Gold-GD)* 9 sts, *(change yarn color to Brown-BR)* 9 sts, (GD) 9 sts, (BR) 12 sts, *(change yarn color to White-WH)* 9 sts, ch 3, turn.

Row 5: > DC in 8 sts, (BR) 12 sts, (GD) 12 sts, (BR) 9 sts, (GD) 6 sts, (OR) 3 sts, (WH) 69 sts, ch 3, turn.

Row 6: < DC in 68 sts, (OR) 3 sts, (GD) 3 sts, (BR) 9 sts, (GD) 15 sts, (BR) 9 sts (WH) 12 sts, ch 3, turn.

Row 7: > DC in 11 sts, (BR) 9 sts, (GD) 12 sts, (BR) 12 sts, (GD) 3 sts, (OR) 3 sts, (WH) 39 sts, ch 3, turn.

Row 8: < DC in 68 sts, (OR) 3 sts, (GD) 6 sts, (BR) 9 sts, (GD) 9 sts, (BR) 12 sts, (WH) 12 sts, ch 3, turn.

Row 9: > DC in 14 sts, (BR) 9 sts, (GD) 27 sts, (OR) 3 sts, (WH) 3 sts, (OR) 12 sts, (WH) 51 sts, ch 3, turn.

Row 10: < DC in 47 sts, (OR) 3 sts, (GD) 12 sts, (OR) 6 sts, (GD) 24 sts, (BR) 9 sts, (WH) 18 sts, ch 3, turn.

Row 11: > DC in 20 sts, (BR) 6 sts, (GD) 6 sts, (BR) 6 sts, (GD) 9 sts (OR) 3 sts, (GD) 21 sts, (OR) 3 sts, (WH) 45 sts, ch 3, turn.

Row 12: < DC in 44 sts, (OR) 3 sts, (GD) 6 sts, (BR) 6 sts, (GD) 12 sts, (OR) 3 sts, (GD) 3 st (BR) 9 sts, (GD) 3 sts, (BR) 9 sts, (WH) 21 sts, ch 3, turn.

Row 13: > DC in 20 sts, (BR) 9 sts, (GD) 6 sts, (BR) 6 sts, (OR) 3 sts, (GD) 12 sts, (BR) 3 sts, (GD) 6 sts, (BR) 3 sts, (GD) 6 sts, (OR) 3 sts, (WH) 42 sts, ch 3, turn.

Row 14: < DC in 41 sts, (OR) 3 sts, (GD) 33 sts, (OR) 3 sts, (GD) 6 sts, (BR) 9 sts, (WH) 24 sts, ch 3, turn.

Row 15: > DC in 26 sts, (BR) 9 sts, (OR) 3 sts, (GD) 9 sts, (BR) 3 sts, (GD) 9 sts, *(change yarn color to Black-BK)* 3 sts, (GD) 3 sts, (BK) 3 sts, (GD) 9 sts, (OR) 3 sts, (WH) 39 sts, ch 3, turn.

Row 16: < DC in 38 sts, (OR) 3 sts, (GD) 3 sts, (BR) 3 sts, (GD) 18 sts, (BR) 3 sts, (GD) 12 sts, (OR) 3 sts, (BR) 6 sts, (WH) 30 sts, ch 3, turn.

Row 17: > DC in 32 sts, (OR) 3 sts, (GD) 18 sts, (BR) 6 sts (GD) 9 sts, (BR) 3 sts, (GD) 9 sts, (OR) 3 sts, (WH) 36 sts, ch 3, turn.

Row 18: < DC in 35 sts, (OR) 3 sts, (GD) 12 sts, (BR) 9 sts, (GD) 9 sts, (BK) 6 sts, (GD) 9 sts, (OR) 3 sts, (WH) 33 sts, ch 3, turn.

Row 19: > DC in 35 sts, (OR) 3 sts, (GD) 6 sts, (BK) 12 sts, (GD) 18 sts, (BK) 6 sts, (GD) 3 sts, (OR) 3 sts, (WH) 36 sts, ch 3, turn.

Row 20: < DC in 32 sts, (OR) 3 sts, (GD) 3 sts, (BK) 12 sts, (GD) 15 sts, (BK) 3 sts, ((WH) 3 sts, (BK) 6 sts, (GD) 9 sts (OR) 3 sts, (WH) 30 sts, ch 3, turn.

Row 21: > DC in 29 sts, (OR) 3 sts, (GD) 12 sts, (BK) 6 sts, (GD) 18 sts, (BK) 6 sts, (WH) 3 sts, (BK) 3 sts, (GD) 3 st (OR) 3 sts, (WH) 33 sts, ch 3, turn.

Row 22: < DC in 32 sts, (OR) 3 sts, (GD) 6 sts, (BK) 6 sts, (GD) 39 sts, (OR) 3 sts, (WH) 6 sts, (OR) 9 sts, (WH) 15 sts, ch 3, turn.

Row 23: > DC in 11 sts, (OR) 3 sts, (GD) 9 sts, (OR) 3 sts, (WH) 3 sts, (OR) 3 sts, (GD) 9 sts, (BR) 3 sts, (GD) 9 sts, (BR) 3 sts, (GD) 30 sts, (OR) 3 sts, (WH) 30 sts, ch 3, turn.

Row 24: < DC in 11 sts, (OR) 12 sts, (WH) 6 sts, (OR) 3 sts, (GD) 15 sts, (BR) 6 sts, (GD) 6 sts, (BR) 6 sts, (GD) 6 sts, (BR) 6 sts, (GD) 12 sts, (OR) 3 sts, (GD) 15 sts, (OR) 3 sts, (WH) 9 sts, ch 3, turn.

Row 25: > DC in 8 sts, (OR) 3 sts, (GD) 30 sts, (BR) 9 sts, (GD) 3 sts, (BR) 6 sts, (GD) 3 sts, (BR) 9 sts, (GD) 15 sts, (OR) 3 sts, (WH)

3 sts, (OR) 3 sts, (GD) 12 sts, (OR) 3 sts, (WH) 9 sts, ch 3, turn.

Row 26: < DC in 8 sts, (OR) 3 sts, (GD) 15 sts, (OR) 3 sts, (GD) 15 sts, (BR) 33 sts, (GD) 30 sts, (OR) 3 sts, (WH) 9 sts, ch 3, turn.

Row 27: > DC in 8 sts, (OR) 3 sts, (GD) 30 sts, (BR) 33 sts, (GD) 30 sts, (OR) 3 sts, (WH) 12 sts, ch 3, turn.

Row 28: < DC in 11 sts, (OR) 3 sts, (GD) 30 sts, (BR) 33 sts, (GD) 30 sts, (OR) 3 sts, (WH) 9 sts, ch 3, turn.

Row 29: > DC in 11 sts, (OR) 6 sts, (GD) 12 sts, (OR) 6 sts, (GD) 6 sts, (BR) 33 sts, (GD) 18 sts, (OR) 3 sts, (WH) 15 sts, ch 3, turn.

Row 30: < DC in 17 sts, (OR) 6 sts, (GD) 6 sts, (OR) 12 sts, (GD) 6 sts, (BR) 18 sts, (GD) 6 sts, (OR) 3 sts, (WH) 6 sts, (OR) 12 sts, (WH) 18 sts, ch 3, turn.

Row 31: > DC in 38 sts, (OR) 3 sts, (GD) 3 sts, (OR) 3 sts, (BR) 21 sts, (OR) 3 sts, (GD) 3 sts, (OR) 3 sts, (WH) 12 sts, (OR) 6 sts, (WH) 24 sts, ch 3, turn.

Row 32: < DC in 41 sts, (OR) 3 sts, (GD) 3 sts, (OR) 3 sts, (WH) 3 sts, (BR) 12 sts, (WH) 6 sts, (OR) 3 sts, (GD) 6 sts, (OR) 3 sts, (WH) 39 sts, ch 3, turn.

Row 33: > DC in 35 sts, (OR) 3 sts, (GD) 9 sts, (OR) 3 sts, (WH) 15 sts, (OR) 3 sts, (GD) 9 sts, (OR) 3 sts, (WH) 39 sts, ch 3, turn.

Row 34: < DC in 35 sts, (OR) 3 sts, (GD) 15 sts, (OR) 3 sts, (WH) 9 sts, (OR) 3 sts, (GD) 15 sts, (OR) 3 sts, (WH) 33 sts, ch 3, turn.

Row 35: > DC in 29 sts, (OR) 3 sts, (GD) 21 sts, (OR) 3 sts, (WH) 3 sts, (OR) 3 sts, (GD) 21 sts, (OR) 3 sts, (WH) 33 sts, ch 3, turn.

Row 36: < DC in 32 sts, (OR) 3 sts, (GD) 21 sts, (OR) 3 sts, (WH) 3 sts, (OR) 3 sts, (GD) 21 sts, (OR) 3 sts, (WH) 30 sts, ch 3, turn.

Row 37: > DC in 33 sts, (OR) 6 sts, (GD) 9 sts, (OR) 6 sts, (WH) 9 sts (OR) 6 sts, (GD) 9 sts, (OR) 6 sts, (WH) 36 sts, ch 3, turn.

Row 38: < DC in 41 sts, (OR) 9 sts, (WH) 21 sts, (OR) 9 sts, (WH) 39 sts, ch 3, turn.

Row 39-41: DC in each stitch across, ch 3, turn. On the end of the last row, tie off, and weave in any yarn ends

Giraffe - Full Design Chart

This Chart can be used for single crochet, tunisian st, or half double crochet with each square counting as one stitch, and can also be used for making a larger blanketsquare using 3 double crochet stitches for each square on the grid.
The color of the squares on the grid are the suggested colors for the yarn.

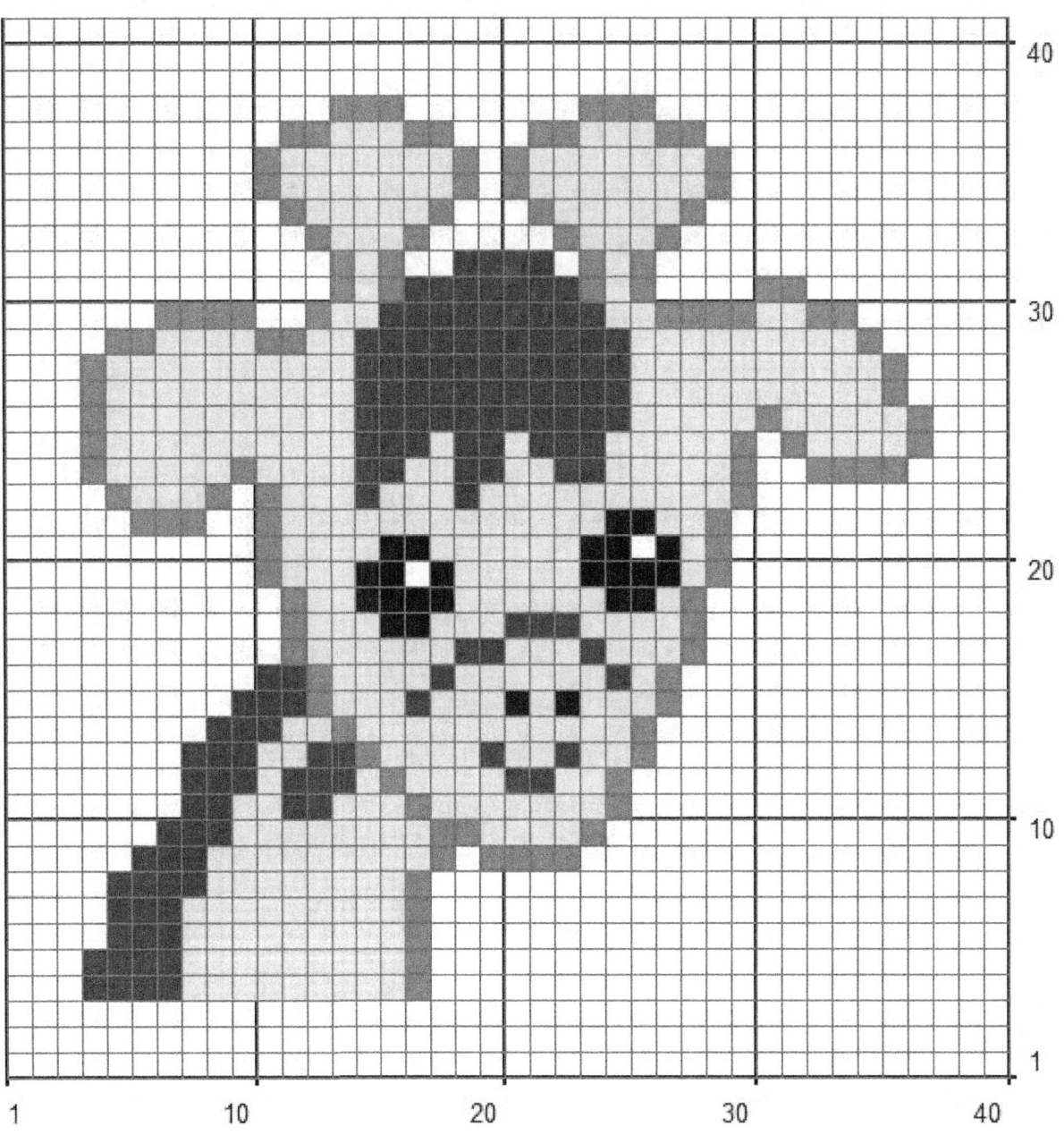

Giraffe - Full Stitch Symbol Chart

Tunisian Stitch or Single Crochet Sitch
0 - chain X - Single Crochet Stitch
Color background of each stitch is suggested yarn color.

Start →

Chapter 26: Goat Square Pattern

Large Double Crochet Finished With Border

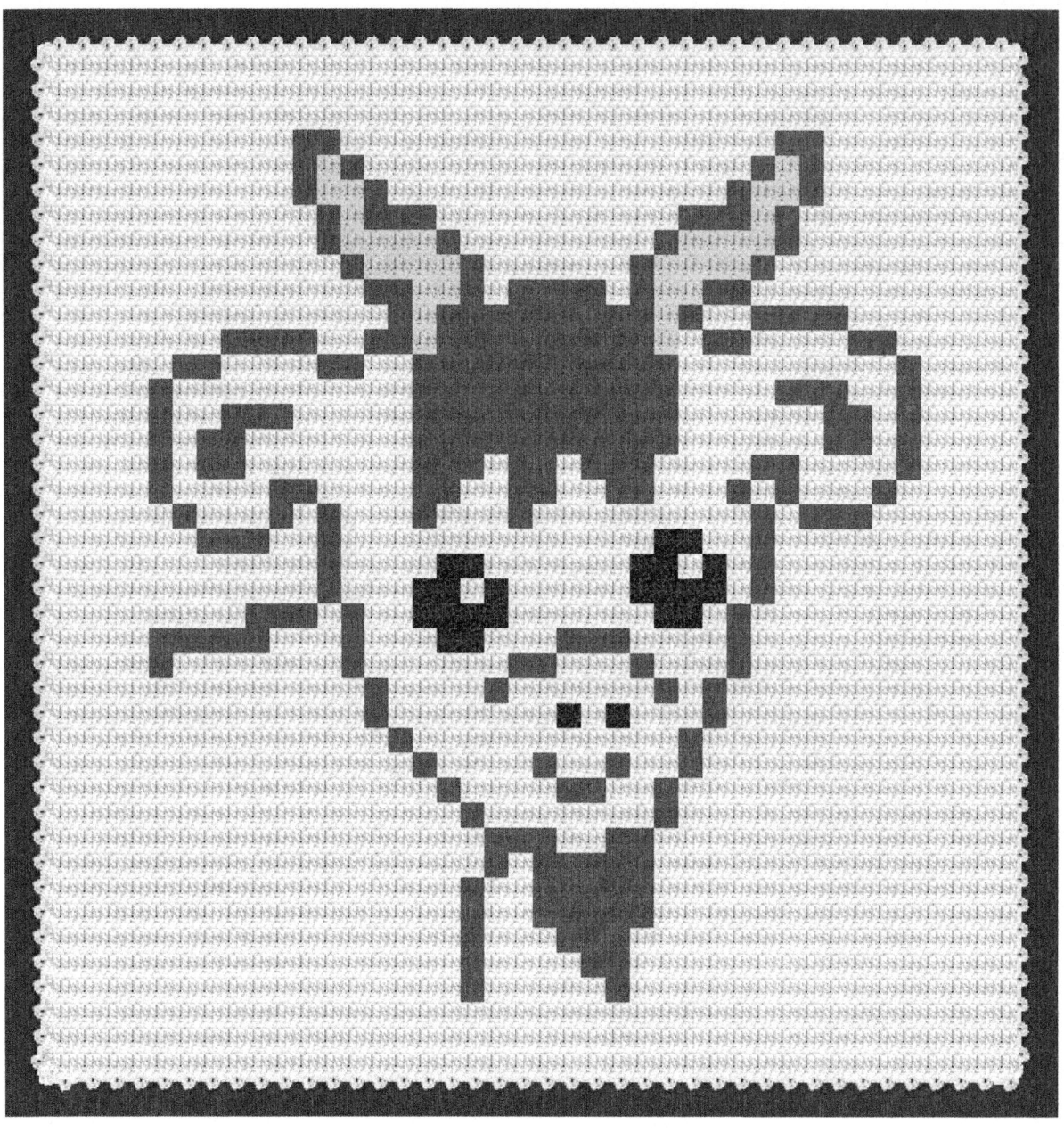

Supplies Needed:
Your Favorite Worsted Weight Yarn

Approximate yards

WH - White – 250

BK - Black - 10

LP - Light Pink- 70

BR - Brown - 200

Tunisian Crochet Hook Size G with extension

Regular Crochet Hook Size G

Approximate Sizes:

10" wide by 10" length

Use Size 'G' Tunisian Crochet Hook (with extension)

for a Tunisian Crochet

'G' Hook for Single Crochet

To make the squares a bit bigger use Size 'I' Hook

and replace the single Crochet with Half Double Crochet or Double Crochet. The written row by row pattern is included for all three sizes.

The finished blanket can be made longer or wider by adding more rows on the top, bottom and sides equally. And/Or add a border.

Goat Square - Written Row by Row In Half Double Crochet

Chain 40 +2 with White Yarn (or background color of your choice) (WH) (the beginning of every row will start with White (or your color choice) and end with a chain 2, which is the turning chain and first stitch in next row)

Row 1: > Half Double Crochet (HDC) in third chain (ch) from hook, HDC in the rest of the chs, ch 2, turn. (40 Hdc counting chain 2)

Row 2: < HDC in each stitch (st) across, ch 2, turn.

Row 3: > HDC in each st across, ch 2, turn.

Row 4: < HDC in 15 sts, (change yarn color to Brown - BR) 1 st, (change yarn color to White - WH) 5 sts, (BR) 1 st, (WH) 17 sts, ch 2, turn.

Row 5: > HDC in 16 sts, (BR) 1 st, (WH) 4 sts, (BR) 2 sts, (WH) 16 sts, ch 2, turn.

Row 6: < HDC in 15 sts, (BR) 3 sts, (WH) 3 sts, (BR) 1 st, (WH) 17 sts, ch 2, turn.

Row 7: > HDC in 16 sts, (BR) 1 st, (WH) 2 sts, (BR) 5 sts, (WH) 15 sts, ch 2, turn.

Row 8: < HDC in 14 sts, (BR) 5 sts, (WH) 2 sts, (BR) 1 st, (WH) 17 sts, ch 2, turn.

Row 9: > HDC in 17 sts, (BR) 1 st, (WH) 1 st, (BR) 5 sts, (WH) 15 sts, ch 2, turn.

Row 10: < HDC in 14 sts, (BR) 2 sts, (WH) 2 sts, (BR) 3 sts, (WH) 18 sts, ch 2, turn.

Row 11: > HDC in 17 sts, (BR) 1 st, (WH) 7 sts, (BR) 1 st, (W) 14 sts, ch 2, turn.

Row 12: < HDC in 14 sts, (BR) 1 st, (WH) 2 sts, (BR) 2 sts, (WH) 4 sts, (BR) 1 st, (WH) 16 sts, ch 2, turn.

Row 13: > HDC in 14 sts, (BR) 1 st, (WH) 4 sts, (BR) 1 st, (WH) 2 sts, (BR) 1 st, (WH) 2 sts, (BR) 1 st, (WH) 13 sts, ch 2, turn.

Row 14: < HDC in 12 sts, (BR) 1 st, (WH) 11 sts, (BR) 1 st, (WH) 14 sts, ch 2, turn.

Row 15: > HDC in 12 sts, (BR) 1 st, (WH) 7 sts, (change yarn color to Black - BK)1 st, (WH) 1 st, (BK) 1 st, (WH) 3 sts, (BR) 1 st, (WH) 12 sts, ch 2, turn.

Row 16: < HDC in 11 sts, (BR) 1 st, (WH) 1 st, (BR) 1 st, (WH) 6 sts, (BR) 1 st, (WH) 4 sts, (BR) 1 st, (WH) 13 sts, ch 2, turn.

Row 17: > HDC in 3 sts, (BR) 1 st, (WH) 7 sts, (BR) 1 st, (WH) 6 sts, (BR) 2 sts, (WH) 3 sts, (BR) 1 st, (WH) 3 sts, (BR) 1 st, (WH) 11 sts, ch 2, turn.

Row 18: < HDC in 10 sts, (BR) 1 st, (WH) 4 sts, (BR) 3 sts, (WH) 3 sts, (BK) 2 sts, (WH) 3 sts, (BR) 1 st, (WH) 3 sts, (BR) 5 sts, (WH) 4 sts, ch 2, turn.

Row 19: > HDC in 7 sts, (BR) 3 sts, (WH) 1 st, (BR) 1 st, (WH) 2 sts, (BK) 4 sts, (WH) 6 sts, (BK) 2 sts, (WH) 1 st, (BR) 1 st, (WH) 11 sts, ch 2, turn.

Row 20: < HDC in 9 sts, (BR) 1 st, (WH) 1 st, (BK) 4 sts, (WH) 5 sts, (BK) 1 st, (WH) 1 st, (BK) 2 sts, (WH) 3 sts, (BR) 1 st, (WH) 11 sts, ch 2, turn.

Row 21: > HDC in 10 sts, (BR) 1 st, (WH) 4 sts, (BK) 2 sts, (WH) 6 sts, (BK) 2 sts, (WH) 1 st, (BK) 1 st, (WH) 1 st, (BR) 1 st, (WH) 10 sts, ch 2, turn.

Row 22: < HDC in 9 sts, (BR) 1 st, (WH) 2 sts, (BK) 2 sts, (WH) 13 sts, (BR) 1 st, (WH) 2 sts, (BR) 3 sts, (WH) 6 sts, ch 2, turn

Row 23: > HDC in 4 sts, (BR) 1 st, (WH) 3 sts, (BR) 1 st, (WH) 1 st, (BR) 1 st, (WH) 3 sts, (BR) 1 st, (WH) 3 sts, (BR) 1 st, (WH) 9 sts, (BR) 1 st, (WH) 1 st, (BR) 3 sts, (W) 6 sts, ch 2, turn.

Row 24: < HDC in 4 sts, (BR) 1 st, (WH) 3 sts, (BR) 1 st, (WH) 1 st, (BR) 1 st, (WH) 3 sts, (BR) 2 sts, (WH) 2 sts, (BR) 2 sts, (WH) 2 sts, (BR) 2 sts, (WH) 4 sts, (BR) 2 sts, (WH) 4 sts, (BR) 1 st, (WH) 4 sts, ch 2, turn.

Row 25: > HDC in 3 sts, (BR) 1 st, (WH) 1 st, (BR) 2 sts, (WH) 7 sts, (BR) 3 sts, (WH) 1 st, (BR) 2 sts, (WH) 1 st, (BR) 3 st, (WH) 4 sts, (BR) 2 st, (WH) 4 sts, BR) 1 st, (WH) 4 sts, ch 2, turn.

Row 26: < HDC in 3 sts, (BR) 1 st, (WH) 1 st, (BR) 2 sts, (WH) 6 sts, (BR) 11 sts, (WH) 7 sts, (BR) 2 sts, (WH) 1 st, (BR) 1 st, (WH) 4 sts, ch 2, turn.

Row 27: > HDC in 3 sts, (BR) 1 st, (WH) 2 sts, (BR) 3 sts, (WH) 5 sts, (BR) 11 sts, (WH) 6 sts, (BR) 2 sts, (WH) 1 st, (BR) 1 st, (WH) 4 sts, ch 2, turn.

Row 28: < HDC in 3 sts, (BR) 1 st, (WH) 2 sts, (BR) 3 sts, (WH) 4 sts, (BR) 11 sts, (WH) 10 sts, (BR) 1 st, (WH) 4 sts, ch 2, turn.

Row 29: > HDC in 4 sts, (BR) 2 sts, (WH) 4 sts, (BR) 2 sts, (WH) 2 sts, (BR) 11 sts, (WH) 9 sts, (BR) 1 st, (WH) 4 st, ch 2, turn.

Row 30: < HDC in 4 sts, (BR) 2 sts, (WH) 4 sts, (BR) 2 sts, (WH) 1 st, (change yarn color to Light Pink - LP) 1 st, (BR) 9 sts, (PK) 1 st, (BR) 2 sts, (WH) 2 sts, (BR) 4 sts, (WH) 7 sts, ch 2, turn.

Row 31: > HDC in 13 sts, (BR) 1 st, (LP) 1 st, (BR) 9 sts, (LP) 1 st, (BR) 1 st, (WH) 2 sts, (BR) 4 sts, (WH) 7 sts, ch 2, turn.

Row 32: < HDC in 10 sts, (BR) 2 sts, (LP) 2 st, (BR) 2 st, (WH) 1 st, (BR) 4 sts, (WH) 1 st, (BR) 1 st, (LP) 2 sts, (BR) 2 sts, (WH) 13 sts, ch 2, turn.

Row 33: > HDC in 11 sts, (BR) 1 st, (LP) 4 sts, (BR) 1 st, (WH) 6 sts, (BR) 1 st, (LP) 4 sts, (BR) 1 st, (WH) 10 sts, ch 2, turn.

Row 34: < HDC in 8 sts, (BR) 1 st, (LP) 4 sts, (BR) 1 st, (WH) 1 st, (BR) 1 st, (WH) 6 sts, (BR) 1 st, (LP) 4 sts, (BR) 1 st, (WH) 11 sts, ch 2, turn.

Row 35: > HDC in 10 sts, (BR) 1 st, (LP) 1 sts, (BR) 4 st, (WH) 10 sts, (BR) 3 st, (LP) 1 sts, (BR) 1 st, (WH) 9 sts, ch 2, turn.

Row 36: < HDC in 7 sts, (BR) 1 st, (LP) 2 sts, (BR) 1 st, (WH) 14 sts, (BR) 1 st, (LP) 2 sts, (BR) 1 st, (WH) 10 sts, ch 2, turn.

Row 37: > HDC in 9 sts, (BR) 1 st, (LP) 1 st, (BR) 1 st, (WH) 16 sts, (BR) 1 st, (LP) 1 st, (BR) 1 st, (WH) 8 sts, ch 2, turn.

Row 38: < HDC in 7 sts, (BR) 2 sts, (WH) 18 sts, (BR) 2 sts, (WH) 10 sts, ch 2, turn.

Row 39-41: HDC in each stitch across, ch 2, turn. On the end of the last row, tie off, and weave in any yarn ends

Goat Square - Written Row by Row In Single Crochet or Tunisian Stitch

Chain 40 +1 with White Yarn (or background color of your choice) (WH) (the beginning of every row will start with White (or your color choice) and end with a chain 1, which is the turning chain)

Row 1: > Single Crochet (Sc) in second chain (ch) from hook, sc in the rest of the chs, ch 1, turn.

Row 2: < Sc in each stitch (st) across, ch 1, turn.

Row 3: > Sc in each st across, ch 1, turn.

Row 4: < Sc in 16 sts, (change yarn color to Brown - BR) 1 st, (change yarn color to White - WH) 5 sts, (BR) 1 st, (WH) 17 sts, ch 1, turn.

Row 5: > Sc in 17 sts, (BR) 1 st, (WH) 4 sts, (BR) 2 sts, (WH) 16 sts, ch 1, turn.

Row 6: < Sc in 16 sts, (BR) 3 sts, (WH) 3 sts, (BR) 1 st, (WH) 17 sts, ch 1, turn.

Row 7: > Sc in 17 sts, (BR) 1 st, (WH) 2 sts, (BR) 5 sts, (WH) 15 sts, ch 1, turn.

Row 8: < Sc in 15 sts, (BR) 5 sts, (WH) 2 sts, (BR) 1 st, (WH) 17 sts, ch 1, turn.

Row 9: > Sc in 18 sts, (BR) 1 st, (WH) 1 st, (BR) 5 sts, (WH) 15 sts, ch 1, turn.

Row 10: < Sc in 15 sts, (BR) 2 sts, (WH) 2 sts, (BR) 3 sts, (WH) 18 sts, ch 1, turn.

Row 11: > Sc in 17 sts, (BR) 1 st, (WH) 7 sts, (BR) 1 st, (W) 14 sts, ch 1, turn.

Row 12: < Sc in 14 sts, (BR) 1 st, (WH) 2 sts, (BR) 2 sts, (WH) 4 sts, (BR) 1 st, (WH) 16 sts, ch 1, turn.

Row 13: > Sc in 15 sts, (BR) 1 st, (WH) 4 sts, (BR) 1 st, (WH) 2 sts, (BR) 1 st, (WH) 2 sts, (BR) 1 st, (WH) 13 sts, ch 1, turn.

Row 14: < Sc in 13 sts, (BR) 1 st, (WH) 11 sts, (BR) 1 st, (WH) 14 sts, ch 1, turn.

Row 15: > Sc in 13 sts, (BR) 1 st, (WH) 7 sts, (change yarn color to Black - BK)1 st, (WH) 1 st, (BK) 1 st, (WH) 3 sts, (BR) 1 st, (WH) 12 sts, ch 1, turn.

Row 16: < Sc in 12 sts, (BR) 1 st, (WH) 1 st, (BR) 1 st, (WH) 6 sts, (BR) 1 st, (WH) 4 sts, (BR) 1 st, (WH) 13 sts, ch 1, turn.

Row 17: > Sc in 4 sts, (BR) 1 st, (WH) 7 sts, (BR) 1 st, (WH) 6 sts, (BR) 2 sts, (WH) 3 sts, (BR) 1 st, (WH) 3 sts, (BR) 1 st, (WH) 11 sts, ch 1, turn.

Row 18: < Sc in 11 sts, (BR) 1 st, (WH) 4 sts, (BR) 3 sts, (WH) 3 sts, (BK) 2 sts, (WH) 3 sts, (BR) 1 st, (WH) 3 sts, (BR) 5 sts, (WH) 4 sts, ch 1, turn.

Row 19: > Sc in 8 sts, (BR) 3 sts, (WH) 1 st, (BR) 1 st, (WH) 2 sts, (BK) 4 sts, (WH) 6 sts, (BK) 2 sts, (WH) 1 st, (BR) 1 st, (WH) 11 sts, ch 1, turn.

Row 20: < Sc in 10 sts, (BR) 1 st, (WH) 1 st, (BK) 4 sts, (WH) 5 sts, (BK) 1 st, (WH) 1 st, (BK) 2 sts, (WH) 3 sts, (BR) 1 st, (WH) 11 sts, ch 1, turn.

Row 21: > Sc in 11 sts, (BR) 1 st, (WH) 4 sts, (BK) 2 sts, (WH) 6 sts, (BK) 2 sts, (WH) 1 st, (BK) 1 st, (WH) 1 st, (BR) 1 st, (WH) 10 sts, ch 1, turn.

Row 22: < Sc in 10 sts, (BR) 1 st, (WH) 2 sts, (BK) 2 sts, (WH) 13 sts, (BR) 1 st, (WH) 2 sts, (BR) 3 sts, (WH) 6 sts, Ch 1, turn

Row 23: > Sc in 5 sts, (BR) 1 st, (WH) 3 sts, (BR) 1 st, (WH) 1 st, (BR) 1 st, (WH) 3 sts, (BR) 1 st, (WH) 3 sts, (BR) 1 st, (WH) 9 sts, (BR) 1 st, (WH) 1 st, (BR) 3 sts, (W) 6 sts, ch 1, turn.

Row 24: < Sc in 5 sts, (BR) 1 st, (WH) 3 sts, (BR) 1 st, (WH) 1 st, (BR) 1 st, (WH) 3 sts, (BR) 2 sts, (WH) 2 sts, (BR) 2 sts, (WH) 2 sts, (BR) 2 sts, (WH) 4 sts, (BR) 2 sts, (WH) 4 sts, (BR) 1 st, (WH) 4 sts, ch 1, turn.

Row 25: > Sc in 4 sts, (BR) 1 st, (WH) 1 st, (BR) 2 sts, (WH) 7 sts, (BR) 3 sts, (WH) 1 st, (BR) 2 sts, (WH) 1 st, (BR) 3 st, (WH) 4 sts,

(BR) 2 st, (WH) 4 sts, BR) 1 st, (WH) 4 sts, ch 1, turn.

Row 26: < Sc in 4 sts, (BR) 1 st, (WH) 1 st, (BR) 2 sts, (WH) 6 sts, (BR) 11 sts, (WH) 7 sts, (BR) 2 sts, (WH) 1 st, (BR) 1 st, (WH) 4 sts, ch 1, turn.

Row 27: > Sc in 4 sts, (BR) 1 st, (WH) 2 sts, (BR) 3 sts, (WH) 5 sts, (BR) 11 sts, (WH) 6 sts, (BR) 2 sts, (WH) 1 st, (BR) 1 st, (WH) 4 sts, ch 1, turn.

Row 28: < Sc in 4 sts, (BR) 1 st, (WH) 2 sts, (BR) 3 sts, (WH) 4 sts, (BR) 11 sts, (WH) 10 sts, (BR) 1 st, (WH) 4 sts, ch 1, turn.

Row 29: > Sc in 5 sts, (BR) 2 sts, (WH) 4 sts, (BR) 2 sts, (WH) 2 sts, (BR) 11 sts, (WH) 9 sts, (BR) 1 st, (WH) 4 st, ch 1, turn.

Row 30: < Sc in 5 sts, (BR) 2 sts, (WH) 4 sts, (BR) 2 sts, (WH) 1 st, (change yarn color to Light Pink - LP) 1 st, (BR) 9 sts, (PK) 1 st, (BR) 2 sts, (WH) 2 sts, (BR) 4 sts, (WH) 7 sts, ch 1, turn.

Row 31: > Sc in 14 sts, (BR) 1 st, (LP) 1 st, (BR) 9 sts, (LP) 1 st, (BR) 1 st, (WH) 2 sts, (BR) 4 sts, (WH) 7 sts, ch 1, turn.

Row 32: < Sc in 11 sts, (BR) 2 sts, (LP) 2 st, (BR) 2 st, (WH) 1 st, (BR) 4 sts, (WH) 1 st, (BR) 1 st, (LP) 2 sts, (BR) 2 sts, (WH) 13 sts, ch 1, turn.

Row 33: > Sc in 12 sts, (BR) 1 st, (LP) 4 sts, (BR) 1 st, (WH) 6 sts, (BR) 1 st, (LP) 4 sts, (BR) 1 st, (WH) 10 sts, ch 1, turn.

Row 34: < Sc in 9 sts, (BR) 1 st, (LP) 4 sts, (BR) 1 st, (WH) 1 st, (BR) 1 st, (WH) 6 sts, (BR) 1 st, (LP) 4 sts, (BR) 1 st, (WH) 11 sts, ch 1, turn.

Row 35: > Sc in 11 sts, (BR) 1 st, (LP) 1 sts, (BR) 4 st, (WH) 10 sts, (BR) 3 st, (LP) 1 sts, (BR) 1 st, (WH) 9 sts, ch 1, turn.

Row 36: < Sc in 8 sts, (BR) 1 st, (LP) 2 sts, (BR) 1 st, (WH) 14 sts, (BR) 1 st, (LP) 2 sts, (BR) 1 st, (WH) 10 sts, ch 1, turn.

Row 37: > Sc in 10 sts, (BR) 1 st, (LP) 1 st, (BR) 1 st, (WH) 16 sts, (BR) 1 st, (LP) 1 st, (BR) 1 st, (WH) 8 sts, ch 1, turn.

Row 38: < Sc in 8 sts, (BR) 2 sts, (WH) 18 sts, (BR) 2 sts, (WH) 10 sts, ch 1, turn.

Row 39-41: Sc in each stitch across, ch 1, turn. On the end of the last row, tie off, and weave in any yarn ends

Goat LARGE Square - Written Row by Row In Double Crochet - (3 stitches per grid square)

Chain 120 +3 with White Yarn (or background color of your choice) (WH) (the beginning of every row will start with White (or your color choice) and end with a chain 3, which is the turning chain and first stitch in next row)

Row 1: > Double Crochet (DC) in fourth chain (ch) from hook, DC in the rest of the chs, ch 3, turn. (40 DC counting chain 3)

Row 2: < DC in each stitch (st) across, ch 3, turn.

Row 3: > DC in each st across, ch 3, turn.

Row 4: < DC in 44 sts, (change yarn color to Brown - BR) 3 sts, (change yarn color to White - WH) 15 sts, (BR) 3 sts, (WH) 51 sts, ch 3, turn.

Row 5: > DC in 47 sts, (BR) 3 sts, (WH) 12 sts, (BR) 6 sts, (WH) 48 sts, ch 3, turn.

Row 6: < DC in 44 sts, (BR) 9 sts, (WH) 9 sts, (BR) 3 sts, (WH) 51 sts, ch 3, turn.

Row 7: > DC in 47 sts, (BR) 3 sts, (WH) 6 sts, (BR) 15 sts, (WH) 45 sts, ch 3, turn.

Row 8: < DC in 41 sts, (BR) 15 sts, (WH) 6 sts, (BR) 3 sts, (WH) 51 sts, ch 3, turn.

Row 9: > DC in 50 sts, (BR) 3 sts, (WH) 3 sts, (BR) 15 sts, (WH) 45 sts, ch 3, turn.

Row 10: < DC in 41 sts, (BR) 6 sts, (WH) 6 sts, (BR) 9 sts, (WH) 54 sts, ch 3, turn.

Row 11: > DC in 50 sts, (BR) 3 sts, (WH) 21 sts, (BR) 3 sts, (W) 42 sts, ch 3, turn.

Row 12: < DC in 41 sts, (BR) 3 sts, (WH) 6 sts, (BR) 6 sts, (WH) 12 sts, (BR) 3 sts, (WH) 48 sts, ch 3, turn.

Row 13: > DC in 41 sts, (BR) 3 sts, (WH) 12 sts, (BR) 3 sts, (WH) 6 sts, (BR) 3 sts, (WH) 6 sts, (BR) 3 sts, (WH) 39 sts, ch 3, turn.

Row 14: < DC in 35 sts, (BR) 3 sts, (WH) 33 sts, (BR) 31 sts, (WH) 42 sts, ch 3, turn.

Row 15: > DC in 35 sts, (BR) 3 sts, (WH) 21 sts, (change yarn color to Black - BK) 3 sts, (WH) 3 sts, (BK) 3 sts, (WH) 9 sts, (BR) 3 sts,

(WH) 36 sts, ch 3, turn.

Row 16: < DC in 32 sts, (BR) 3 sts, (WH) 3 sts, (BR) 3 sts, (WH) 18 sts, (BR) 3 sts, (WH) 12 sts, (BR) 3 sts, (WH) 39 sts, ch 3, turn.

Row 17: > DC in 8 sts, (BR) 3 sts, (WH) 21 sts, (BR) 3 sts, (WH) 18 sts, (BR) 6 sts, (WH) 9 sts, (BR) 3 sts, (WH) 9 sts, (BR) 3 sts, (WH) 33 sts, ch 3, turn.

Row 18: < DC in 29 sts, (BR) 3 sts, (WH) 12 sts, (BR) 9 sts, (WH) 9 sts, (BK) 6 sts, (WH) 9 sts, (BR) 3 sts, (WH) 9 sts, (BR) 15 sts, (WH) 12 sts, ch 3, turn.

Row 19: > DC in 20 sts, (BR) 9 sts, (WH) 3 sts, (BR) 3 sts, (WH) 6 sts, (BK) 12 sts, (WH) 18 sts, (BK) 6 sts, (WH) 3 sts, (BR) 3 sts, (WH) 33 sts, ch 3, turn.

Row 20: < DC in 26 sts, (BR) 3 sts, (WH) 3 sts, (BK) 12 sts, (WH) 15 sts, (BK) 3 sts, (WH) 3 sts, (BK) 6 sts, (WH) 9 sts, (BR) 3 sts, (WH) 33 sts, ch 3, turn.

Row 21: > DC in 29 sts, (BR) 3 sts, (WH) 12 sts, (BK) 6 sts, (WH) 18 sts, (BK) 6 sts, (WH) 3 sts, (BK) 3 sts, (WH) 3 sts, (BR) 3 sts, (WH) 30 sts, ch 3, turn.

Row 22: < DC in 26 sts, (BR) 3 sts, (WH) 6 sts, (BK) 6 sts, (WH) 39 sts, (BR) 3 sts, (WH) 6 sts, (BR) 9 sts, (WH) 18 sts, ch 3, turn

Row 23: > DC in 11 sts, (BR) 3 sts, (WH) 9 sts, (BR) 3 sts, (WH) 3 sts, (BR) 3 sts, (WH) 9 sts, (BR) 3 sts, (WH) 9 sts, (BR) 3 sts, (WH) 27 sts, (BR) 3 sts, (WH) 3 sts, (BR) 9 sts, (W) 18 sts, ch 3, turn.

Row 24: < DC in 11 sts, (BR) 3 sts, (WH) 9 sts, (BR) 3 sts, (WH) 3 sts, (BR) 3 sts, (WH) 9 sts, (BR) 6 sts, (WH) 6 sts, (BR) 6 sts, (WH) 6 sts, (BR) 6 sts, (WH) 12 sts, (BR) 6 sts, (WH) 12 sts, (BR) 3 sts, (WH) 12 sts, ch 3, turn.

Row 25: > DC in 8 sts, (BR) 3 sts, (WH) 3 sts, (BR) 6 sts, (WH) 21 sts, (BR) 9 sts, (WH) 3 sts, (BR) 6 sts, (WH) 3 sts, (BR) 9 sts, (WH) 12 sts, (BR) 6 sts, (WH) 12 sts, (BR) 3 sts, (WH) 12 sts, ch 3, turn.

Row 26: < DC in 8 sts, (BR) 3 sts, (WH) 3 sts, (BR) 6 sts, (WH) 18 sts, (BR) 33 sts, (WH) 21 sts, (BR) 6 sts, (WH) 3 sts, (BR) 3 sts, (WH) 12 sts, ch 3, turn.

Row 27: > DC in 8 sts, (BR) 3 sts, (WH) 6 sts, (BR) 9 sts, (WH) 15 sts, (BR) 33 sts, (WH) 18 sts, (BR) 6 sts, (WH) 3 sts, (BR) 3 sts, (WH) 12 sts, ch 3, turn.

Row 28: < DC in 8 sts, (BR) 3 sts, (WH) 6 sts, (BR) 9 sts, (WH) 12 sts, (BR) 33 sts, (WH) 30 sts, (BR) 3 sts, (WH) 12 sts, ch 3, turn.
Row 29: > DC in 11 sts, (BR) 6 sts, (WH) 112 sts, (BR) 6 sts, (WH) 6 sts, (BR) 33 sts, (WH) 27 sts, (BR) 3 sts, (WH) 12 sts, ch 3, turn.
Row 30: < DC in 11 sts, (BR) 6 sts, (WH) 12 sts, (BR) 6 sts, (WH) 3 sts, (change yarn color to Light Pink - LP) 3 sts, (BR) 27 sts, (PK) 3 sts, (BR) 6 sts, (WH) 6 sts, (BR) 12 sts, (WH) 21 sts, ch 3, turn.
Row 31: > DC in 38 sts, (BR) 3 sts, (LP) 3 sts, (BR) 27 sts, (LP) 3 sts, (BR) 3 sts, (WH) 6 sts, (BR) 12 sts, (WH) 21 sts, ch 3, turn.
Row 32: < DC in 29 sts, (BR) 6 sts, (LP) 6 sts, (BR) 6 sts, (WH) 3 sts, (BR) 12 sts, (WH) 3 sts, (BR) 3 sts, (LP) 6 sts, (BR) 6 sts, (WH) 39 sts, ch 3, turn.
Row 33: > DC in 32 sts, (BR) 3 sts, (LP) 12 sts, (BR) 3 sts, (WH) 18 sts, (BR) 3 sts, (LP) 12 sts, (BR) 3 sts, (WH) 30 sts, ch 3, turn.
Row 34: < DC in 23 sts, (BR) 3 sts, (LP) 12 sts, (BR) 3 sts, (WH) 3 sts, (BR) 3 sts, (WH) 18 sts, (BR) 3 sts, (LP) 12 sts, (BR) 3 sts, (WH) 33 sts, ch 3, turn.
Row 35: > DC in 29 sts, (BR) 3 sts, (LP) 3 sts, (BR) 12 sts, (WH) 30 sts, (BR) 9 sts, (LP) 3 sts, (BR) 3 sts, (WH) 27 sts, ch 3, turn.
Row 36: < DC in 20 sts, (BR) 3 sts, (LP) 6 sts, (BR) 3 sts, (WH) 42 sts, (BR) 3 sts, (LP) 6 sts, (BR) 3 sts, (WH) 30 sts, ch 3, turn.
Row 37: > DC in 26 sts, (BR) 3 sts, (LP) 3 sts, (BR) 3 sts, (WH) 48 sts, (BR) 3 sts, (LP) 3 sts, (BR) 3 sts, (WH) 24 sts, ch 3, turn.
Row 38: < DC in 20 sts, (BR) 6 sts, (WH) 54 sts, (BR) 6 sts, (WH) 30 sts, ch 3, turn.
Row 39-41: DC in each stitch across, ch 3, turn. On the end of the last row, tie off, and weave in any yarn ends

Goat - Full Design Chart

This Chart can be used for single crochet, tunisian st, or half double crochet with each square counting as one stitch, and can also be used for making a larger blanketsquare using 3 double crochet stitches for each square on the grid.
The color of the squares on the grid are the suggested colors for the yarn.

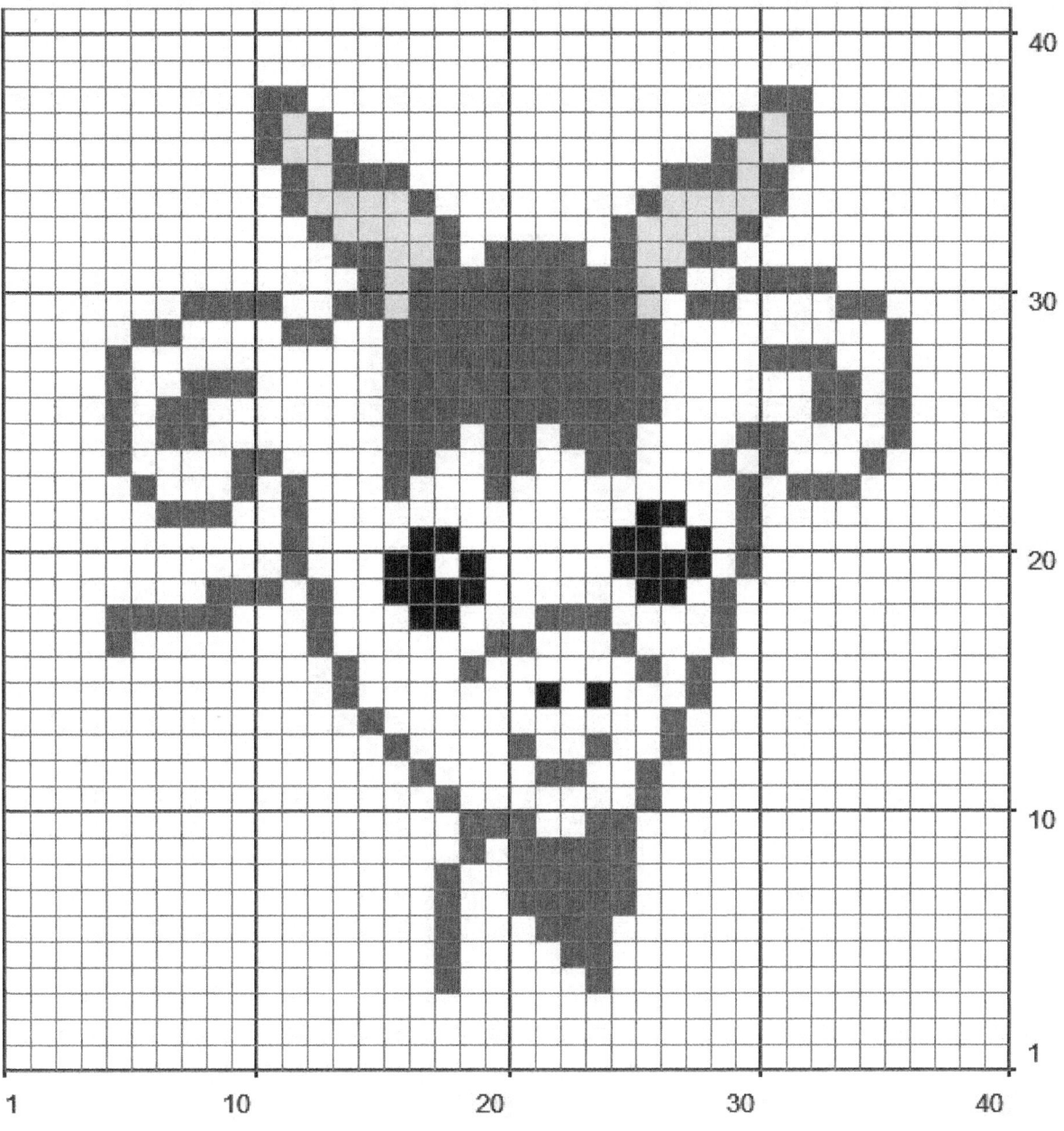

Goat - Full Stitch Symbol Chart

Tunisian Stitch or Single Crochet Sitch
0 - chain   X - Single Crochet Stitch
Color background of each stitch is suggested yarn color.

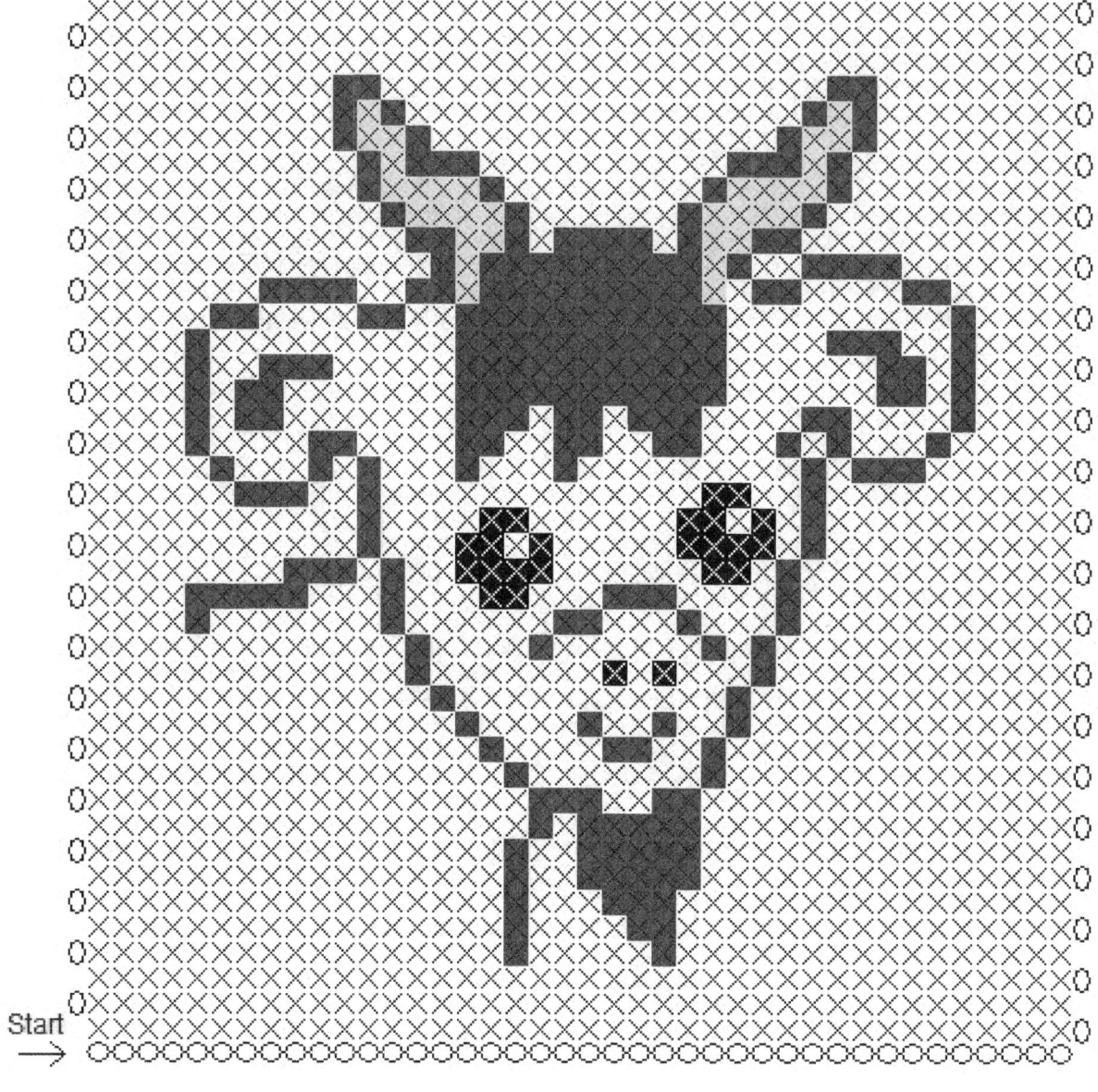

Chapter 27: Horse Square Pattern

Large Double Crochet Finished With Border

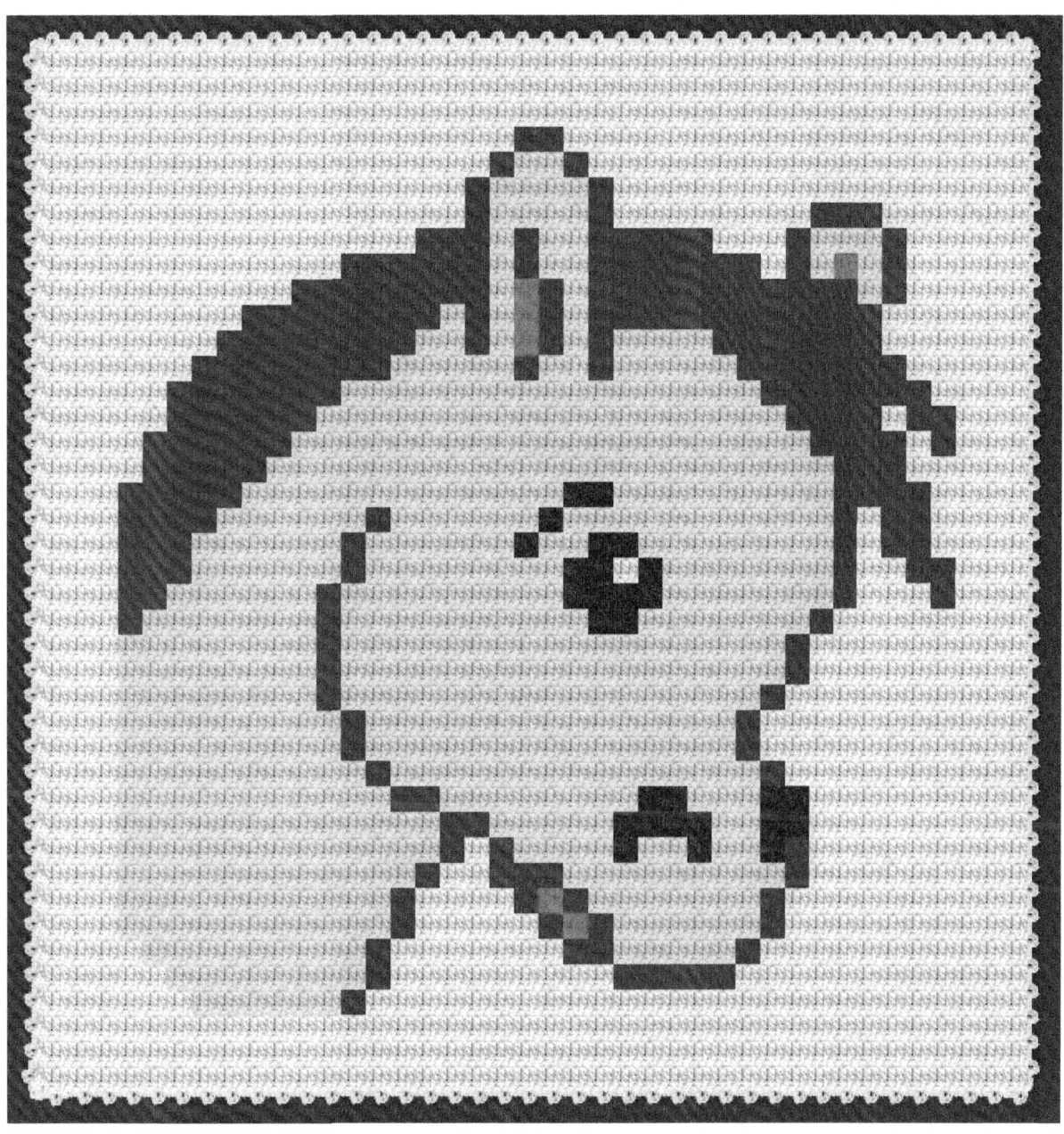

Supplies Needed:
Your Favorite Worsted Weight Yarn

Approximate yards

WH - White – 250

BK - Black - 12

LB - Light Brown - 220

PK - Pink - 10

BR - Brown - 100

Tunisian Crochet Hook Size G with extension

Regular Crochet Hook Size G

Approximate Sizes:

10" wide by 10" length

Use Size 'G' Tunisian Crochet Hook (with extension)

for a Tunisian Crochet

'G' Hook for Single Crochet

To make the squares a bit bigger use Size 'I' Hook

and replace the single Crochet with Half Double Crochet or Double Crochet. The written row by row pattern is included for all three sizes.

The finished blanket can be made longer or wider by adding more rows on the top, bottom and sides equally. And/Or add a border.

Horse Square - Written Row by Row In Half Double Crochet

Chain 40 +2 with White Yarn (*or background color of your choice*) (WH) The beginning of every row will start with White (or your color choice) and end with a chain 2, which is the turning chain and first stitch in the next row.

Row 1: > Half Double Crochet (HDC) in third chain (ch) from hook, HDC in the rest of the chs, ch 2, turn.

Row 2: < HDC in each stitch (st) across, ch 2, turn.

Row 3: > HDC in each (st) across, ch 2, turn.

Row 4: < HDC in 27 sts, (change yarn color to Brown - BR) 1 st, (change yarn color to Light Brown - LB) 6 sts, (change yarn color to White - WH) 6 sts, ch 2, turn.

Row 5: > HDC in 5 sts, (LB) 8 sts, (BR) 1 st, (WH) 9 sts, (BR) 5 sts, (WH) 12 sts, ch 2, turn.

Row 6: < HDC in 11 sts, (BR) 1 st, (LB) 6 sts, (BR) 2 sts, (WH) 7 sts, (BR) 1 st, (LB) 9 sts, (WH) 4 sts, ch 2, turn.

Row 7: > HDC in 3 sts, (LB) 11 sts, (BR) 1 st, (WH) 5 sts, (BR) 1 st, (change yarn color to Pink - (PK) 1 st, (BR) 1 st, (LB) 6 sts, (BR) 1 st, ch 2, turn.

Row 8: < HDC in10 sts, (BR) 1 st, (LB) 7 sts, (BR) 1 st, (PK) 1 st, (BR) 1 st, (WH) 4 sts, (BR) 1 st, (LB) 11 sts, (WH) 3 sts, ch 2, turn.

Row 9: > HDC in 3 sts, (LB) 12 sts, (BR) 1 st, (WH) 2 sts, (BR) 3 sts, (LB) 9 sts, (BR) 1 st, (WH) 9 sts, ch 2, turn.

Row 10: < HDC in 9 sts, (BR) 1 st , (DB) 1 st, (LB) 2 sts, (DB) 1 st, (LB) 4 sts, (BR) 1 st, (Wh) 1 st, (BR) 1 st, (LB) 13sts, (WH) 3 sts, ch 2, turn.

Row 11: > HDC in 3 sts, (LB) 13 sts, (BR) 2 sts, (LB) 5 sts, (DB) 4 sts, (LB) 2 sts, (DB) 2 sts, (WH) 9 sts, ch 2, turn.

Row 12: < HDC in 9 sts, (DB) 2 sts, (LB) 3 sts, (DB) 2 sts, (LB) 3 sts, (BR) 1 st, (LB) 4 sts, (BR) 2 sts, (LB) 11 sts, (WH) 3 sts, ch 2, turn.

Row 13: > HDC in 3 sts, (LB) 10 sts, (BR) 1 st, (LB) 7 sts, (BR) 1 st, (LB) 7 sts, (BR) 1 st, (WH) 10 sts, ch 2, turn.

Row 14: < HDC in 11 sts, (BR) 1 st, (LB) 1 st, (BR) 1 st, (LB) 3sts, (BR) 1 st, (LB) 9 sts, (BR) 1 st, (LB) 9 sts, (WH) 3 sts, ch 2, turn.

Row 15: > HDC in 3 sts, (LB) 9 sts, (BR) 1 st, (LB) 10 sts, (BR) 3 sts, (LB) 2 sts, (BR) 1 st, (WH) 11 sts, ch 2, turn.

Row 16: < HDC in 10 sts, (BR) 1 st, (LB) 17 sts, (BR) 1 st, (LB) 8 sts, (WH) 3 sts, ch 2, turn.

Row 17: > HDC in 3 sts, (LB) 8 sts, (DB) 1 st, (LB) 18 sts, (DB) 1 st, (W) 9 sts, ch 2, turn.

Row 18: < HDC in 9 sts, (BR) 1 st, (LB) 18 sts, (BR) 1 st, (LB) 8 sts, (WH) 3 sts, ch 2, turn.

Row 19: > HDC in 3 sts, (BR) 1 st, (LB) 7 sts, (BR) 1 st, (LB) 10 sts, (change yarn color to Dark Brown -DB) 2 sts, (LB) 7 sts, (BR) 1 st, (WH) 8 sts, ch 2, turn.

Row 20: < HDC in 3 sts, (BR) 1 st, (WH) 1 st, (BR) 1 st, (LB) 7 sts, (DB) 4 sts, (LB) 9 sts, (BR) 1 st, (LB) 6 sts, (BR) 2 sts, (WH) 3 sts, ch 2, turn.

Row 21: > HDC in 3 sts, (BR) 3 sts, (LB) 6 sts, (BR) 1 st, (LB) 8 sts, (DB) 2 sts, (WH) 1 st, (DB) 1 st, (LB) 7 sts, (BR) 1 st, (WH) 2 sts, (BR) 2 sts, (WH) 3 sts, ch 2, turn.

Row 22: < HDC in 4 sts, (BR) 2 sts, (WH) 1 st, (BR) 1 st, (LB) 8 sts, (DB) 2 sts, (LB) 2 sts, (DB) 1 st, (LB) 6 sts, (BR) 1 st, (LB) 6 sts, (BR) 3 sts, (WH) 3 sts, ch 2, turn.

Row 23: > HDC in 3 sts, (BR) 4 sts, (LB) 6 sts, (BR) 1 st, (LB) 6 sts, (DB) 1 st, (LB) 11 sts, (BR) 1 st, (WH) 1 st, (BR) 2 sts, (WH) 4 sts, ch 2, turn.

Row 24: < HDC in 4 sts, (BR) 4 sts, (LB) 9 sts, (DB) 2 sts, (LB) 13 sts, (BR) 5 sts, (WH) 3 sts, ch 2, turn.

Row 25: > HDC in 4 sts, (BR) 5 sts, (LB) 23 sts, (BR) 3 sts, (WH) 5 sts, ch 2, turn.

Row 26: < HDC in 3 sts, (BR) 1 st, (WH) 1 st, (BR) 4 sts, (LB) 21 sts, (BR) 6 sts, (WH) 4 sts, ch 2, turn.

Row 27: > HDC in 5 sts, (BR) 5 sts, (LB) 19 sts, (BR) 4 sts, (WH) 1 st, (BR) 2 sts, (W) 3 sts, ch 2, turn.

Row 28: < HDC in 4 sts, (BR) 7 sts, (LB) 17 sts, (BR) 7 sts, (WH) 5 sts, ch 2, turn.

Row 29: > HDC in 6 sts, (Br) 8 sts, (LB) 5 sts, (BR) 1 st, (LB) 2 sts, (BR) 1 st, (LB) 5 sts, (BR) 7 sts, (WH) 5 sts, ch 2, turn.

Row 30: < HDC in 5 sts, (BR) 7 sts, (LB) 4 sts, (BR) 1 st, (LB) 1 st, (BR) 1 st, (PK) 1 st, (LB) 1 st, (BR) 1 st, (LB) 2 sts, (BR) 8 sts, (WH) 7 sts, ch 2, turn.

Row 31: > HDC in 9 sts, (BR) 8 sts, (LB) 1 st, (BR) 1 st, (LB) 1 st, (PK)1 st, (DB) 1 st, (LB) 1 st, (BR) 12 sts, (WH) 6 sts, ch 2, turn.

Row 32: < HDC in 5 sts, (BR) 1 st, (LB) 1 st, (BR) 11 sts, (LB) 1 st, (BR) 1 st, (PK) 1 st, (LB) 1 st, (BR) 8 sts, (WH) 10 sts, ch 2, turn.

Row 33: > HDC in 12 sts, (BR) 6 sts, (LB) 1 st, (BR) 1 st, (LB) 2 sts, (BR) 7 sts, (WH) 1 st, (BR) 1 st, (LB) 1 st, (PK) 1 st, (LB) 1 st, (BR) 1 st, (WH) 5 sts, ch 2,turn.

Row 34: < HDC in 5 sts, (BR) 1 st, (LB) 3 sts, (BR) 1 st, (WH) 3 sts, (BR) 5 sts, (LB) 2 sts, (BR) 1 st, (LB) 1 st, (BR) 3 sts, (WH) 15 sts, ch 2, turn.

Row 35: > HDC in 17 sts, (BR) 1 st, (LB) 4 sts, (BR) 1 st, (WH) 8 sts, (BR) 3 sts, (WH) 6 sts, ch 2, turn.

Row 36: < HDC in 17 sts, (BR) 1 st, (LB) 4 sts, (BR) 1 st, (WH) 17 sts, ch 2, turn.

Row 37: > HDC in 18 sts, (BR) 1 st, (LB) 2 sts, (BR) 1 st, (WH) 18 sts, ch 2, turn.

Row 38: < HDC in 19 sts, (BR) 2 sts, (WH) 19 sts, ch 2,turn.

Row 39-41: HDC in each stitch across, ch 2, turn. On the end of the last row, tie off, and weave in any yarn ends

Horse Square - Written Row by Row In Single Crochet or Tunisian Stitch

Chain 40 +1 with White Yarn (or background color of your choice) (WH) (the beginning of every row will start with White (or your color choice) and end with a chain 1, which is the turning chain)

Row 1: > Single Crochet (Sc) in second chain (ch) from hook, sc in the rest of the chs, ch 1, turn.

Row 2: < Sc in each stitch (st) across, ch 1, turn.

Row 3: > Sc in each (st) across, ch 1, turn.

Row 4: < Sc in 27 sts, (change yarn color to Brown - BR) 1 st, (change yarn color to Light Brown - LB) 6 sts, (change yarn color to White - WH) 6 sts, ch 1, turn.

Row 5: > Sc in 5 sts, (LB) 8 sts, (BR) 1 st, (WH) 9 sts, (BR) 5 sts, (WH) 12 sts, ch 1, turn.

Row 6: < Sc in 11 sts, (BR) 1 st, (LB) 6 sts, (BR) 2 sts, (WH) 7 sts, (BR) 1 st, (LB) 9 sts, (WH) 4 sts, ch 1, turn.

Row 7: > Sc in 3 sts, (LB) 11 sts, (BR) 1 st, (WH) 5 sts, (BR) 1 st, (change yarn color to Pink - (PK) 1 st, (BR) 1 st, (LB) 6 sts, (BR) 1 st, ch 1, turn.

Row 8: < Sc in10 sts, (BR) 1 st, (LB) 7 sts, (BR) 1 st, (PK) 1 st, (BR) 1 st, (WH) 4 sts, (BR) 1 st, (LB) 11 sts, (WH) 3 sts, ch 1, turn.

Row 9: > Sc in 3 sts, (LB) 12 sts, (BR) 1 st, (WH) 2 sts, (BR) 3 sts, (LB) 9 sts, (BR) 1 st, (WH) 9 sts, ch 1, turn.

Row 10: < Sc in 9 sts, (BR) 1 st , (DB) 1 st, (LB) 2 sts, (DB) 1 st, (LB) 4 sts, (BR) 1 st, (Wh) 1 st, (BR) 1 st, (LB) 13sts, (WH) 3 sts, ch 1, turn.

Row 11: > Sc in 3 sts, (LB) 13 sts, (BR) 2 sts, (LB) 5 sts, (DB) 4 sts, (LB) 2 sts, (DB) 2 sts, (WH) 9 sts, ch 1, turn.

Row 12: < Sc in 9 sts, (DB) 2 sts, (LB) 3 sts, (DB) 2 sts, (LB) 3 sts, (BR) 1 st, (LB) 4 sts, (BR) 2 sts, (LB) 11 sts, (WH) 3 sts, ch 1, turn.

Row 13: > Sc in 3 sts, (LB) 10 sts, (BR) 1 st, (LB) 7 sts, (BR) 1 st, (LB) 7 sts, (BR) 1 st, (WH) 10 sts, ch 1, turn.

Row 14: < Sc in 11 sts, (BR) 1 st, (LB) 1 st, (BR) 1 st, (LB) 3sts, (BR) 1 st, (LB) 9 sts, (BR) 1 st, (LB) 9 sts, (WH) 3 sts, ch 1, turn.

Row 15: > Sc in 3 sts, (LB) 9 sts, (BR) 1 st, (LB) 10 sts, (BR) 3 sts, (LB) 2 sts, (BR) 1 st, (WH) 11 sts, ch 1, turn.

Row 16: < Sc in 10 sts, (BR) 1 st, (LB) 17 sts, (BR) 1 st, (LB) 8 sts, (WH) 3 sts, ch 1, turn.

Row 17: > Sc in 3 sts, (LB) 8 sts, (DB) 1 st, (LB) 18 sts, (DB) 1 st, (W) 9 sts, ch 1, turn.

Row 18: < Sc in 9 sts, (BR) 1 st, (LB) 18 sts, (BR) 1 st, (LB) 8 sts, (WH) 3 sts, ch 1, turn.

Row 19: > Sc in 3 sts, (BR) 1 st, (LB) 7 sts, (BR) 1 st, (LB) 10 sts, (change yarn color to Dark Brown -DB) 2 sts, (LB) 7 sts, (BR) 1 st, (WH) 8 sts, ch 1, turn.

Row 20: < Sc in 3 sts, (BR) 1 st, (WH) 1 st, (BR) 1 st, (LB) 7 sts, (DB) 4 sts, (LB) 9 sts, (BR) 1 st, (LB) 6 sts, (BR) 2 sts, (WH) 3 sts, ch 1, turn.

Row 21: > Sc in 3 sts, (BR) 3 sts, (LB) 6 sts, (BR) 1 st, (LB) 8 sts, (DB) 2 sts, (WH) 1 st, (DB) 1 st, (LB) 7 sts, (BR) 1 st, (WH) 2 sts, (BR) 2 sts, (WH) 3 sts, ch 1, turn.

Row 22: < Sc in 4 sts, (BR) 2 sts, (WH) 1 st, (BR) 1 st, (LB) 8 sts, (DB) 2 sts, (LB) 2 sts, (DB) 1 st, (LB) 6 sts, (BR) 1 st, (LB) 6 sts, (BR) 3 sts, (WH) 3 sts, ch 1, turn.

Row 23: > Sc in 3 sts, (BR) 4 sts, (LB) 6 sts, (BR) 1 st, (LB) 6 sts, (DB) 1 st, (LB) 11 sts, (BR) 1 st, (WH) 1 st, (BR) 2 sts, (WH) 4 sts, ch 1, turn.

Row 24: < Sc in 4 sts, (BR) 4 sts, (LB) 9 sts, (DB) 2 sts, (LB) 13 sts, (BR) 5 sts, (WH) 3 sts, ch 1, turn.

Row 25: > Sc in 4 sts, (BR) 5 sts, (LB) 23 sts, (BR) 3 sts, (WH) 5 sts, ch 1, turn.

Row 26: < Sc in 3 sts, (BR) 1 st, (WH) 1 st, (BR) 4 sts, (LB) 21 sts, (BR) 6 sts, (WH) 4 sts, ch 1, turn.

Row 27: > Sc in 5 sts, (BR) 5 sts, (LB) 19 sts, (BR) 4 sts, (WH) 1 st, (BR) 2 sts, (W) 3 sts, ch 1, turn.

Row 28: < Sc in 4 sts, (BR) 7 sts, (LB) 17 sts, (BR) 7 sts, (WH) 5 sts, ch 1, turn.

Row 29: > Sc in 6 sts, (Br) 8 sts, (LB) 5 sts, (BR) 1 st, (LB) 2 sts, (BR) 1 st, (LB) 5 sts, (BR) 7 sts, (WH) 5 sts, ch 1, turn.

Row 30: < Sc in 5 sts, (BR) 7 sts, (LB) 4 sts, (BR) 1 st, (LB) 1 st, (BR) 1 st, (PK) 1 st, (LB) 1 st, (BR) 1 st, (LB) 2 sts, (BR) 8 sts, (WH) 7 sts, ch 1, turn.

Row 31: > Sc in 9 sts, (BR) 8 sts, (LB) 1 st, (BR) 1 st, (LB) 1 st, (PK) 1 st, (DB) 1 st, (LB) 1 st, (BR) 12 sts, (WH) 6 sts, ch 1, turn.

Row 32: < Sc in 5 sts, (BR) 1 st, (LB) 1 st, (BR) 11 sts, (LB) 1 st, (BR) 1 st, (PK) 1 st, (LB) 1 st, (BR) 8 sts, (WH) 10 sts, ch 1, turn.

Row 33: > Sc in 12 sts, (BR) 6 sts, (LB) 1 st, (BR) 1 st, (LB) 2 sts, (BR) 7 sts, (WH) 1 st, (BR) 1 st, (LB) 1 st, (PK) 1 st, (LB) 1 st, (BR) 1 st, (WH) 5 sts, ch 1,turn.

Row 34: < Sc in 5 sts, (BR) 1 st, (LB) 3 sts, (BR) 1 st, (WH) 3 sts, (BR) 5 sts, (LB) 2 sts, (BR) 1 st, (LB) 1 st, (BR) 3 sts, (WH) 15 sts, ch 1, turn.

Row 35: > Sc in 17 sts, (BR) 1 st, (LB) 4 sts, (BR) 1 st, (WH) 8 sts, (BR) 3 sts, (WH) 6 sts, ch 1, turn.

Row 36: < Sc in 17 sts, (BR) 1 st, (LB) 4 sts, (BR) 1 st, (WH) 17 sts, ch 1, turn.

Row 37: > Sc in 18 sts, (BR) 1 st, (LB) 2 sts, (BR) 1 st, (WH) 18 sts, ch 1, turn.

Row 38: < Sc in 19 sts, (BR) 2 sts, (WH) 19 sts, ch 1,turn.

Row 39-41: Sc in each stitch across, ch 1, turn. On the end of the last row, tie off, and weave in any yarn ends

Horse LARGE Square - Written Row by Row In Double Crochet - (3 stitches per grid square)

Chain 120 +3 with White Yarn (*or background color of your choice*) (WH) The beginning of every row will start with White (or your color choice) and end with a chain 3, which is the turning chain and first stitch in the next row.

Row 1: > Double Crochet (DC) in fourth chain (ch) from hook, DC in the rest of the chs, ch 3, turn. (120 dc)

Row 2: < DC in each stitch (st) across, ch 3, turn.

Row 3: > DC in each (st) across, ch 3, turn.

Row 4: < DC in 80 sts, (change yarn color to Brown - BR) 3 sts, (change yarn color to Light Brown - LB) 18 sts, (change yarn color to White - WH) 18 sts, ch 3, turn.

Row 5: > DC in 14 sts, (LB) 24 sts, (BR) 3 sts, (WH) 27 sts, (BR) 15 sts, (WH) 36 sts, ch 3, turn.

Row 6: < DC in 32 sts, (BR) 3 sts, (LB) 18 sts, (BR) 6 sts, (WH) 21 sts, (BR) 3 sts, (LB) 27 sts, (WH) 12 sts, ch 3, turn.

Row 7: > DC in 8 sts, (LB) 33 sts, (BR) 3 sts, (WH) 15 sts, (BR) 3 sts, (change yarn color to Pink - (PK) 3 sts, (BR) 3 sts, (LB) 18 sts, (BR) 3 sts, ch 3, turn.

Row 8: < DC in 29 sts, (BR) 3 sts, (LB) 21 sts, (BR) 3 sts, (PK) 3 sts, (BR) 3 sts, (WH) 12 sts, (BR) 3 sts, (LB) 33 sts, (WH) 9 sts, ch 3, turn.

Row 9: > DC in 8 sts, (LB) 36 sts, (BR) 3 sts, (WH) 6 sts, (BR) 9 sts, (LB) 27 sts, (BR) 3 sts, (WH) 27 sts, ch 3, turn.

Row 10: < DC in 26 sts, (BR) 3 st , (DB) 3 sts, (LB) 66 sts, (DB) 3 sts, (LB) 122 sts, (BR) 3 sts, (Wh) 3 sts, (BR) 3 sts, (LB) 39 sts, (WH) 9 sts, ch 3, turn.

Row 11: > DC in 8 sts, (LB) 39 sts, (BR) 6 sts, (LB) 15 sts, (DB) 12 sts, (LB) 6 sts, (DB) 6 sts, (WH) 27 sts, ch 3, turn.

Row 12: < DC in 26 sts, (DB) 6 sts, (LB) 9 sts, (DB) 6 sts, (LB) 9 sts, (BR) 3 sts, (LB) 12 sts, (BR) 6 sts, (LB) 33 sts, (WH) 9 sts, ch 3, turn.

Row 13: > DC in 8 sts, (LB) 30 sts, (BR) 3 sts, (LB) 21 sts, (BR) 3 sts, (LB) 21 sts, (BR) 3 sts, (WH) 30 sts, ch 3, turn.

Row 14: < DC in 32 sts, (BR) 3 sts, (LB) 3 sts, (BR) 3 sts, (LB) 9 sts, (BR) 3 sts, (LB) 27 sts, (BR) 3 sts, (LB) 27 sts, (WH) 9 sts, ch 3, turn.

Row 15: > DC in 8 sts, (LB) 27 sts, (BR) 3 sts, (LB) 30 sts, (BR) 9 sts, (LB) 6 sts, (BR) 3 sts, (WH) 33 sts, ch 3, turn.

Row 16: < DC in 29 sts, (BR) 3 sts, (LB) 51 sts, (BR) 3 sts, (LB) 24 sts, (WH) 9 sts, ch 3, turn.

Row 17: > DC in 8 sts, (LB) 24 sts, (DB) 3 sts, (LB) 54 sts, (DB) 3 sts, (W) 27 sts, ch 3, turn.

Row 18: < DC in 26 sts, (BR) 3 sts, (LB) 54 sts, (BR) 3 sts, (LB) 24 sts, (WH) 9 sts, ch 3, turn.

Row 19: > DC in 9 sts, (BR) 3 sts, (LB) 21 sts, (BR) 3 sts, (LB) 30 sts, (change yarn color to Dark Brown -DB) 6 sts, (LB) 21 sts, (BR) 3 sts, (WH) 24 sts, ch 3, turn.

Row 20: < DC in 8 sts, (BR) 3 sts, (WH) 3 sts, (BR) 3 sts, (LB) 21 sts, (DB) 12 sts, (LB) 27 sts, (BR) 3 sts, (LB) 18 sts, (BR) 6 sts, (WH) 9 sts, ch 3, turn.

Row 21: > DC in 8 sts, (BR) 9 sts, (LB) 18 sts, (BR) 3 sts, (LB) 24 sts, (DB) 6 sts, (WH) 3 sts, (DB) 3 sts, (LB) 21 sts, (BR) 3 sts, (WH) 6 sts, (BR) 6 sts, (WH) 9 sts, ch 3, turn.

Row 22: < DC in 11 sts, (BR) 6 sts, (WH) 3 sts, (BR) 3 sts, (LB) 24 sts, (DB) 6 sts, (LB) 6 sts, (DB) 3 sts, (LB) 18 sts, (BR) 3 sts, (LB) 18 sts, (BR) 9 sts, (WH) 9 sts, ch 3, turn.

Row 23: > DC in 8 sts, (BR) 12 sts, (LB) 18 sts, (BR) 3 sts, (LB) 18 sts, (DB) 3 sts, (LB) 33 sts, (BR) 3 sts, (WH) 3 sts, (BR) 6 sts, (WH) 12 sts, ch 3, turn.

Row 24: < DC in 11 sts, (BR) 12 sts, (LB) 27 sts, (DB) 6 sts, (LB) 39 sts, (BR) 15 sts, (WH) 9 sts, ch 3, turn.

Row 25: > DC in 11 sts, (BR) 15 sts, (LB) 69 sts, (BR) 9 sts, (WH) 15 sts, ch 3, turn.

Row 26: < DC in 8 sts, (BR) 3 sts, (WH) 3 sts, (BR) 12 sts, (LB) 63 sts, (BR) 18 sts, (WH) 12 sts, ch 3, turn.

Row 27: > DC in 14 sts, (BR) 15 sts, (LB) 57 sts, (BR) 12 sts, (WH) 3 sts, (BR) 6 sts, (W) 9 sts, ch 3, turn.

Row 28: < DC in 11 sts, (BR) 21 sts, (LB) 51 sts, (BR) 21 sts, (WH) 15 sts, ch 3, turn.

Row 29: > DC in 17 sts, (Br) 24 sts, (LB) 15 sts, (BR) 3 sts, (LB) 6 sts, (BR) 3 sts, (LB) 15 sts, (BR) 21 sts, (WH) 15 sts, ch 3, turn.

Row 30: < DC in 14 sts, (BR) 21 sts, (LB) 12 sts, (BR) 3 sts, (LB) 3 sts, (BR) 3 sts, (PK) 3 sts, (LB) 3 sts, (BR) 3 sts, (LB) 6 sts, (BR) 24 sts, (WH) 21 sts, ch 3, turn.

Row 31: > DC in 26 sts, (BR) 24 sts, (LB) 3 sts, (BR) 3 sts, (LB) 3 sts, (PK) 3 sts, (DB) 3 sts, (LB) 3 sts, (BR) 36 sts, (WH) 18 sts, ch 3, turn.

Row 32: < DC in 14 sts, (BR) 3 sts, (LB) 3 sts, (BR) 33 sts, (LB) 3 sts, (BR) 3 sts, (PK) 3 sts, (LB) 3 sts, (BR) 24 sts, (WH) 30 sts, ch 3, turn.

Row 33: > DC in 35 sts, (BR) 18 sts, (LB) 3 sts, (BR) 3 sts, (LB) 6 sts, (BR) 21 sts, (WH) 3 sts, (BR) 3 sts, (LB) 3 sts, (PK) 3 sts, (LB) 3 sts, (BR) 3 sts, (WH) 15 sts, ch 3, turn.

Row 34: < DC in 14 sts, (BR) 3 sts, (LB) 9 sts, (BR) 3 sts, (WH) 9 sts, (BR) 15 sts, (LB) 6 sts, (BR) 3 sts, (LB) 3 sts, (BR) 9 sts, (WH) 45 sts, ch 3, turn.

Row 35: > DC in 50 sts, (BR) 3 sts, (LB) 12 sts, (BR) 3 sts, (WH) 24 sts, (BR) 9 sts, (WH) 18 sts, ch 3, turn.

Row 36: < DC in 50 sts, (BR) 3 sts, (LB) 12 sts, (BR) 3 sts, (WH) 51 sts, ch 3, turn.

Row 37: > DC in 53 sts, (BR) 3 sts, (LB) 6 sts, (BR) 3 sts, (WH) 54 sts, ch 3, turn.

Row 38: < DC in 56 sts, (BR) 6 sts, (WH) 57 sts, ch 3, turn.

Row 39-41: DC in each stitch across, ch 3, turn. On the end of the last row, tie off, and weave in any yarn ends

Horse - Full Design Chart

This Chart can be used for single crochet, tunisian st, or half double crochet with each square counting as one stitch, and can also be used for making a larger blanketsquare using 3 double crochet stitches for each square on the grid.
The color of the squares on the grid are the suggested colors for the yarn.

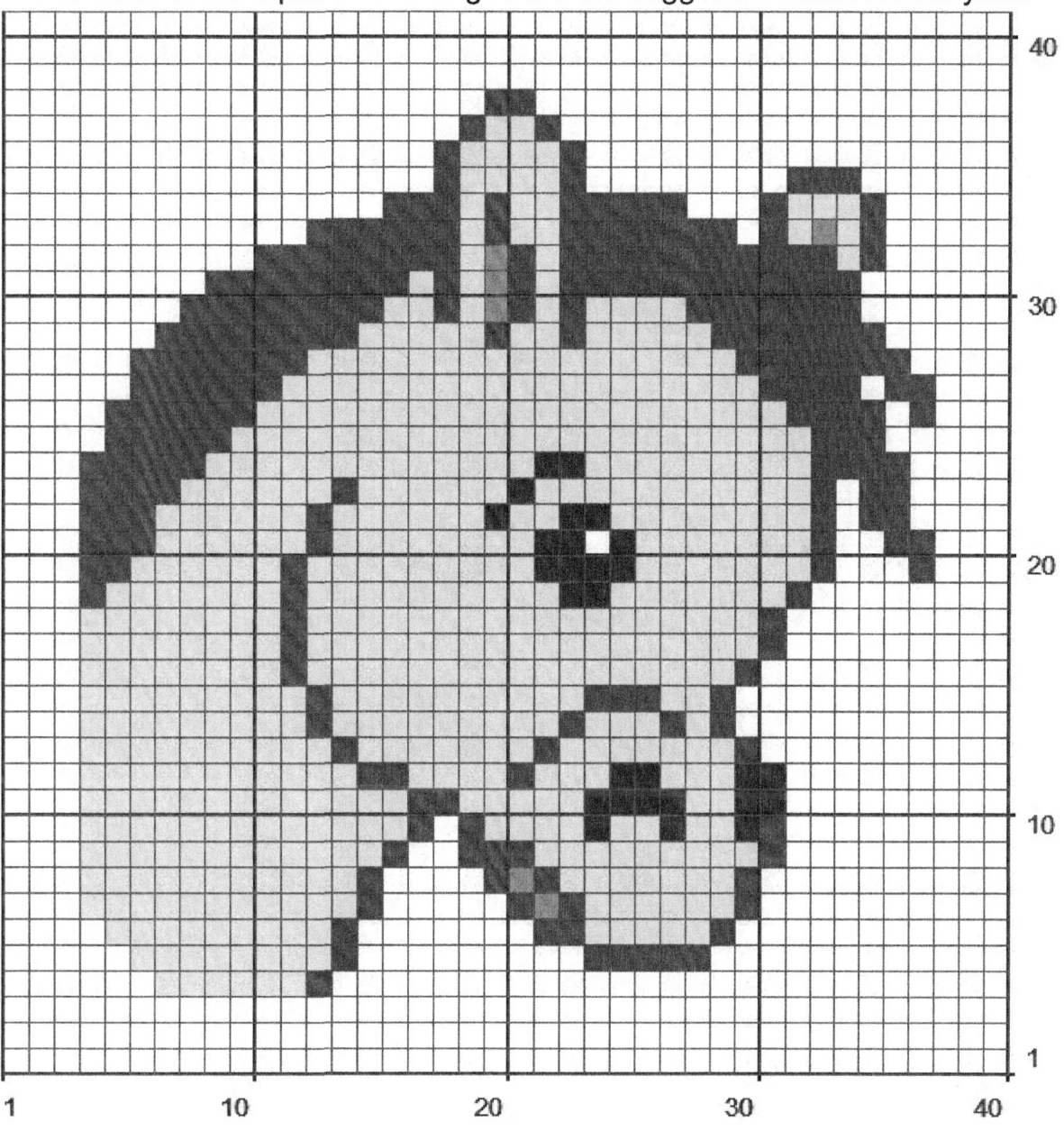

Horse - Full Stitch Symbol Chart

Tunisian Stitch or Single Crochet Sitch
0 - chain X - Single Crochet Stitch
Color background of each stitch is suggested yarn color.

Start →

Chapter 28: Empty Separator Square Pattern

If you are making a animal patch blanket, here is this pattern that can be used as a separator square. It can be made in any colors you want for your blanket.

One Color Square - Large Double Crochet Finished

Empty Square - Half Double Crochet

Chain 40 +2 with White Yarn (or background color of your choice) (WH) (the beginning of every row will start with White (or your color choice) and end with a chain 2, which is the turning chain)

Row 1: > Half Double Crochet (HDC) in third chain (ch) from hook, HDC in the rest of the chs, ch 2, turn. (40 Hdcs which include the beginning chain 2)

Row 2: < HDC in each stitch (st) across, ch 2, turn.

Row 3: > Repeat Row 2, 38 more times.

On last row tie off and weave in ends

Empty Square - Single Crochet or Tunisian Stitch

Chain 40 +1 with White Yarn (or background color of your choice) (WH) (the beginning of every row will start with White (or your color choice) and end with a chain 1, which is the turning chain)

Row 1: > Single Crochet (Sc) in second chain (ch) from hook, sc in the rest of the chs, ch 1, turn.

Row 2: < Sc in each stitch (st) across, ch 1, turn.

Row 3: > Repeat Row 2, 38 more times.

On last row tie off and weave in ends

Color LARGE Square - Written Row by Row In Double Crochet - (3 stitches per grid square)

Chain 120 +3 with White Yarn (or background color of your choice) (WH) (the beginning of every row will start with White (or your color choice) and end with a chain 3, which is the turning chain)

Row 1: > Double Crochet (Dc) in fourth chain (ch) from hook, Dc in the rest of the chs, ch 3, turn. (120 Dcs which include the beginning chain 3)

Row 2: < Dc in each stitch (st) across, ch 3, turn.

Row 3: > Repeat Row 2, 38 more times.

On last row tie off and weave in ends

Printed in Great Britain
by Amazon